U0541161

国家社会科学基金2013年教育学青年课题（CIA130185）
"高校中外合作办学项目学生跨文化能力培训模式研究"

谭瑜◎著

中外合作办学
学生跨文化能力
培训模式研究

中国社会科学出版社

图书在版编目（CIP）数据

中外合作办学学生跨文化能力培训模式研究/谭瑜著.—北京：中国社会科学出版社，2019.6

ISBN 978-7-5203-4681-8

Ⅰ.①中… Ⅱ.①谭… Ⅲ.①国际合作—联合办学—研究—中国 Ⅳ.①G522.7

中国版本图书馆 CIP 数据核字（2019）第 136330 号

出 版 人	赵剑英	
责任编辑	张　林	
特约编辑	张　虎	
责任校对	周晓东	
责任印制	戴　宽	

出　　版	中国社会科学出版社	
社　　址	北京鼓楼西大街甲 158 号	
邮　　编	100720	
网　　址	http://www.csspw.cn	
发 行 部	010-84083685	
门 市 部	010-84029450	
经　　销	新华书店及其他书店	

印　　刷	北京明恒达印务有限公司
装　　订	廊坊市广阳区广增装订厂
版　　次	2019 年 6 月第 1 版
印　　次	2019 年 6 月第 1 次印刷

开　　本	710×1000　1/16
印　　张	16.25
插　　页	2
字　　数	206 千字
定　　价	96.00 元

凡购买中国社会科学出版社图书，如有质量问题请与本社营销中心联系调换
电话：010-84083683
版权所有　侵权必究

前　言

　　本书是笔者主持完成的国家社会科学基金教育学青年课题："高校中外合作办学项目学生跨文化能力培训模式研究"（CIA130185）的最终成果。经全国教育科学规划办组织专家鉴定通过后，笔者对成果进一步修改、补充和完善而成本书稿，并确定以题为《中外合作办学学生跨文化能力培训模式研究》出版。中外合作办学经过40年的发展，现已成为中国高等教育事业的一个重要组成部分。中外合作办学形式到目前主要有两种，即中外合作办学机构和中外合作办学项目，而从办学总规模和覆盖面看，中外合作办学项目是中外合作办学的主体，其办学形式和运行机制相对灵活，且多为"双校"培养模式。这就对学生在真实跨文化情境下的学习与生活能力提出了较高的要求，跨文化能力成为学生获得学业成功与个人发展的重要因素，是中外合作办学学生培养的重要目标。因此，研究中外合作办学学生跨文化能力培训的有效模式，是提高中外合作办学学生培养质量的重要课题之一。本书着重以合作办学项目学生的跨文化能力提升为调查对象，系统地论述和回答三个问题，即中外合作办学人才培养的主要目标是什么；中外合作办学培养的学生应具备怎样的跨文化综合素养；采取何种有效方式提升中外合作办学学生的跨文化能力。

　　本书研究基于一个基本的假设，即在科学系统分析的基础上构建的跨文化能力培训模式及其实施能够在提高中外合作办学学生质量、实现合作办学可持续发展方面发挥重要作用。中方合作院校应该且能够建立起系统、完善的跨文化能力培训模式，以促进中外合作办学更加健康和高质量的发展。具体讲，本书的研究内容主要包括三部分：一是考察我国高校中外合作办学学生跨文化能力教育方面的现实状况及问题；二是探究当下中外合作办学学生跨文化能力培训的内在要求与基本原则；三是寻求和构建切实可行的跨文化能力培训模式。本书取得了以下四个方面的创新成果。

第一，提出并阐释了高校中外合作办学学生跨文化能力培训的新理念。

（1）构建中外合作办学学生跨文化能力培训模式应重视中华民族文化的深入学习与反思，充分运用本土跨文化学术思想与理论，从根本上加强民族认同教育与文化自觉意识。同时兼顾外语语言应用能力的提升及东道国社会文化的习得，通过多种实践方式方法的有机整合，实现良好的跨文化培训效果。这一理念揭示了我国当下中外合作办学学生跨文化能力培训存在的问题，进一步明确了跨文化培训的内在要求与基本原则。

（2）构建以跨学科性、开放性与反思性为主要特征的跨文化自主培训模式应注重学生的内在学习动机，要在充分考虑个体学习与生活体验差异的基础上，激励学生在教师的协助与指导下将语言、文化学习与学科专业知识技能锻炼相结合，创造个性化的自主指导型跨文化培训项目并对其进行过程性评估，以帮助学生更好地了解自我、拓展跨文化身份认同的边界。

（3）民族志方法训练是构建有效、科学的跨文化自主培训模式的核心与重要途径。身处跨文化教育情境下的中外合作办学学生本身即具备"民族志研究者与被研究对象"的双重身份。民族志方法（尤其是自我民族志与海外民族志方法）的基础训练能够帮助学生在跨文化情境下开展参与观察，并通过深描与反思等方式进行文化间比较与分析，从而将所学所得纳入自身认知体系，实现自我发展。

第二，明确提出跨文化自主培训模式的人才培养目标，使中外合作办学学生：①具备相互尊重、相互欣赏、互惠互利的跨文化态度及丰富的跨文化知识与技能；②熟知中华民族优秀文化及社会主义特色文化，并能用目标外语对其进行阐释与分析；③能够在跨文化情境下坚持平等对话、信息共享和对外文化传播；④具备必要的目标外语表达能力以及规范的学术研究素养。

第三，提出并构建了中外合作办学学生跨文化能力自主培训模式，该培训模式基于中西跨文化相关理论及前沿语言教育教学理论，以实证调查结果为支撑，具有系统性、规范性及自主性等特征，对促进中外合作办学学生培养质量的提升具有重要的理论及实践意义，同时也实现了本书研究的核心目标。该培训模式重视整体教育行动方案及自我指导性教育项目的设计与实施，引导学生将跨学科主题内容（语言、文化及专业知识技能）、技能发展及操作（探索、实践与反思）、社会及自我实现经验（自我身份与文化身份建构）这三个维度的要素有机结合，以过程为导向，重视形成性评估，其中海外民族志作业包、基于 IAPI 模式的培训教学方法的提出具有一定的创新性与可行性，是该培训模式的亮点。

第四，探讨了高校中外合作办学学生跨文化自主培训模式的实践运行机制。鉴于中外合作办学项目的办学特点和管理模式，合作院校在监控学生跨文化体验及学业状况方面具有一定的优势，同时也具备统一、协调开展跨文化培训的条件与能力。中外双方院校的合作关系与共同利益也为彼此进行跨文化沟通与培训方面的学术研究合作提供了良好平台。合作院校必须加大力度在师资水平、教师合作、学术研究以及生生、师生交流平台建设等方面做出更多的工作，以保障跨文化自主培训的有效、正常运行，并促进其不断完善。

　　回观笔者至今的研究历程，实在感慨良多。笔者对中外合作办学研究的兴趣初始于自身的海外学习与工作的经历，笔者曾作为国际交换生就读西澳大学本科，后赴悉尼大学获硕士学位，并曾在澳洲斯威本科技大学从事合作办学项目招生工作。在长期的跨文化学习与工作过程中，笔者逐渐意识到跨文化能力对于中外合作办学学生学业成功与未来事业发展的重要性，也看到了国家对于国际教育项目与学术合作的大力支持。为了能够更好地了解这一重要学生群体的跨文化适应问题，寻求有效的应对策略，攻读博士学位期间，笔者选择以"高校中外合作办学项目学生跨文化适应研究"作为博士学位论文的研究主题，通过实证研究提出高校中外合作办学项目学生跨文化适应的理论框架，并受到了答辩专家的肯定，其中哈经雄教授与答辩主席郑新蓉教授等更是建议笔者沿着这一方向进一步拓展与深化相关研究。为了找准下一步的研究重点，聚焦关键问题，笔者对研究成果做了反复分析与再次调研，并在认真思考与准备后最终确定以"高校中外合作办学项目学生跨文化能力培训模式研究"为题申报了国家社会科学基金教育学青年项目，并幸运地成功立项。立项后，笔者对原有研究设想做了进一步细化，将课题分为"中外合作办学学生跨文化能力水平现状及问题""跨文化能力培训理念及内容""跨文化能力培训课程设计与实施""跨文化能力培训模式构建"等几个子课题展开深入探究。经过几年的调研工作、数据整理与分析、讨论与交流，最终得以将研究成果整理成文，并几经修改成书。

　　最后，笔者要借此表达内心的感激。感谢国家留学基金委和中南民族大学给了笔者公派美国威斯康星大学麦迪逊分校教育学院博士后两年的机会，在那里，笔者有幸师从著名语言文化教育学家弗朗索瓦·涂尚（Francois Tochon）教授。所以，衷心感谢导师在学术上给予笔者关键指导、启发与鼓励。感谢中南民族大学外国语学院的领导和老师们给予的支持和帮助；感谢在百忙之中参与或协助笔者调查的各位老师和同学们，他们给予笔者的帮助、支持与建议，笔者一直心怀感激，铭记在心。另外，笔者还要愉快地向我在美国的同门、同事和朋友们：丹宁·哈西特（Dawnene Hassett），卡尔·格兰特（Carl Grant），史蒂夫·蒂姆（Steve Timm），乌梅达（Umeda），姜蕴、姚明发、吴岩、韩浩、崔岐恩、边明华、徐明等老师，还有可爱的艳梨、诺一、雅洁、晓颖、王玲等好友道一声谢谢，难忘我们在异国他乡的日子里共同学习、互相扶持、共享欢乐的每一个瞬间，感谢你们给予笔者的无私帮助与关怀，真挚友情历久弥新。同时，笔者还要感谢付出一切、细心教养笔者长大的父母，还有一直无条件支持笔者、给笔者温暖家庭的先生和可爱女儿，亲情是笔者最宝贵的财富，是笔者心怀希望、积极面对生活的力量源泉。感恩有你们！

本书虽然定稿，但多方面原因，书中可能还有不尽如人意，甚至不妥之处，恳望读者批评惠正！

谭 瑜

2019 年 4 月 1 日

目 录

第一章 绪论 ………………………………………………… (1)
  第一节 研究选题及意义 …………………………………… (1)
  第二节 国内外研究现状 …………………………………… (4)
  第三节 研究内容与方法 …………………………………… (23)

第二章 跨文化能力培养及其教育教学理论 ……………… (25)
  第一节 跨文化能力基本概念 ……………………………… (25)
  第二节 跨文化交际及培训理论 …………………………… (30)
  第三节 文化身份认同理论 ………………………………… (46)
  第四节 世界语言文化深度教育法 ………………………… (51)
  第五节 跨文化外语教学理论 ……………………………… (57)
  本章小结 …………………………………………………… (60)

第三章 中外合作办学学生跨文化能力水平及问题分析 …… (62)
  第一节 调查研究设计 ……………………………………… (62)
  第二节 跨文化互动目的及动机 …………………………… (67)
  第三节 跨文化能力水平现状及问题分析 ………………… (75)
  第四节 跨文化培训需求分析 ……………………………… (87)
  本章小结 …………………………………………………… (92)

第四章　中外合作办学学生跨文化能力培训理念及内容 …… （94）
  第一节　跨文化能力培训的现存问题及归因 ………… （95）
  第二节　跨文化能力培训理念与目标 ………………… （109）
  第三节　跨文化能力培训的核心要素：文化自信为
  　　　　跨文化能力提升之根本 ……………………… （112）
  第四节　跨文化能力培训的重要方法：民族志方法训练 … （123）
  本章小结 ………………………………………………… （144）

第五章　中外合作办学学生跨文化培训课程构建 …………… （146）
  第一节　跨文化培训课程核心内容及技能训练 ………… （146）
  第二节　跨文化培训综合课程构建：原则与特点 ……… （154）
  第三节　跨文化能力培训主题项目构建的核心问题 …… （168）
  本章小结 ………………………………………………… （189）

第六章　中外合作办学学生跨文化能力培训模式建构 ……… （190）
  第一节　跨文化能力自主培训模式构建 ………………… （190）
  第二节　跨文化能力培训模式运行机制探索 …………… （197）
  本章小结 ………………………………………………… （204）

结语　研究结论、贡献及前景展望 ……………………………… （206）

附　录 …………………………………………………………… （212）
  附录一　中外合作办学学生跨文化能力自评量表 ……… （212）
  附录二　访谈提纲 ………………………………………… （217）

参考文献 ………………………………………………………… （219）

第 一 章

绪　论

第一节　研究选题及意义

根据《中华人民共和国中外合作办学条例》及其实施办法的有关规定，中外合作办学是指中国教育机构与外国教育机构依法在中国境内合作举办以中国公民为招生对象的教育机构或项目的活动，包括合作办学机构和合作举办项目两种形式。其中，高校中外合作办学项目是指中国高等教育机构与外国高等教育机构以不设立教育机构的方式，在学科、专业、课程等方面合作开展的教育教学活动，是当前高校中外合作办学的主要形式，并在近些年呈现出快速发展的趋势，其中又以在国内、国外分阶段完成学业的"双校园"办学模式最为常见。据教育部教育涉外监管信息网2017年6月1日更新的相关数据，我国目前通过教育部审批和复核的中外合作办学机构和项目共有1259个，其中合作办学机构91个，合作办学项目1168个。从学历教育上看，经审批和复核的本科中外合作办学机构和项目共有1000个，其中机构70个，项目930个；硕士及以上学历中外合作办学机构和项目共有255个，其中机构38个，项目217个①。从学科专业上看，涉及约11个学科，包括工商管理、经济学、工程、计算机科学与技术、艺术设计、护理、外语语言文学以及教育等多种专业，其中举办项目最多的是工学，文学、历史及法学专业合作办学项目所占比例低于两个百分点。从外方合作院校上看，其所在国以英国、美国、澳大利亚、加拿大、法国等经济和教育比较发达的国家为主。2013年4月，教育部颁发了对高校中外合作办学评估的《通知》和"评估方案"，并正在组织实施，这标志着我国高校中外合作办学进入规范化和内涵与外延并重发展的重要时期。据不完全统计，目前高等教育中外合作办学在校生约61万人，机构和项目覆盖了我国内地除西藏、青海、宁夏之外的28个省、自治区和直辖市。在相关政策的大力支持下，中西部地区中外合作办学工作取得了很大的进展，东部地区一批高水平中外合作办学项目和机构发挥着引领和示范作用。

随着全球化趋势的发展，教育的国际交流与合作进入快速发展时期，教育国际化已成为当今各国培养国际型高级人才、提高教育竞争力和综合国力的重大发展战略内容。中外合作办学作为我国教育体制内的一种特殊办学模式，符合全球化趋势和我国教育国际化的发展要求，是我国教育对外开放事业的重要组成部分，在培养我国社会主义现代化建设所需的高素质国际化人才、传播中华民族优秀文化、提高文化软实力、增强中国国际话语权以及实现教育现代化等方面有着重要的意义和作用。在我国国家相关政策的扶持和推动下，中外合作办学迅速发展，逐渐成为我国学生接受跨文化教育的重要平台。但同时我们也应注意到，随着改革开放的不断推进，在我们努力实现中华民族伟大复兴的中国梦、全面推进小康社会建成的关键时期，国际教育交流与合作

---

① 教育部：《教育部审批和符合的机构及项目名单》，http://www.crs.jsj.edu.cn/index.php/default/index/sort/1006，2017-06-01。

为培养高素质复合型人才提供了更多更好的机会，也带来了很多的挑战，尤其是西方意识形态与价值观念对我国国民教育与社会主义文化所带来的冲击与影响，再者，低质量的跨文化学习经历（如学业中断、海外滞留等因素）也会给人才培养带来不容忽视的负面效果。因此，中外合作办学作为重要的国际教育合作与交流平台，以引进国外优质教育资源培养中国人才为目的，必须坚持我国高校办学和人才培养的正确方向，培养具有爱国精神、拥护社会主义核心价值观的有识、有志青年。中外合作办学所培养的人才是建设国家的新一代的中坚力量之一，他们肩负着对内推进社会主义现代化建设，对外推广中华民族优秀文化的责任和使命。对于中外合作办学学生的思想引领和教育直接关系到未来我们国家的发展方向和道路选择。如何培养中外合作办学学生的跨文化综合素养与专业技能，增强其文化自觉意识与文化自信，保证其在跨文化教育情境下坚定爱国信念，吸收中外先进理念与知识，为我国的社会主义现代化添砖加瓦是我国教育发展领域的一项重要课题，对于保障中外合作办学学生质量、提高办学整体水平，以及促进办学可持续发展有着至关重要的作用和意义。

但就目前而言，高校中外合作办学工作在培养学生跨文化交际与跨文化适应能力方面的重视程度还不够，没有建构起完整的跨文化教育培训体系，也缺乏系统、有效的跨文化培训方案与具体措施，在促进和保证学生的个人发展与健康成长方面还存在很大的改善空间。本研究便是基于这样一种现实之需，就中外合作办学学生跨文化能力培训模式构建这一重要课题而进行的一项探索性系统研究。

总的来说，本书主要基于四个方面的背景：一是教育国际化和教育现代化对人才培养的需求和挑战，促使笔者关注研究中外合作办学人才培养问题；二是高校中外合作办学项目已成为我国国际化进程中中外合作办学的重要组成部分，但目前的状况急需努力提高中外合作办学学生的培养质量，而学生的跨文化能力提升是促进学生培养质量提高的关键，所以要关注和研究中外合作办学学生的跨文化能力培训问题；三是跨文化能力的提升是中外合作办学人才培养的核心内容与重要目标之一。建立科学有效的跨文化能力培训模式，是我国中外合作办学教育教学发展与学生质量建设的当务之急；四是迄今学界专门系统研究中外合作办学学生跨文化适应问题的成果较少，研究跨文化能力提升问题特别是建立有针对性的培训模式的研究还极为欠缺。基于此，本书旨在通过探究中外合作办学学生跨文化能力培训的理论框架与系统模式，填补与丰富目前相关领域研究的缺失与不足，从而为完善高校中外合作办学跨文化教育体系、保证中外合作办学可持续发展做出积极贡献。

基于本书的核心目标：构建科学、合理、适用的中外合作办学学生跨文化能力培训模式，并阐释其理论，本书将主要从以下几个方面进行深入探讨：

· 中外合作办学学生跨文化能力培训现状调查及分析；
· 跨文化教育及跨文化交际相关理论研究；
· 中外合作办学学生跨文化能力培训知识体系、课程体系构建；
· 中外合作办学学生跨文化能力培训的方式、方法研究；
· 中外合作办学学生跨文化能力培训模式构建及其理性分析；
· 中外合作办学学生跨文化能力培训模式的运行机制探究。

第二节 国内外研究现状

一 中外合作办学相关研究

总体上看，我国中外合作办学的相关研究在近 15 年来无论是从数量上还是质量上都有了很大的提高。从 CNKI 数据库目前的主题检索数据来看，有关中外合作办学的相关学术研究自 2000 年至今在数量上呈现出显著的上升趋势。同时，《中外合作办学发展报告（2010—2015）》①的出版也为各级教育行政主管部门和高校提供了重要的政策咨询参考。就研究内容而言，主要集中在相关政策法规、办学模式、运行监管机制、质量建设以及教学课程管理等方面，同时也包括部分有关高校中外合作办学中跨文化冲突与问题的研究。

潘懋元先生在《教育主权与教育产权关系辨析》一文中强调，中外合作办学应维护国家教育主权的重要性与艰巨性，只有从理论上分清了教育主权和教育产权，我们才能够据此制定本国相应的法规和制定，做到在合作办学中既维护国家教育主权，又明确教育产权，从而促进合作办学的良性发展。②随着国家相关政策法规的颁布，中外合作办学工作已逐渐规范化，从早期探索阶段进入了发展与成熟阶段，整体上取得了良好的进展。以《国家中长期教育改革和发展规划纲要（2010—2020 年）》对中外合作办学做出总体规划、提出明确要求为标志，中外合作办学逐步进入高水平示范性发展的新阶段③，质量建设成为新形势下中外合作办学工作的重中之重，提高人才培养质量，创新中外合作办学质量观和质量标准，探索建设具有中国特色的中外合作办学质量保障体系及其运行机制是高等教育中外合作办学事业成功的决定性因素之一。④近几年有越来越多中外合作办学领域的学者开始关注办学中的质量建设问题，

---

① 林金辉主编：《中外合作办学发展报告（2010—2015）》，厦门大学出版社 2016 年版。
② 潘懋元：《教育主权与教育产权关系辨析》，载《中国高等教育》2003 年第 6 期。
③ 林金辉：《质量建设：中外合作办学高水平示范性发展新阶段的鲜明主题》，载《中外合作办学质量建设研究》，厦门大学出版社 2017 年版，第 6 页。
④ 林金辉、刘梦今：《论中外合作办学的质量建设》，载《中外合作办学质量建设研究》，厦门大学出版社 2017 年版，第 14 页。

他们对中外合作办学中的质量观[1]、质量建设策略与途径[2]，相关政策法规的分析与解读[3]以及办学评估制度[4]进行了探究。

覃美琼[5]、张国强[6]、银丽丽[7]等多位学者对我国中外合作办学的历史和发展脉络进行了梳理并对现状及目前存在的问题进行了分析和讨论。他们指出，中外合作办学在国家的重视和扶持下，随着相关重要政策法规的陆续颁布和实施，已逐步走上依法办学、规范管理的稳定发展阶段，在培养我国国际化高素质创新人才的培养方面发挥着重要的作用。[8] 但目前仍然存在多方面的问题，如我国传统文化与国际规范的平衡问题、市场化与教育特殊性的协调问题，以及办学整体水平不高、专业覆盖不均衡且学科重复等问题。一些学者还对我国不同省市的中外合作办学项目进行了个案研究，从微观角度考察分析合作办学的实践状况，课程建设与发展对策。[9] 这些研究成果对本书研究提供了有力的文献支持。

作为中国教育体制内的、适应教育国际化趋势而出现的创新型办学模式，高校中外合作办学肩负着培养具有爱国情怀与民族精神的高素质国际化复合型人才的艰巨任务。高校中外合作办学

---

[1] 薛卫洋：《论中外合作办学的质量观》，载《中国高教研究》2015年第10期。
[2] 郭丽君、李慧颖：《中外合作办学质量保障：制度与文化分析视角》，载《高等教育研究》2014年第35卷第5期。
[3] 薛二勇：《中外合作办学改革和发展的政策分析》，载《中国高教研究》2017年第2期。
[4] 刘梦今、林金辉：《构建中外合作办学评估制度的基本依据与原则》，载《教育研究》2015年第11期。
[5] 覃美琼：《中外合作办学现状分析与对策建议》，载《高等教育研究》2006年第5期。
[6] 张国强：《高等教育中外合作办学的历史与反思》，载《高教发展与评估》2006年第1期。
[7] 银丽丽：《高等教育中外合作办学历史研究》，博士学位论文，厦门大学，2014年。
[8] 林金辉：《中外合作办学与国际化人才培养》，厦门大学出版社2015年版。
[9] 路玮琳、程瑞彩：《高等学校中外合作办学发展策略的探讨》，载《教育教学论坛》2017年第11期；肖生地：《一个独特的中外合作办学模式：南京大学约翰逊—霍普金斯大学中美文化研究中心》，载《复旦大学论坛》2005年第3期；程良龙、邵晓琰：《系统论视角下高等教育中外合作办学课程体系的构建》，载《黑龙江高教研究》2017年第7期。

具备自身特有的办学规律。林金辉在研究中提出，中外合作办学必须适应和服务于国家改革和发展的大局以及学生的发展和成长，我们在高校中外合作办学的过程中必须建立优质教育资源的合理引进与有效利用机制，以促进合作办学整体水平，提高合作办学学生综合质量。[①] 同时，邓琪等指出中外合作办学是跨文化教育的重要表现形式，我们应在合作办学过程中坚持开放、平等、尊重、宽容、客观和谨慎的原则，并通过专业教育传授跨文化知识、德育教育培养跨文化意识以及综合实践提高跨文化能力等途径实现全方位的跨文化能力培养目标。[②] 孟中媛等认为在高校中外合作办学的实践中，各种文化冲突是实际存在且难以避免的，这既包括市场文化与我国传统大学文化的冲突，也包括中外教育文化的冲突。对这些文化冲突的形成原因、具体表现以及解决途径进行深入剖析将有利于促进我国中外合作办学的规范管理和可持续发展。[③]

由上所述，有关我国中外合作办学建设的问题近年越来越受到学术界的重视，其中涉及跨文化问题的研究主要集中在办学管理、合作平台以及教学方式等方面存在的跨文化冲突及应对原则。但就目前而言，探索中外合作办学学生跨文化培训体系、培训模式及其具体运行机制方面的专题及系统性研究还比较少见。从实践上看，目前各高校在合作办学的课程设置与教学计划的安排上，仍多以语言强化训练与基础专业课学习为主。虽然不少院校已开始在国内阶段为学生提供一些文化类基础课程与跨文化交际的讲座，但总体来讲目前中国合作院校提供给学生的跨文化培

---

① 林金辉、刘志平：《高等教育中外合作办学研究》，广东高等教育出版社2010年版，前言第2—3页。

② 邓琪、许骏：《中外合作办学跨文化教育研究》，载《重庆大学学报》（社会科学版）2008年第4期。

③ 孟中媛：《中外合作办学中的文化冲突与超越》，载《中国高教研究》2008年第11期。

训的完整性与系统性仍有很大完善空间，且对这些课程与培训的实施效果及其对学生跨文化学习与生活的影响程度缺乏纵向的调查和有效的评估。

基于此，本书将从跨文化交际、教育学、文化人类学等多学科视角，以跨文化培训与世界语言文化深度教育法相关理论为基础，参考我国高校中外合作办学项目的特点与实际情况，在系统、科学分析的基础上，构建出有效的合作办学学生跨文化能力培训模式，为进一步构建高校中外合作办学跨文化教育体系、保证中外合作办学可持续发展提供有力的理论参考与数据支持。

二 高校学生跨文化能力培养相关研究

高等院校是国家培养现代化建设所需高素质国际化复合型人才的核心机构与重要平台，学生的个人综合素质发展与身心健康成长是高等院校一切工作的出发点和落脚点。高校学生跨文化综合能力的提升是当今我国高校人才培养目标的重要内容。顾力行（Steve Kulich）在2006年的跨文化交际国际学术研讨会上就提出21世纪是我国培养学生具备跨文化能力而不仅仅是传授语言知识的时代，这符合社会发展的需要，能使学生终身受益。[1]

近年来学术界对于我国高校学生跨文化教育的相关研究也逐年增加，研究视角以外语语言教育、跨文化交际以及两者相结合为主，一方面重点探讨我国高等教育中学生以及教师跨文化能力的培养理念、方式方法、教学途径与评估体系；另一方面则侧重研究如何在外语语言教学中融入跨文化知识、意识与技能要素培养的重要内容，以期帮助学生逐步提高自身跨文化能力与个人综合素质。

---

[1] 庄恩平：《跨文化能力：我国21世纪人才必备的能力："2006跨文化交际国际学术研讨会"综述》，载《外语界》2006年第5期。

学生跨文化能力的培养是一个开放的、长期持续性的过程[①]，贯穿整个高等教育的过程中，有多种可能的实现途径，如在基础语言课程中融入跨文化因素的教学、开设选修性双语类跨文化交际专业课程、充分利用校内已有资源建设线上线下文化互动交流平台，从而为学生提供尽可能多的跨文化交流机会。[②] 吴卫平等学者[③]基于拜拉姆（Byram）的跨文化能力（ICC）理论模型，对中国大学生跨文化能力构成中的意识、态度、知识、技能等跨文化能力维度进行了全面分析，并据此构建出具有良好信效度的、适合中国大学生的跨文化能力维度及评价量表、跨文化能力综合评价指标体系及跨文化能力模糊综合评价模型。该量表包括本国文化知识、外国文化知识、态度、跨文化交流技能、跨文化认知技能、意识等六个主要因子。其研究结果发现，中国大学生跨文化能力具有多维性。六个因子评价和解释中国大学生跨文化能力的作用各有不同，其中外国文化知识影响最强，跨文化交流技能影响居其次，本国文化知识和态度影响居中，跨文化认知技能影响较弱，跨文化意识影响力最弱。该研究对于高校国际性人才培养及相关文化能力培养课程设置具有重要的参考价值。

同时，在外语语言教学与跨文化能力培养方面，胡文仲提到我国两部高校英语教学大纲都提出要培养我国学生跨文化交际能力的要求，这意味着我国外语教学已开始重视跨文化交际学科的发展以

[①] 王婀娜：《大学外语专业学生跨文化能力的测量与培养》，载《语言教育》2016年第4期。

[②] 谭瑜：《高校跨文化外语教学目标及实践对策探究》，载《湖北民族学院学报》（哲学社会科学版）2015年第33卷第6期。

[③] 吴卫平、樊葳葳、彭仁忠：《中国大学生跨文化能力维度及评价量表分析》，载《外语教学与研究》2013年第4期。吴卫平：《中国大学生跨文化能力综合评价研究》，博士学位论文，华中科技大学，2013年。

及跨文化交际能力的研究。[①] 宋鸿立、何清等在研究中提出,培养学生的跨文化意识与能力既是中外合作办学的内在要求,也是当今时代发展的必然要求[②],英语语言实践和跨文化知识习得是中外合作办学课程设置和实施的两大关键性因素[③],双语教学作为跨文化适应能力培养的有效途径,应以全体系的教材教辅作为教学支持。[④] 张红玲在其著作《跨文化外语教学》中对跨文化外语教学理论建构、原则和方法以及教材的编写进行了系统性论述。她从知识、能力和态度三个层面对跨文化外语教学的目的进行了系统划分,将目的语语言、多文化教学以及跨文化交际能力的培养并列为教学的主要内容,要求学生能够通过目的语进行语言与文化的学习,实现对自身民族文化的自觉与反思。[⑤]

在学生跨文化适应方面,目前有少部分研究者对高校中外合作办学学生群体进行了相关的专题实证研究。周(Zhou, Y.)和托德曼(Todman, J.)对在英国留学的中国研究生的跨文化适应模式进行了纵向比较研究。[⑥] 他们将被试学生分为两组:中外合作办学项目学生和以个人形式出国的中国留学生,通过发放问卷和访谈的方式对其在不同学习阶段(出国前、刚到英国以及在英国生活六个月后三个阶段)的学术阅读和理解能力进行了调查分析。研究表明

[①] 庄恩平:《跨文化能力:我国 21 世纪人才必备的能力:"2006 跨文化交际国际学术研讨会"综述》,载《外语界》2006 年第 5 期。

[②] 何清:《中外合作办学项目中以培养学生跨文化交际意识和能力为目标的英语选修课程设置:以内蒙古师范大学国际交流学院 HND 项目为例》,载《内蒙古师范大学学报》(教育科学版)2011 年第 5 期。

[③] 宋鸿立:《中外合作办学研究与实务:基于中外双向互动教学的英语语言实践和跨文化元素研究》,知识产权出版社 2010 年版。

[④] 陈业玮、任雅静:《跨文化适应:中外合作办学中的经济学课程双语教学》,载《高等工程教育研究》2010 年增刊。

[⑤] 张红玲:《跨文化外语教学》,上海外语教育出版社 2007 年版,第 194—198 页。

[⑥] Zhou, Y. & Todman, J., "Patterns of Adaptation of Chinese Postgraduate Students in the United Kingdom", *Journal of Studies in International Education*, Vol. 13, No. 4, 2009.

两组学生在跨文化适应模式上存在明显的差异，因此有必要对两类学生区别对待，有针对性地寻求跨文化交际策略与适应方法。以集体形式出国的中外合作办学项目学生在三个阶段的跨文化适应过程中显现出学术适应困难逐渐减少的整体趋势，他们在英国生活六个月后所经历的学术阅读与理解课程方面的困难要小于个人形式出国的中国留学生。研究者在分析原因时提到，这可能是由于集体出国的项目学生在海外更容易在心理上和信息上获得同伴支持和帮助，而且他们在国内学习期间接受过统一的、系统性的出国培训，准备相对充分，因此能够更好地适应跨文化互动环境，应对海外院校的学业要求与教学方式。

另外，笔者也在前期研究中对高校中外合作办学项目学生的跨文化适应问题进行了专题研究，构建出高校中外合作办学项目学生跨文化适应的理论框架。[①] 研究发现，中外合作办学项目学生的整体心理适应状况良好，在社会文化适应方面以人际交往和学业适应上的困难为主，项目学生理想的跨文化适应态度与其实际跨文化交际与适应策略的运用之间存在差异。就具体的跨文化适应策略而言，可分为折中式应对法、回避式应对法、主动应对法和自我认知调适法等多种类型，呈现出多样性、灵活性和情境性的特征。同时研究也指出，合作办学项目学生的跨文化适应过程不仅是一个文化学习的过程，同时也是一个在跨文化动态比较中进行自我概念与文化身份重构的过程。总的来说，中外合作办学项目学生在自我概念的重构上呈现出从关联型自我向独立型自我迁移的动态特征，在文化身份重构的过程中显现出文化反思、文化自觉、文化认同和跨文化认同四个阶段。这个结论对于如何在跨文化能力培训中正确培养和提高合作办学项目学生的文化自觉、文化自信、文化选择和识别

---

① 谭瑜：《高校中外合作办学项目学生跨文化适应研究》，中国社会科学出版社2014年版。

等跨文化能力具有重要意义。

整体上看，虽然说目前学术界对大学生跨文化能力的培养问题越来越关注，相关研究逐年增加，内容涉及跨文化能力培养的意义、核心内容、相关课程设置与教学方法，但在跨文化能力培训模式的构建方面，研究尚显薄弱，文献较少且未成体系，尤其是针对我国高校中外合作办学学生群体的跨文化能力培训研究，还是一个比较新的研究领域。随着国家对教育对外开放的大力支持与建设高水平合作办学项目的鼓励，中外合作办学学生群体正在不断壮大。中外合作办学学生作为高校学生的重要组成部分，既具备所有高校学生的普遍特性，但同时又因合作办学模式的特殊性而具有自己的鲜明特点。例如，学校根据合作办学项目协议为其设有专门的课程体系以及外语语言要求，中外合作院校双方都参与教学和学生管理等相关工作，参与合作办学项目的学生们往往有更多的跨文化互动与交流的机会，大部分会有或将会有海外留学的经历，他们因此对自身跨文化能力的提升有更强的内在动机与目标期望。

三　民族志方法与跨文化能力培训相关研究

（一）民族志方法的意涵

民族志方法的英文为 Ethnography，其中 ethno 意为 "一个民族" "一群人" 或是 "一个文化群体"[①]，graphy 则意指 "图像" "绘图"，因此 ethnography 可以说是 "人类文化群体的形象绘图"[②]，是对社会和文化的全面描述，其对象可以是民族、部落、氏族、地区、都市和社区。[③] 各种文化客体，如价值形态、语言系统、符号

[①] 陈向明：《质的研究方法与社会科学研究》，教育科学出版社2000年版，第25页。
[②] Wolcott, H., "Ethnographic Research in Education", In R. Jaeger (ed.), Complementary Methods for Research in Education (2nd ed.), Washington, D. C.: American Educational Research Association, 1997, p. 328.
[③] 王铭铭：《溪村家族：社区史、仪式与地方政治》，贵州人民出版社2004年版，第252页。

工具、社会制度、艺术、宗教信仰、风俗习惯等因素都是民族志研究者所关心的调查内容。传统民族志的研究者主要运用参与观察的方法,针对特定社会文化群体收集资料、记录和评价,并以社会或人类学的理论,来解释此类观察结果。[1] 民族志既是一种文化研究过程,同时也指通过该研究生成的描述人类社会的写作文本。[2] 虽然民族志研究最初是由文化人类学家用来研究一些非本民族文化的工具方法,但由于其重视研究对象的社会行为及其与整个社会文化之间的关系,因此具有明显的跨学科性质,在后期被广泛运用于社会学、心理学、传播学、教育学等其他多门学科的相关研究中。[3]

民族志方法起源于20世纪初期的文化人类学,是一种解释性的经验研究方法,其早期的主旨是探索异文化的意义和象征,研究某一特定人类社会及其文化成员的精神、意识和行为。研究者主要通过实地田野调查,深入某些文化群体中,从了解其内部着手,提供相关意义和行为的整体描述与分析[4]。英国功能主义大师马凌诺斯基提出以参与观察为核心的民族志方法三大要素,即专业的研究者及作者、田野调查的实地研究方法,以及对研究对象进行整体性描述的文本。[5] 格尔茨认为,民族志描绘的是某一社区或文化群体成员的生活和经验,诠释的是文化脉络中人们的实践,它既是一种研究过程和方法(包括观察、收集资料、整理分析及写作的整个研究过程),又是一种文化解释的表现形式(最终的调查研究成果通

---

[1] 刘仲冬:《民族志研究法及实例》,载胡幼慧主编《质性研究:理论、方法及本土女性研究实例》,台北巨流出版社1996年版。
[2] 陈向明:《质的研究方法与社会科学研究》,教育科学出版社2000年版,第25页。
[3] 常燕荣、蔡骐:《民族志方法与传播研究》,载《湖南大众传媒职业技术学院学报》2005年第2期。
[4] 同上。
[5] 朱春艳、高琴:《论民族志方法在科学知识建构中的作用》,载《东北大学学报》(社会科学版)2015年第6期。

常以描述文本的形式呈现，亦称为民族志）①，研究者通过在较长一段时期内收集相关经验素材（包括观察日志、文献记录、访谈资料、图片、音频、实物等）并对其进行整理归纳，从而构建出一个能够反映该文化群体整体风貌的民族志文本。

民族志方法基于整体论的方法论基础，主要是从自然化的、生活化的场景和语境中，了解并描述某一社区或文化群体成员生活的方方面面，强调对人以及人的文化进行详细的、动态的、情境化的描写。②他们在与该群体文化成员的接触和互动中，用自己的感官和心灵去体会和领悟他们的观念和行动在其生活中的文化意涵③，对文化个体成员及群体的价值观念与意义建构进行考察，了解他们特有的思维方式和活动行为。④就研究对象而言，民族志方法强调要尽可能详细地了解所研究社区或文化群体成员的实际生活的各个方面，在全面了解、总体把握的基础上，对相关的文化现象及其背后的意义有重点地进行分析与解释。这就意味着研究者必须长期融入研究对象的生活之中，成为其中的一员，并直接观察研究对象的行为，对研究对象做出分析和诠释。这也形成了关于民族志方法的经典描述："在较长一段时间内，民族志学者参与人们的生活、观察发生了什么，聆听他们说什么，并提出问题。"⑤

（二）民族志方法之核心："深描"

民族志方法的研究焦点最初便是放在对人类社会的具体文化现象及其背后的文化意义解释上，是一种典型的解释性研究方法，研究者在长期实地观察和体验的过程中收集数据资料，并运用社会学和人类学等相关知识对其进行分析和阐释，最终生成民族志写作文

---

① Geertz, C., *The Interpretation of Cultures: Selected Essays*, New York: Basic Book, 1973.
② 张雪娟：《民族志方法与课程研究》，载《齐齐哈尔大学学报》2011年第6期。
③ 李一松：《民族志及其实验趣向》，载《学术探索》2000年第1期。
④ Barker, C., *Cultural Studies: Theory and Practice*, Sage Publications, 2003, p. 28.
⑤ Ibid.

本。从这个意义上讲，我国古代的著作《山海经》、"二十四史"中的"蛮夷传"，以及西方希罗多德的《历史》都可视为具有浓厚本土文化特色的民族志。①

格尔茨在《文化的解释》一书中提出民族志方法的核心为"深描"法（thick description），深描法是对意义的阐释，"是揭示使我们的研究对象的活动和有关社会话语'言说'具有意义的那些概念结构；建构一个分析系统，并借助这样一种分析系统，那些结构的一般性特征以及那些属于那些结构的本质特点，将凸显出来，与人类行为的其他决定因素形成对照"。②深描法要求民族志研究者通过田野调查，长期地、持续地、近距离地与当地人接触，并参与当地各项生活事务和社交活动，在此过程中不断体验和尝试解释当地社会文化中的各种文化现象和文化行为，逐步熟悉该文化的深层结构和象征系统，将之与自身原有的背景知识、价值观念和意识形态相对比、交汇融合，从而获得对异文化群体的深层理解，以及对自我内在认知的拓展和文化身份认同的构建。这一过程本身即建立在个人思想经验流动和发展的基础上，是一个视域不断融合的过程。③

民族志方法研究资料收集的途径相当丰富，常用的方法有参与观察、无结构性的访问和文献分析等，文献包括书本资料、历史纪实、日记、会议记录、交流信件以及图片、音频等用以记录参与者语言、姿态、行为等具体、微观的文化表现形式。因此，民族志方法的数据来源包括说、问、视、听、感觉多个方面，因此一般被认为具有较强的主观性、印象性和轶事性。可见，民族志方法非常强

---

① 王晓江：《民族志方法科学性阐释——兼论中国跨文化传播研究方法移植的可能》，载《求索》2010年第11期。

② 转引自郭建斌、张薇《"民族志"与"网络民族志"：变与不变》，载《南京社会科学》2017年第5期。

③ 李清华：《深描民族志方法的现象学基础》，载《贵州社会科学》2014年第2期。

调研究者个人的体验和思想，具有浓厚的人文色彩。"这种方法要求研究者亲身深入某一社群的文化，并在其中长期生活，从'内部'提供对该文化的意义和行为的叙述。研究者要直接参与该社群的社会、经济、仪式等方面的活动，并通过学习该社群的语汇或思考方式，来解释文化"①。这也正是马凌诺斯基所说，格尔茨进一步完善的"文化持有者的内部眼界"（the native's point of view）②。但即便是这种"研究者为了克服自身的偏见或意识形态的影响，以获得一种更真实、更准确地再现所采用的策略"。民族志方法受研究者个人体验和思维的影响，所生成的民族志文本也不尽相同。可以说，"民族志"方法的成果表现形式是描述性、解释性成果，具有多元性和发散性的特征。

（三）民族志方法类别及特征

写实民族志：马林洛夫斯基的《西太平洋的航海者》和拉德克里夫—布朗的《安达曼岛人》是公认的两本经典传统写实民族志。马林洛夫斯基将民族志调查分为三大素材：一是对各类社会活动元素及各元素之间关系的全貌概述；二是对日常生活中观察到的文化现象与社会行动的真实记录；三是对被研究社区、文化群体或族群成员的叙说风格、典型的口语表述以及民俗等的说明，侧重对当地人的思维方式的描述③。马凌诺斯基和布朗主张把握人类文化生活的整体，在完整的文化体系背景中对各个文化事实及其相互关系加以考察和研究，以求最终把握住它们的本质；同时，主张参与式的局内观察法，即研究者深入当地居民的生活中，观察他们在自然的生活情境下体现的真实情感、观念和

---

① 罗刚、刘象愚主编：《文化研究读本》，中国社会科学出版社2000年版，第25页。
② [美]克利福德·格尔茨：《地方性知识——阐释人类学论文集》，王海龙、张家瑄译，中央编译出版社2000年版，第73—74页。
③ 马凌诺斯基：《西太平洋的航海者》，梁永佳、李绍明译，华夏出版社2002年版，导论部分。

行为，从而能够得出正确的结论。①

现代民族志：现代民族志方法是一种较为微观的社会文化整体描写方法，主旨在于阐释世界文明，为人们了解不熟悉的信仰与风俗创造了可能，从而冲淡民族中心主义的限制，以进行社会比较研究。现代民族志方法根据研究范围和规模的大小，可以作宏观民族志和微观民族志之分。宏观民族志侧重研究复杂社会、多样社区和社会组织，微观民族志则以某特定社区群体、部落或文化群体为考察对象。② 同时，民族志方法亦具有主位与客位研究之分。主位研究（emic approach）即研究者选择站在当地文化群体成员的立场上（而非自身的主观认识）对其社会文化因素进行研究。它要求把当地人对自己的社会和文化的认识及看法作为调查和研究的主要目的和材料支撑，因此需要研究者深入、全面地了解当地群体的社会和文化体系，熟悉他们的民族性、价值观、风俗习惯及伦理道德等重要文化因素。与之相对的，客位研究（epic approach）则注重从研究者自身的角度去看待和理解目的地社会文化，运用历史和比较的观点去分析当地人的社会文化现象。客位研究通常以文化比较为目的，通过对所收集的文化材料进行分析，进而提出自己的看法和解释。

实验民族志：实验民族志中强调全球化的重要地位这一主张对民族志研究者在理解当前人类世界的形势和格局基础上，关注人类文化的普适性、流动性和融合性具有重要影响。此外，实验民族志强调人类学民族志研究者将自己视为意义的创造者，而非被动的事实描述者和接受者。研究者应利用人类学、社会学以及心理学等多学科知识对文化他者进行理解与分析，同时反思内在、理解自我的

---

① 王晓江：《民族志方法科学性阐释——兼论中国跨文化传播研究方法移植的可能》，载《求索》2010 年第 11 期。

② 同上。

问题[1]。民族志研究者作为"来自异文化的旅居者",其研究不仅是对目的地社会文化的描述,同时也是对自身经验的描述,这种理解连同描述行为本身将汇入研究者的人生经验当中,成为其人生体验的重要组成部分。[2] 实验民族志方法的运用有利于帮助个体树立文化大局观,在关注文化差异与类同的基础上积极、主动地探索新事物,融合内化新知识,不断加深自我认识,拓宽自身的文化边界。

自我民族志:自我民族志是大卫·哈亚诺(David Hayano)于1979年提出的民族志概念,是用于探讨民族志研究者自我生活经验的自传式个人叙事。[3] 自我民族志是一种将个人与文化相联系,将自我置于社会文化背景来考察的研究形式[4]。这种个人叙事的主旨在于对研究者个人亲身经历进行描述,并对该描述内容做出反思性说明。因此,自我民族志研究者具备研究者与被研究对象的双重身份,他们侧重从个体层面上对自我亲身文化经历进行描述与反思,并在自我与他人的互动中深化对文化本质的认识。[5] 他们把个人思想、感觉、故事和观察视为理解社会背景的一种方式,通过自我情感和思想的表达来探究自我与文化背景的互动。自我民族志的数据多来自共识性自我观察和文本记录,以及多类型资料,如日志、照片、视音频、线上沟通记录等。[6]

(四) 民族志方法在跨文化研究中的应用

由上所述,民族志方法非常适用于诠释有组织的人类社会生

---

[1] Paul Ricoeur, *Existence at herméneutique*, inLe Conflit des Interpretations Editions Du Seuil, Paris, 1969, p. 20.

[2] 李清华:《深描民族志方法的现象学基础》,载《贵州社会科学》2014年第2期。

[3] Hayano, D. M., "Auto-ethnography: Paradigms, Problems and Prospects", *Human Organization*, Vol. 38, No. 1, 1979.

[4] Reed-Danahay, D. E. (eds.), *Auto/Ethnography: Rewriting the Self and the Social*, UK: Berg., Oxford, 1997.

[5] Alvesson, M. & Skoldberg, K., "*Reflexive Methodologies: Interpretation and Research*", London: Sage, 2000.

[6] 蒋逸民:《自我民族志:质性研究方法的新探索》,载《浙江社会科学》2011年第4期。

活、文化的具体细节,从中提炼出更具一般性的文化特征和规律。如今,民族志方法不仅在人类学社会研究领域被普遍应用,也被其他许多学科和应用领域广泛运用,如文化人类学、教育研究、跨文化心理学、社会学等。① 民族志方法应用的研究环境和地域也较为多样,宏观环境如不同国家和地区,微观环境如学校、社区、家庭、族群等。其探讨的问题也日益呈现出跨学科性,比如跨文化心理、多边语言教育、民族身份认同等。民族志方法有利于将宏观文化概貌与微观文化事实及其意义结合起来,互补印证,这一研究过程必然包含着反思,有利于对原有的知识体系和概念模式提出质疑,并发现新问题,创造新知、新智。②

在跨文化学习与交际领域,民族志作为诠释范式的典型方法,能够从自然的角度来描述、说明和诠释跨文化沟通和互动过程,对实践体验中的关键性跨文化事件、文化现象及象征表现进行考察,也因此在跨文化传播学领域被广泛应用。语言作为人类沟通的最重要方式之一,是研究某一社区或文化群体人际沟通和传播的基础与重点。民族志传播学的先驱戴尔·海姆斯(Dell Hymes)教授1964年在《美国人类学家》上提出了一个研究语言社区中人际传播的理论框架,即SPEAKING框架,包括背景(S, setting),参与者(P, participant),目的(E, ends),行动次序(A, act sequences),社会基调(K, key),工具媒介(I, instrumentality),规范(N, norms)和类型(G, genre)。③ 该框架对于理解文化互动行为与意义建构有着重要的指导作用。

民族志方法注重对研究对象文化身份的考察与研究,文化身份是指一个文化群体成员对其自身文化归属的认同感,其特征体现在

---

① Hammersley, M. & Atkinson, P., *Ethnography*, London: Routledge, 1995.
② 李英姿:《语言政策研究中的民族志方法及启示》,载《民族教育研究》2016年第5期。
③ Hymes, D., "Introduction: Toward Ethnographies of Communication", *American Anthropologist*, Vol. 66, 1964.

各文化群体成员的思想、言语与行为中。① 在跨文化互动和传播中，交际双方对于自身以及对方文化身份和行为规范的认知和诠释能力对于弱化个人文化中心意识、减少偏见、建立信任，从而实现有效的跨文化沟通具有重要的影响。建立在理解和信任基础上的文化交流与传播活动，才是有效的传播。文化间互动者与传播者的文化自觉意识与正面、积极的态度是跨文化传播达到预期目的重要前提。②

需要强调的是，在某一社会文化环境下长期生活成长起来的人类学民族志研究者，其世界观、价值观、思维方式以及行为模式都已在第一社会化的过程中塑性并内化，当他们面对与自身所属文化截然不同或是纷繁多样的异文化符号系统和思想、行为时，很自然会体验到不同程度的文化冲击感，这种文化冲击感有可能给研究者的身心带来巨大的影响。只有以一种相对宽容、开放和正面的态度来面对这些文化变数与意义，避免在跨文化体验中过分的"以己度人"，尝试从当地人的视角去理解他们的意义世界，才可能开展有效的、有价值的民族志观察与写作。目前已经有部分学者对民族志方法在跨文化教育和外语教学中的运用进行了探究③。

---

① Tajfel, H., "Social Categorization, Social Identity and Social Comparison", in H. Tajfel. (ed.), *Differentiation Between Social Groups*, London: Academic Press, 1978, pp. 63, 61 – 76.

② 王晓江:《民族志方法科学性阐释——兼论中国跨文化传播研究方法移植的可能》，载《求索》2010 年第 11 期。

③ Roberts, C., "Language and Cultural Learning: An Ethnographic Approach", in A. Jensen, et al. (eds.), *Intercultural Competence. The Adult Learner*, Aalborg: Aalborg University Press, Vol. 2, 1995, pp. 53 – 69; Roberts, C., "Ethnography and Cultural Practice: Ways of Learning during Residence Abroad", in G. Alred, M. Byram & M. Fleming (eds.), *Intercultural Experience and Education*, Clevedon, UK: Multilingual Matters, 2003, pp. 114 – 130; Roberts, C., Byram, M., Barro, A., Jordan, S. & Street, B., *Language Learners as Ethnographers*, Clevedon, UK: Multilingual Matters, 2001; Jackson, J., *The Transcultural self: Autoehtnographic Accounts of Chinese Sojourners*, in Paper Presented at the Fourth International Auto/biography Association (IABA) Conference, March 2004, The Chinese University of HongKong, 2004; Jordan, S., Writing the Other, Writing the Self: Transforming Consciousness through Ethnographic Writing, *Language and Intercultural Communication*, Vol. 1, 2001, pp. 40 – 56; Robinson-Stuart, G. & Nocon, H., "Second Culture Acquisition: Ethnography in the Foreign Language Classroom", *Modern Language Journal*, Vol. 80, 1996, pp. 431 – 449.

海外民族志，近年来我国人类学界与社会学界已开始逐渐重视，并加大了研究力度。王延中[①]、王铭铭[②]、高丙中[③]等学者都曾专门著文探讨海外民族志的概念内涵、重要性与应用。王延中在第二届海外民族志工作坊上谈到，对当代中国而言，通过海外民族志建构中国人关于世界现实知识表述，本身就是中国走向世界的必要步骤。我们要在国际舞台上争取更大的文化话语权与学术话语权，就必须增强自身对国际问题、对世界其他国家文化的理解与认知，并通过文化比较与分析实现更高水平的文化自觉与文化自信。而海外民族志的研究在这方面可以发挥重要的作用。现在，全国越来越多的高等院校、科研机构乃至社会机构都开始大力推进海外民族志的研究，高质量的海外民族志研究能够有效地加深我们对海外的了解，能够从简单地"走出去"，转变为更好地"走出去""迎进来"，从而加深对异文化、异民族的了解、理解和尊重，同时对外传播中华传统文化及价值观。这种对等的理解，将在更大程度上促进各种文化间的良性交流与合作。[④]

费孝通先生认为，对其他国家和民族的历史社会文化进行研究非常重要，我们能够通过理解他者、研究他者，激励自己更为深入的剖析和反思自身传统文化，从而扩展视野，提升跨文化能力和思维创新能力，实现追求更好认知自我而拓展自我的目的，为建设一个"和而不同"的全球社会贡献力量。[⑤]刘敏在论文中基于费老的理论提出以文化自觉为路径的海外民族志研究。他认为文化自觉是我们在经验与理论、全球化与本土化、自我与他者的持续对话中不

[①] 王延中：《海外民族志研究大有可为》，载《世界民族》2014年第1期。
[②] 王铭铭：《所谓"海外民族志"》，载《西北民族研究》2011年第2期。
[③] 高丙中：《海外民族志与世界性社会》，载《世界民族》2014年第1期；《海外民族志：发展中国社会科学的一个路途》，载《西北民族研究》2010年第1期。
[④] 王延中：《海外民族志研究大有可为》，载《世界民族》2014年第1期。
[⑤] 费孝通：《费孝通在2003：世纪学人遗稿》，中国社会科学出版社2005年版，第201页。

断拓展海外民族志的前提与关键。在全球化时代，海外民族志研究应在本土文化反思的基础上，通过文化间平等对话来构建自身学术品格、拓展研究视野，并最终实现"美美与共"与"天下大同"[①]。

可见，海外民族志式的观察与实践对于个体在跨文化环境下构建自身文化身份与自我概念有着重要的作用。在中外合作办学学生的跨文化能力培训中纳入海外民族志方法能够帮助他们对自身的具体跨文化体验与所学知识有意识、比较客观地进行系统整理、科学分析和归纳，从而将其纳入自身的认知体系，实现较好的自我概念和文化身份的重构，树立积极、正面的爱国情怀与民族精神。

基于此，笔者认为，民族志方法对于构建中外合作办学学生跨文化能力培训体系的启示主要有以下几点：一是以文化自觉与反思为轴心，在中长期的跨文化互动交流中，以一种较自然、通识的方式对自身跨文化体验进行描述、阐释与多次分析，从而逐步加深对异文化的认知以及对中国文化深层结构的了解，提高自身跨文化综合素质。合作办学学生自国内预备学习阶段开始到海外留学期直至回国反馈阶段，均处在跨文化教育的大环境当中，其本身可以说就具备"民族志研究者"这一身份，他们的跨文化学习与生活体验也可称为海外民族志式的学习。二是民族志的思考方式和学习方法可以有效地帮助他们有意识地对自身跨文化体验中出现的一系列问题进行比较科学的审视和分析[②]；民族志方法训练能够有效地加强中外合作办学学生的学术研究能力，对其学术逻辑思维与创新能力、理论联系实际的分析能力、学术写作规范以及中外语言表达能力都有着长足的正面影响，是促进其成为高素质国际化复合型人才的重要途径。

[①] 刘敏：《海外民族志：反思、对话与文化自觉》，载《民族论坛》2015年第6期。
[②] 谭瑜：《高校中外合作办学项目学生跨文化适应研究》，中国社会科学出版社2014年版，第196页。

第三节　研究内容与方法

本书对中外合作办学学生的跨文化能力提升问题进行有针对性的、系统的专题研究，由此构建出比较科学的、适合我国实际的中外合作办学学生跨文化能力培训模式，以促进中外合作办学学生培养质量的提高。研究内容分六大部分：

第一部分，重点阐释研究的目的和意义、主要研究内容与研究方法，并对相关核心研究文献进行梳理与分析，提出研究课题；第二部分，概括性阐述本研究的核心概念与理论基础，基于本书的跨学科性质，所涉及的相关理论包括跨文化教育教学理论、跨文化交际与适应理论、文化身份认同理论、世界语言文化深度教育法以及人类学民族志方法的基本理论；第三部分，基于实地调查数据对中外合作办学学生跨文化能力水平、跨文化培训现状及现存主要问题进行描述、阐释与分析，总结出中外合作办学学生对跨文化能力培训的需求与建议；第四部分，重点放在论述中外合作办学学生跨文化能力培训的新理念、新方法与新内容；第五部分，深入探讨中外合作办学学生跨文化能力培训的课程建设问题，包括构建原理、核心内容以及培训方式方法；第六部分，基于上述研究，构建出中外合作办学学生跨文化能力培训模式的总体框架，该模式以培养学生的文化自信与文化自觉意识为基点，运用人类学民族志方法，通过构建促进学生内在动机与自主学习的跨文化培训课程与训练，帮助学生全面提高跨文化素养与终生学习能力。

本书主要采用质性研究与定量研究相结合的方式，从面到点，依据"确定主题与目标—文献收集与综述—实地调研—数据分析与讨论—理论阐释、概括与提升—模式构建与对策讨论"的研究思路开展研究，所采用的具体研究方法包括：

文献分析法：通过国内外相关研究文献（包括高校学生跨文化教育及跨文化能力培训研究、人类学海外民族志相关文献以及中外合作办学跨文化问题研究等）的梳理分析，提出对问题分析的观点和建议，进而提出科学理论观点，总结出具有学术和实践价值的结论和指导意见。

调查法：本书注重中外合作办学学生跨文化能力状况及培训需求的调查，通过对调查获得的第一手资料和数据的分析、概述和提升得出科学的研究结果。调查方法主要包括问卷调查，半开放式访谈、观察法以及一手文本资料（如学生日志、共享经验记录等）的收集等。

多学科综合分析法：结合跨文化交际、教育学、文化人类学领域的相关理论，从跨学科视角探究高校中外合作办学学生跨文化能力培训模式问题，其结果有利于丰富和发展中外合作办学研究领域的理论，为进一步发展我国中外合作办学项目提供理论支撑。

第 二 章

跨文化能力培养及其教育教学理论

跨文化能力培训模式的构建需要建立在坚实的理论基础上。跨文化能力的相关研究本身即具有多学科、跨学科的性质，学者从社会学、人类学、语言学、文化心理学等各学科视角对跨文化能力进行了研究，如霍夫斯泰德的文化价值取向理论、贝内特的跨文化培训理论、顾晓东的跨文化认同理论、拜拉姆与陈国明等的跨文化交际理论、贝瑞的涵化理论、金荣渊的跨文化调整理论等。笔者基于本书的主要目的，在本章将重点对跨文化能力的核心概念、跨文化能力理论模型以及深度世界语言文化教育法等内容进行详述。

第一节 跨文化能力基本概念

一 语言与文化

不同学科领域的专家学者对于文化的概念有着不同的理解与阐述。目前关于文化的定义已有上百种。英国文化人类学家泰勒（Tylor, E. B.）在《原始文化》一书中将文化定义为"一种复合体，它包括知识、信仰、艺术、道德、法律、风俗以及其他所有作为社会成员的人所获得的能力和习惯。"[1]格尔茨（Geertz）认为文

---

[1] Tylor, E. B., *The Origins of Culture*, New York: Haper and Row Publishers, 1958, p.1.

化是一个群体共享的意义系统,决定了我们作为社会成员对世界主要事物的感知、认识和态度,从而时刻左右着我们的思想、行为与生活方式。① 跨文化心理学家霍夫斯泰德（Hofstede, G.）将文化称为"大脑的编程"②,提出"洋葱皮文化论"（或多层文化论）,他将文化从外到内、从浅层到深层一次分为象征物（symbols,如服饰、语言、建筑物）、民族性格（heroes,某种特定文化中人们所认可的英雄的性格代表了该文化中大部分人的性格）、礼仪（rituals,某种文化中对待人和自然的独特表示方式）、价值观（values）。其中价值观是文化中最核心、最稳定、最一致和最难理解的部分③,包括时空观念、思维方式、交际模式等深层文化因素。④ 这些隐性的、根植于心的意义系统（或称深层文化因素）"不言而喻,只能意会",在人们日常生活的方方面面发生着作用,以一种微妙的、深刻的方式指导和影响着人们的思想和行为,是一种强大的文化力量。⑤

《周易》云："观乎天文,以察时变;观乎人文,以化天下",文化在汉语中原为"人文教化"之意。文化讨论的是人类社会,"文"是基础和工具,包括语言和文字;"教化"是指人类群体精神活动和物质活动的共同规范,亦指共同规范产生、传承、传播及得到认同的过程和手段。文化发祥于特定地理环境,由历史传承下来的符号、意义和规范系统组成。⑥ 文化体系透过庞大无比的象征

---

① 转引自张红玲《跨文化外语教学》,上海外语教育出版社2007年版,第26页。
② Hofstede, G., *Culture's Consequence: International Differences in Work-Related Values*, London: Sage, 2001.
③ Hofstede, G., *Culture's Consequences*, Sage Publications, 2001, pp. 9 – 10.
④ Amorim, L., *Intercultural Learning: A Few Awareness Tips for US and European Fellows & Host Community Foundation*, Washington, D. C: European Foundation Centre, 2001.
⑤ 费孝通:《试探扩展社会学的传统界限》,载《文化与文化自觉》,群言出版社2010年版。
⑥ 戴晓东:《跨文化交际理论》,上海外语教育出版社2011年版。

体系深植在人类的思维之中，人们通过这套象征符号系统解读呈现在眼前的种种事物。① 语言可以说是人类文化中最为普遍也是最为多元化的表现形式之一，在漫长的历史发展长河中经由人类集体智慧与经验逐渐形成进化的，在身份认同、社会交往与文化传播等方面处于核心地位。任何一种语言的产生和发展都有其特定的社会文化根基。语言不仅具有表达思想、互动交际的功能，还是个体思维和感知的表现形式。语言相对论和文化相对论指出，语言习惯与文化经历是影响人们感觉、认知和思维的主要因素，不同文化和语言群体具有不同的感知和思维模式。语言的使用必然反映人们的价值观念和思维模式，而社会文化又是语言赖以生存和发展的基础。② 文化具有历史传承性和社会依附性，一旦离开了赖以存活与生长的历史传统和社会土壤就会失去活力。③ 同一文化群体的成员在长期的共同生活过程中，逐渐建立起一套共有的价值观念、行为规范、社会目标和意义框架，并随着社会的发展变化而变化。

　　语言与文化形成了人际交往的基本条件。当来自不同文化、使用不同语言的人们接触、沟通与互动时，便形成了跨文化交际。跨文化交际促使交往双方开始重新审视各自原有的文化意义系统与行为规范，并在互动过程中互相学习、互相影响，从而产生自我概念与文化身份的重构。这一重构过程根据个体跨文化体验的深度与广度而不同，是一个随着跨文化经历的增加而不断发生变化的动态的、复杂的过程。良好的跨文化交际能够帮助个体形成积极、正面的跨文化认同。

---

① 维基百科：文化概念，https://zh.wikipedia.org/wiki/%E6%96%87%E5%8C%96，2017-10-01。
② 张红玲：《跨文化外语教学》，上海外语教育出版社2007年版，第188—189页。
③ 戴晓东：《跨文化交际理论》，上海外语教育出版社2011年版，第215页。

二 跨文化教育

21世纪的全球化对各国教育提出了新的要求和挑战，不同国家和区域间政治、经济及文化等各方面的对话、互动与交流为教育提供了更复杂、宽泛的时代背景，为教育改革开拓了新的视域。以培养全球公民为目标的跨文化教育随之兴起，并逐渐在各国教育政策的制定及研究、实践中占据越来越重要的地位。当代跨文化教育不仅仅应该着眼于语言与文化知识的习得，同时应注重自我与文化身份认同的建构以及文化间互动能力的提升。我们必须通过学习、交流与对话促进文化多样性和提高文化素养。这些对于反击歧视、偏见和极端主义具有不可或缺的重要作用。文化多样性和文化素养是促进我们的社会良性发展的必要力量。[①]

联合国教科文组织（UNESCO）为跨文化教育设立了三个基本原则：一是跨文化教育尊重所有学习者的文化身份认同，为其提供文化适宜、积极反馈的高质量教育；二是跨文化教育为每一位学习者提供在社会中有效交际所必须具备的文化知识、态度与技能；三是跨文化教育为学习者提供文化知识、态度与技能，旨在帮助他们树立尊重、理解和友好团结的态度，从而实现与不同个体、民族群体、社会文化与宗教群体的有效、正面的沟通交流。国际教育委员会（The International Commission on Education）在21世纪开展了一个名为"学会共处"（learning to live together）的项目，提出六类教育过程，包括文明教育（education for civility）、和平教育、公民教育、跨文化教育、全球教育和社会资本教育。[②] 其中跨文化教育又

[①] UNESCO, *Intercultural Competences: Conceptual and Operational Framework*, Paris: UNESCO, 2013, p. 45.

[②] Josef Huber (ed.), *Intercultural Competence for All: Preparation for Living in a Heterogeneous World*, Council of Europe, 2012, p. 31.

包含多个方面的内容，如跨文化交流与学习、文化相对论（文化平等）、多元文化身份认同、多样化与多元主义（无歧视、不排外，互惠互重）、互动交流（合作学习，跨文化冲突协商）、新的集体身份认同（如全球公民）、文化融合（多元文化背景下的价值观、态度以及生活方式的发展）；宗教间对话（不同宗教群体间的沟通交流）；合作学习（包括共同学习、互相学习以及项目开展等）。

三 跨文化能力概念

跨文化能力是跨文化教育中最基础和最核心的概念。所谓跨文化能力，据联合国教科文组织2013年的定义，指具备与己文化不同的某特定文化群体的相关知识，对跨文化互动中可能出现的一系列问题有所意识和总体上的了解，且在跨文化互动中能够保持宽容的态度，运用一定的跨文化沟通技能，以建立和维系与不同文化群体及其个体间的良好关系。[1] 具备跨文化能力的人，懂得尊重彼此的文化身份，并具备正面、积极地了解异文化的情感。[2] 要实现优质的跨文化教育与良好的跨文化交际，跨文化能力的培养非常关键。对中外合作办学学生进行跨文化能力培训的目的主要是使其获得在跨文化情境中学习和生活所需要的知识、技能和态度。中外合作办学学生作为接受跨文化教育的主体，是否具备良好的跨文化能力不仅对于他们是否能够顺利地完成学业至关重要，同时，对于他们是否能够充分地利用国内外资源进行跨文化人际交往，合理安排自身的海外生活与职业追求，提高自身的跨文化素养、民族文化自觉意识与文化自信、拓展国际视野具有非常重要的影响。

---

[1] UNESCO, *Intercultural Competences: Conceptual and Operational Framework*, Paris: UNESCO, 2013.

[2] Chen, G. M, Starosta, W. J., "Intercultural Communication Competence: A Synthesis", *Communication Yearbook*, Vol. 19, 1996.

不同学者从不同的学科视角考虑，对于跨文化能力的概念给出了自己的理解和界定。丁允珠注重跨文化冲突管理，她认为跨文化能力意指交际者在跨文化互动过程中进行有效协商的能力。[①] 金荣渊注重文化互动中个体的心理调整和成长，将跨文化能力定义为交际者内在的、对现有的心理机制进行调整以适应新的环境的能力。[②] 陈国明和斯塔罗斯塔认为，跨文化交际不仅是情感的交流，而且是认知结构和行为不断趋于完善的过程。跨文化交际能力理论不仅应展示交际者整体的潜质，而且应解析人们如何通过协商来建构多重身份的过程。他们从文化认同与交际能力的角度出发，将跨文化能力定义为"交际者在具体环境中商讨文化意蕴、辨析文化身份，有效而得体地进行交际的能力"。[③]可分为情感过程、认知过程和行为过程三个基本变量来进行综合分析。

目前已有众多的学者从不同的角度对跨文化能力的理论框架进行了探讨。其中，拜拉姆（Byram, M.）、范蒂尼（Fantini, A. E.）等学者提出的跨文化交际能力理论框架和陈国明、斯塔罗斯塔（Starosta, W. J.）构建的全球交际能力理论框架对于本书有着重要的理论参考价值。

第二节　跨文化交际及培训理论

一　跨文化交际理论

范蒂尼（Fantini, A. E.）将跨文化交际能力分为五大要素：

[①] S. Ting-Toomey & J. G. Oetzel, *Managing Intercultural Conflict Effectively*, Thousand Oaks, California: Sage Publications, 2001.

[②] Kim, Y. Y., *Becoming Intercultural Communication*, Thousand Oaks: Sage Publications, 2005.

[③] Chen, G. M, Starosta, W. J., "Intercultural Communication Competence: A Synthesis", *Communication Yearbook*, Vol. 19, 1996, p. 360. 转引自戴晓东《跨文化交际理论》，上海外语教育出版社2011年版，第287—291页。

一组个性特征（a variety of traits and characteristics）；三个领域（three areas of domains）；四个维度（four dimensions）；目标外语语言水平（proficiency in the host language）和多阶段纵向发展过程（varying levels of attainment throughout a longitudinal and development process）。他指出，具备较好跨文化交际能力的人通常具有灵活、幽默、耐心、开放、好奇、移情、宽容等一系列个性特征，具备包括建立与维护人际关系（the ability to establish and maintain relationships）、在沟通中尽量避免误解与缺失（the ability to communicate with minimal loss or distortion）、以追求彼此共同利益与需求为目标展开人际合作（the ability to collaborate in order to accomplish something of mutual interest or need）三方面的能力，他们需要在跨文化知识、态度、技能和意识上都达到一定的水平，并具有良好的外语语言运用能力。跨文化交际能力的发展是一个长期的、持续性的过程，由于个体内在动机（工具性举动或整合性动机）强度与文化间差异程度的不同，个体所处的跨文化能力发展阶段也各不相同，范蒂尼将其分为四个不同阶段，包括：①以教育为目的的短期旅行者阶段（Educational Traveler），即短期教育交换项目（通常时长在一至两个月）的参与者；②旅居者阶段（Sojourner），指身处更多、更宽泛文化浸入环境的参与者，如在国外留学或实习的学生，逗留时长在3—9个月；③职业人士阶段（Professional），指个体具备在文化互动情境或多文化环境下工作的能力，例如在国际机构工作的职员；④跨文化互动专家阶段（Intercultural/Multicultural Specialist），处于该阶段的个人有能力为来自不同文化背景的学生提供跨文化方面的培训、教学、咨询与建议工作。处于不同阶段的交际者所面对的跨文化情境在广度、深度与复杂性方面存在差异，对交际者的跨文化能力要求也有所不同。① 中外合作办学学生在较长一段时间内接受跨文化教育，可视为处于旅居者与职业者阶段之间，从学术、社交与日常生活各个方面体验不同社会文化的冲击，他们需要明确自身所处的跨文化情境与跨文化交际能力的发展阶段，并据此确定正确、合理的跨文化能力培养目标与核心内容，从而在互动与反思的过程中逐渐提升自己的跨文化能力，实现自我概念与文化身份认同的重构。范蒂尼在其理论研究的基础上编制出跨文化能力评估表（Assessing Intercultural Competence Form）②，该表经过多次实践检验与修正，对本书制定考察中外合作办学学生跨文化能力现状的问卷具有重要的参考价值。

拜拉姆（Byram，M.）认为，跨文化能力是跨文化全球公民应具备的基本素质和能力。具备良好文化互动能力的交际者能够在跨文化情境下的对话交流中积极、客观地审视文化异同，对不同的文化观念与看法具有较高的敏感度，并对其抱持尊重、宽容与欣赏的基本态度。③ 拜拉姆提出的跨文化交际能力理论模型（Intercultural Communicative Competence，ICC 理论模型）将语言交际能力与跨文化交际能力相结合，强调"文化语境"对于跨文化互动的影响，认为个体在文化互动过程中实现有效交际应具备相应的跨文化知识、跨文化态度、跨文化技能以及批判性文化自觉意识。④

---

① Fantini, A. E., "Exploring Intercultural Competence: Developing, Measuring & Monitoring", *NAFSA*, 2009, https://www.nafsa.org/_/File/_/exploring_intercultural_competed_developing.pdf, retrieved by 2017 – 09 – 01.

② Fantini, Alvino, & Tirmizi, Aqeel, "Exploring and Assessing Intercultural Competence", *World Learning Publications*, Paper 1, 2006. http://digitalcollections.sit.edu/worldlearning_publications/1, retrieved by 2017 – 06 – 02.

③ Byram, M., Nichols, A. & Stevens D., *Developing Intercultural Competence in Practice*, Clevedon, Multilingual Matters, 2001, introduction.

④ Byram, M., *Teaching and Assessing Intercultural Communicative Competence*. Clevedon: Multilingual Matters, 1997; Byram, M., "Model of Intercultural Communicative Competence", *Introduction to English Language Teaching*, Stuttgart: Klett, 2007.

跨文化态度是跨文化能力的基础是跨文化能力的第一个关键因素，即个体具有好奇求知欲和开放的心态，愿意且有能力在文化互动过程中对他文化抱持尊重、宽容的态度，不以自身文化观念作为唯一的和绝对正确的标准，避免在谨慎判断前对其他文化仓促下结论，能够较为客观的对互动双方所属文化的异同进行比较，在此基础上更深入地了解他文化，尝试从他人的视角来理解其不同的价值观、信仰以及行为规范，并重新审视自身的价值观、行为规范、道德标准以及信仰等深层文化因素。个体需要建立正面、积极的跨文化态度，更具体地讲，就是要：寻求或利用机会与来自其他文化背景的个体开展平等、互利的对话与沟通；有兴趣尝试从不同视角看待和阐释自身文化以及他文化中的一系列类似或迥异的文化现象；有意识地对自身所属社会文化环境中的文化现象、文化产物以及文化实践进行反思，对价值观、社会观念、风俗习惯、行为规范等重要文化因素抱持批判性的态度；了解跨文化冲突的存在，在心理上对于跨文化互动过程中可能遇到的问题以及可能经历的跨文化适应阶段做好充分的准备。[1]

跨文化知识是跨文化能力的第二个关键因素，这里讲跨文化知识并非单指某一特定文化的主要内容，而是有关社会群体如何运作以及社会文化身份如何建构的深层知识。主要包括两个主要要素：一是社会的进程与发展；二是对这些社会进程与发展的描述与阐释。知识内容包含文化互动过程中所有参与者对自身以及交往对象的社会文化背景知识的了解[2]，以及对社会和个人层面上的互动交流过程的了解和认识。这一过程包括自己国家与互动对象国家的交往历史与沟通现状；个体在跨文化互动过程中发生冲突和误解的原

---

[1] Byram, M.：《跨文化交际能力的教学与评估》（*Teaching and Assessing Intercultural Communicative Competence*），上海外语教育出版社2014年版，第50页。

[2] Byram, M., Nichols, A. & Stevens D., *Developing Intercultural Competence in Practice*, Clevedon, Multilingual Matters, 2001, introduction.

因、发生过程及应对方法,与不同文化背景的个体建立联系,开展沟通的方法;跨文化互动过程中冲突与误解的形成原因及发生过程。[1]

跨文化技能是实现有效文化互动交际不可或缺的要素之一。技能是指个体利用已有的知识框架对外来事物和文献进行理解并发现其内涵的能力。[2] 跨文化情境下的交际者需要具备从不同文化视角对互动过程中的关键事件点及观点冲突进行比较、分析和阐释的技能,即解读与关联技能(skills of interpreting and relating)。跨文化互动参与者还需要习得新文化知识及其实践,并能够在实际互动条件的限制下有效地运用跨文化知识、态度和技能,即发现与互动技能(skills of discovery and interaction)。[3] 技能的培养其实也是对文化敏感性的一种培养,对异域文化的敏感性是培养跨文化交际能力的重要前提。[4]

拜拉姆(Byram)在跨文化能力理论模型的建构中提出批判性文化自觉(critical cultural awareness)的概念并将其作为跨文化能力的中心要素。具备文化自觉意识的个体能够依据清晰的标准对自身民族文化以及其他文化(包括价值观、行为规范、思维方式等深层文化因素)进行辨别、分析与评价,并能够运用自己的跨文化知识、技能和态度在跨文化情境下实现有效的互动和协商[5]。每一个个体都成长于某种文化背景下并在较长的时间内逐渐实现个体的社

---

[1] Byram, M., Nichols, A., & Stevens D.:《在实践中培养跨文化能力》(Developing Intercultural Competence in Practice),上海外语教育出版社2014年版,导论,第XVI页。

[2] Byram, M.:《跨文化交际能力的教学与评估》(Teaching and Assessing Intercultural Communicative Competence),上海外语教育出版社2014年版,第50页。

[3] Byram, M., Teaching and Assessing Intercultural Communicative Competence. Clevedon: Multilingual Matters, 1997, p.52.

[4] Byram, M., Nichols, A., & Stevens D.:《在实践中培养跨文化能力》(Developing Intercultural Competence in Practice),上海外语教育出版社2014年版,导论,第XVI页。

[5] Byram, M.:《跨文化交际能力的教学与评估》(Teaching and Assessing Intercultural Communicative Competence),上海外语教育出版社2014年版,第53—54页。

会化，因此个体在跨文化实践中往往会习惯性地、无意识地根据自身文化中根深蒂固的价值观、行为模式和道德标准为标准去衡量和判断来自其他文化背景的人们的行为和思维方式，并因此产生一系列的文化不适甚至是冲突。为了减轻这种状况发生的程度和频率，参与文化互动的个体需要对自己所属文化及其对自身价值观及思维方式的影响有所自觉，他们需要用批判性的态度对自身文化及异文化进行审视、比较和分析。当然，提高跨文化能力并非意味着要求个体改变自身的价值观、信仰或是思维方式、行为准则，而是使个体具备足够的跨文化敏感度，能够在跨文化互动中客观的、正确的进行文化对比分析，从而获知与交流自身及沟通对象所保持的文化态度、价值观、思维方式与行为规范等知识。

拜拉姆根据其跨文化能力理论模型，提出了三个培养跨文化交际能力的场合，即课堂教学、课外实地调研、自主学习与亲身体验。① 这为本书构建中外合作办学学生跨文化能力培训的教学方式和场所提供了有利的参考，课堂教学（如外语、文化、专业知识的课堂教学）、教师协助下的自主型跨文化学习项目及实践训练（如民族志项目制作）以及实际跨文化情境（如在外方合作院校留学）等都是培养中外合作办学学生跨文化能力的重要场所和途径。根据跨文化能力各维度的内涵及其对跨文化能力培养的作用和目标，拜拉姆总结出跨文化外语课程规划的六大步骤：①分析地理政治语境，基于学习者所在国家或地区的政治、经济、地理等环境，在考虑到学习者接触跨文化情境的机会与经历的基础上，界定其跨文化能力培养的教学目标；②分析学习环境，即分析学习者所处的学习场所及其限制条件；③分析能力发展特点，根据学习者的认知和情感发展特点设置相应的教学目

---

① Byram, M.：《跨文化交际能力的教学与评估》（*Teaching and Assessing Intercultural Communicative Competence*），上海外语教育出版社 2014 年版，第 64—70 页。

标、教学内容和教学方法；④设定课程总目标，在完成上述步骤的基础上，确定基础语言能力、社会语言能力、话语能力以及跨文化交际能力等多方面、多层次的教学目标；⑤设定学习者跨文化能力具体培养目标，包括跨文化态度、知识、技能与文化自觉意识方面的具体培养目标；⑥规划课程内容编排。课程内容选择与教学进度安排应符合学生的认知特点与思维发展水平，在设定学生培养目标上应考虑到个体差异及其成长背景、个人体验的不同。[1] 这为我们设置中外合作办学学生的跨文化能力培训的培训目标、课程内容及教学方法等提供了有价值的参考。

陈国明与斯塔罗斯塔认为跨文化能力理论的核心概念是跨文化交际能力。他们将跨文化能力分为情感过程、认知过程和行为过程三个层面进行理论建构。[2]

跨文化能力的第一个层面为情感过程，即跨文化交际的敏感性，指交际者在特定的跨文化互动过程中的情绪状况及其变化。具体包括四个方面的要素：①自我概念，即我们看待自己的方式，包括自尊心、自立精神、乐观的态度以及耐心和韧性等具体因素。②开明度，指交际者能够以公开、得体的方式表达自我和接受他人意见的程度。具有宽阔胸怀和全球化视野，能够在跨文化交际中尊重、欣赏不同文化观念和思想是交际者开展有效、高质量的跨文化互动的重要条件。③中立的态度，指交际者在跨文化交际中真诚地倾听他人，创造愉悦的交际氛围，促进互动双方关系的不断改善和长期发展。④社交的从容，指在跨文化交际中不显露出焦虑情绪的能力。个体离开自己熟悉的生活环境，在一种新的社会文化环境下生活、学习和工作，往往会由于缺乏安全感、归属感而产生一定的

---

[1] Byram, M.：《跨文化交际能力的教学与评估》（*Teaching and Assessing Intercultural Communicative Competence*），上海外语教育出版社 2014 年版，第 79—81 页。

[2] Chen, G. M, Starosta, W. J.，"Intercultural Communication Competence: A Synthesis", *Communication Yearbook*, Vol. 19, 1996, pp. 353 – 383.

负面情绪和社交障碍,交际者在跨文化情境下的自我情绪管理能力对其跨文化交际的有效性具有重要影响。①

认知过程,即跨文化意识是跨文化能力的第二个层面,强调交际者通过对自身文化及他文化特性的认识和理解转变个人思维的过程,包含自我意识和文化意识两个方面。自我意识是指交际者对自身文化身份认同的自觉意识以及对互动过程中自我表现的监控,如关注自己在社交场合中的言行举止是否得体,根据不同社交情境控制和调整自我行为等方面的能力。文化意识是指个体对影响思考与交际的文化规则的理解,如不同文化在社交礼仪、社会价值、行为规范等方面的异同。文化意识类似文化地图和文化主题,能够帮助交际者理解文化异同,构建文化身份认同。自我意识是对自我身份的探寻,文化意识则是对文化差异的理解;具有高度文化意识和自我意识的交际者往往具有较高的跨文化交际能力。②

跨文化交际能力的第三个层面是行为过程,即跨文化交际的灵巧性(intercultural adroitness),是指交际者实施交际行为、完成交际目标的能力,强调有效交际的技巧。包括信息的传达、自我表露、行为的灵活性、互动的管理(interaction management)以及社交技巧等言语和非言语方面的内容。传达信息的技巧体现在交际者掌握语言知识、运用各种形式熟练的传送可理解的信息的能力。它既包括语言的与非言语信息的解读,也包括交际者使用已知的信息进行互动的能力。与信息传递技巧密切联系在一起的是自我表露的技巧。自我表露是指交际者以合适的方式在跨文化互动过程中表述自己的观点和看法,是减少跨文化交际中的不确定性、提高交际效率的关键因素之一。行为的灵活性体现了交际者在不同场合中的选择和调整自身言语和行为的能力。具有较高灵活性的交际者能够敏

---

① 戴晓东:《跨文化交际理论》,上海外语教育出版社 2011 年版,第 289—290 页。
② 同上。

锐地把握对话的走向并适当地做出调整,从而建立起良好的人际互动关系。此外,具有较好跨文能能力的交际者具备移情能力,愿意且能够从交际对方的角度去理解和思考,有效地识别对方的文化身份并予以维护。①

陈国明和斯塔罗斯塔的跨文化交际能力理论认为跨文化交际不仅是情感的交流,更是认知结构和个体行为不断发展和完善的过程。他们从跨学科的视角出发全面、系统地探究了跨文化能力各组成要素的内涵、地位和作用。开放的跨文化态度、高度的跨文化意识以及交往行为中的灵活度是影响跨文化沟通的关键因素。全球化语境对人们的交际能力提出了新的要求,为了成为合格的全球公民,开展有效的跨文化互动,人们需要拓展视野、培养新的行为模式,在尊重文化多样性的前提下,充分挖掘和发挥人的理解和创造潜能。② 为了更深入地考察跨文化能力的特定文化语境及其具体评估因素,陈国明在跨文化交际理论模型的基础上进一步提出了"全球交际能力模型"(A Model of Global Competence),该模型包括全球心态(global minset)、绘制文化地图(mapping culture)、开放自我(unfolding the self)和加入互动(aligning the interaction)四个基本概念维度。③

全球心态是指以开放的态度看待他文化,促进跨文化沟通能力的发展。④ 全球心态维度以文化敏感性、开放性、丰富的知识、批判性与整体性和灵巧性为主要特征。⑤ 在跨文化情境下进行有效沟通要求交际者拓展视野,尊重文化多样性和复杂性,具备在跨文化

---

① 戴晓东:《跨文化交际理论》,上海外语教育出版社2011年版,第288—292页。
② 同上书,第338页。
③ Chen, G. M., "A Model of Global communication competence", *China Media Research*, Vol. 1, 2005, pp. 3 – 11.
④ 陈国明:《跨文化交际学》,华东师范大学出版社2009年版,第257页。
⑤ 戴晓东:《跨文化交际理论》,上海外语教育出版社2011年版,第339页。

情境下调和冲突，调整自我的能力。拓展自我注重交际者对自我认知和发展的情感能力，强调交际者在正确辨别文化异同的基础上发展移情能力，提高跨文化敏感性和创造性，通过积极的倾听和回应来表达自我，理解他人，建构互利互惠的人际关系。绘制文化地图主要是指交际者在文化认知方面的能力，指交际者经过对差异的困惑、沮丧期，到进行文化比较的理性分析期，从而达到发展文化移情能力的阶段，交际者在此过程中不仅对他文化有了更全面的了解，同时加深了对本族文化的理解和领悟。最后，加入互动的概念维度主要体现的是交际者在跨文化互动过程中的行为能力，包括交际策略的选择、对各具体语境或场合下交往规则的理解与适应等，具备高层次跨文化沟通技能的交际者能够有效地管理自身在跨文化沟通情境下的行为，从而能够准确地阐述观点、传递信息和共享经验。[①]

上述跨文化能力理论模型对于我们构建中外合作办学学生跨文化培训理论框架提供了重要的研究视角和理论基础，其有关跨文化能力的内涵及具体影响要素的论述为我们确定学生跨文化能力培训的基本理念、主要目标、具体框架构建及实施策略方法有着重要的参考作用。总的来说，我们在中外合作办学学生跨文化培训中应关注对整个跨文化互动过程的关注和分析，指导学生充分理解跨文化能力各组成要素在跨文化互动中发挥的不同作用和功能，在此基础上理论联系实践，帮助学生学会理解、描述、分析和反思自己在跨文化情境中的具体表现，并据此对自身跨文化能力做出评估。

二 跨文化培训理论

要在跨文化接触中进行有效的交流，跨文化能力的培养非常关

---

① 戴晓东：《跨文化交际理论》，上海外语教育出版社2011年版，第338—343页。

键。米尔顿·贝内特把培养对异文化的敏感性作为获得跨文化适应能力的途径，并设计出跨文化敏感度的发展模式（the Development Model of Intercultural Sensitivity，DMIS 模型）。这种模式将个体跨文化敏感性从民族中心主义向民族相对主义的发展分为六个阶段：

前三个阶段以民族中心主义为特征，第一阶段为否认（denial），指个体在心理上或生理上都尽量避免与他文化接触，否认文化差异或他文化的存在；第二阶段为防卫（defense），个体通过贬低他文化（如建立负面刻板印象等方式），同时推崇自身文化的优越性来应对来自他文化的威胁，保护自身的核心价值观；第三阶段为最小化阶段（minimization），指个体意识和了解到一些浅层的文化差异，但仍然将所有文化视为基本相同的，通过将差异隐藏在文化的共性中来保护世界观。个体在前三个阶段逐渐发展出更加复杂的文化世界观，开始意识到文化的多样性、相对性与独立性对个体的思想与行为具有重要的塑形作用，从而进入以民族相对主义为特征的跨文化敏感性发展阶段。

后三个阶段以民族相对主义为特征。第四阶段为接受（acceptance），个体在这一阶段开始接受并尊重包括价值观与行为规范等在内的深层次文化差异的存在；第五阶段为适应（adaptation），个体通过移情等方式，开始适应不同文化的差异，并逐渐形成多元文化世界观，习得跨文化有效交流的技能；第六阶段为整合（integration），进入该阶段的个体开始重新审视自己的文化身份，并通过有意识的跨文化互动体验进一步调整、拓宽与重构自身的文化身份认同。显然，跨文化接触中，处在前三个阶段的个体倾向于回避文化差异，视自己民族文化为唯一正确和有价值的文化，因此被称为民族中心主义阶段。而进入后三个阶段的个体倾向于寻求文化差异，从民族中心主义过渡到民族相对主义阶段。根据该理论，米切尔·哈默（Hammer, M.）和米尔顿·贝内特（Bennett, J. M.）编制出跨文化发展量表（Intercultural development Inventory），用以测量跨文化培训中受训学员的跨文化敏感程度。[1] 这一检测工具已被多次检验和完善，被广泛地应用于跨文化培训的研究领域当中。[2]

进行跨文化培训的主要目的是帮助受训者获得在跨文化情境下进行学习、工作和生活所需具备的一系列跨文化知识、交际技能和跨文化态度。跨文化知识既包括宏观意义上的文化背景知识（如文化多样性、国家政治、经济、社会文化状况等），也包括微观层面上的具体文化信息（如具体跨文化互动情境下的沟通风格、表达方式、行为规范等），获取跨文化知识的途径多种多样，包括课堂教学与培训，专家讲座、与文化线人交流（如与具有实际跨文化经历的同学、朋友或熟人请教，讨论），以及亲身跨文化体验等多种方式和途径；对跨文化技能则主要侧重习得与发展在跨文化情境下进行互动交流的方式、技能与策略，主要可以运用实践—指导—反思—发展的培训方式来完成；而态度层面的问题往往会触及学员的价值观和信仰体系。不过培训的目的并非是要学员完全接受目标文化中的价值体系、思维方式以及行为模式，而是使学员对这种文化间的差异有所意识，提高他们对他文化的包容性和敏感度，从而为他们的跨文化适应过程提供有效的帮助。宽容、开放、尊重与平等交流是交际者在跨文化互动情境下应抱持的基本跨文化态度。我们可以根据这几个方面的因素来设计、实施和评估跨文化培训模式与方法。[3]

就跨文化培训的目的和内容而言，大体与文化学习、压力—应

---

[1] Hammer, M. R., Bennet, M. J., & Wiseman, R., Measuring Intercultural Sensitivity: The Intercultural Development Inventory, *International Journal of Intercultural Relations*, Vol. 27, 2003.

[2] Paige, R. M. (eds.), "Intercultural Development [Special Issue]", *Intercultural Journal of International Relations*, Vol. 27, No. 4, 2003.

[3] 谭瑜：《高校中外合作办学项目学生跨文化适应研究》，中国社会科学出版社2014年版，第193页。

对以及社会认同理论的基本框架相对应。沃德（Ward，C.）认为，文化学习理论强调特定文化知识和跨文化技能在跨文化交际中的重要作用，将行为的变化视为在新社会文化环境下互动与适应的基础，言语和非言语交流技能视为成功进行跨文化互动的关键，这些知识与技能能够通过有效的跨文化培训方式习得；社会认同理论注重自我概念与文化身份认同对于跨文化沟通过程及成效的影响，认为社会认同是建立和维护良好跨文化关系的必要非充分条件，强调在跨文化培训中重视以提高跨文化意识和培养客观态度为主要目标的跨文化训练；压力—应对理论重视个体在跨文化情境下应对文化休克和跨文化冲突的动态过程、策略的运用及其评估，强调社会支持对个体在压力环境下保持心理与生理健康的重要影响，以达到心理健康和心理满足为主要培训目标。[①] 压力是跨文化学习与生活体验中真实存在且不可避免的现象，跨文化培训应将压力应对策略与方法纳入跨文化培训的内容中，帮助受训人员在实践训练中习得并发展出一套行之有效的压力应对策略。[②] 同时，跨文化培训还应注重社会支持方面的问题，帮助学生意识到社会支持的重要性以及获取社会支持的多种途径（包括身处国内的家人、亲友、朋友和教师，以及在东道国的同学、老师与朋友等）。[③]

另外，跨文化能力培训还应强调基本技能训练的实用性，在跨文化技能的训练中充分考虑到受训人员的群体特点与个体差异，包括年龄、专业背景或工作职责，自身跨文化经历背景以及将面对的具体跨文化情境，并据此为其提供有针对性的、符合实际的有效跨

[①] [新西兰]科琳·沃德：《文化接触的心理学理论及其对跨文化培训和介入的启示》，载[美]丹·兰迪斯等编《跨文化培训指南》，关世杰等译，北京大学出版社2009年版，第285—286页。

[②] Walton, S., "Stress Management Training for Overseas Effectiveness", *International Journal of Intercultural Relations*, Vol. 14, No. 4, 1990.

[③] 丹·兰迪斯、珍妮特·M.贝内特、米尔顿·J.贝内特编：《跨文化培训指南》，关世杰等译，北京大学出版社2009年版，第286页。

文化学习与沟通技能，并可采用自我评估及其他有效的跨文化能力问卷、表格与访谈提纲作为测试与评估的辅助工具。[1] 目前已有部分比较成熟的、经过多次实践检验与修订的跨文化测量工具[2]，其中适用于测量学生群体的测量工具包括：跨文化适应量表（Cross-cultural Adaptability Inventory）[3]，文化互动能力自评量表（Assessment of Intercultural Competence）[4]，文化互动行为测评量表（Behavioral Assessment Scale for Intercultural Communication）[5]，信仰、活动与价值测量列表（Beliefs, Events and Values Inventory）[6]，跨文化敏感性量表（Cross-Cultural Sensitivity Scale）[7]，跨文化互动能力量表（Intercultural Competency Scale）[8]，跨文化互动能力发展量表（Intercultural Development Inventory）[9]，跨文化互动敏感性测量列表

---

[1] Fontaine, G., "Social Support and the Challenge of International Assignments: Implications for Training", in D. Landis & R. Bhagat (ed.), *Handbook of Intercultural Training* (2nd ed.), Thousand Oaks, CA: Sage, 1996, pp. 271 – 272.

[2] Fantini, A. E., *Assessment Tools of Intercultural Communicative Competence*, Brattleboro, VT, 2006.

[3] Kelley, C., & Meyers, J. E., *The Cross-cultural Adaptability Inventory*, Minneapolis, MN: National Computer Systems, 1989.

[4] Fantini, Alvino, & Tirmizi, Aqeel, "Exploring and Assessing Intercultural Competence", World Learning Publications, Paper 1, 2006. http://digitalcollections.sit.edu/worldlearning_publications/1, retrieved 2017 – 06 – 02.

[5] Olebe, M., & Koester, J., "Exploring the Cross-cultural Equivalence of the Behavioral Assessment Scale for Intercultural Communication", *International Journal of Intercultural Relations*, Vol. 13, 1989.

[6] Cozen, J., "The Beliefs, Events, and Values Inventory (BEVI): Implications and Applications for Therapeutic Assessment and Intervention", *Dissertations*, 2014.

[7] Pruegger, V. J., & Rogers, T. B., "Development of a Scale to Measure Cross-cultural Sensitivity in the Canadian Context", *Canadian Journal of Behavioural Science*, Vol. 25, No. 4, 1993.

[8] Elmer, M. I., *Intercultural Effectiveness: Development of an Intercultural Competency Scale*, Unpublished Doctoral Dissertation, Michigan State University, MI, 1987.

[9] Hammer, M. R., Bennet, M. J., & Wiseman, R., "Measuring Intercultural Sensitivity: The Intercultural Development Inventory", *International Journal of Intercultural Relations*, Vol. 27, 2003.

(Intercultural Sensitivity Inventory)[①] 等多种测量工具和方法。此外，自我效能感训练[②]的运用可以有效地增强个体对跨文化优劣势的意识，以及将跨文化经历理解成挑战而不是威胁的能力。

以跨文化介入为特征的跨文化培训方式在帮助受训人员获取技能，减少刻板成见以及提高跨文化关系质量上非常有效。例如，将国际和国内学生或来自不同文化群体的学生聚在一起，形成多元文化教育环境，其具体形式包括同伴配对[③]、合作学习[④]以及 homestay（在当地家庭住宿）项目。[⑤] 这些介入型跨文化培训的评估效果显示，受训学生经过培训在一定程度上减少了刻板印象，改善了跨文化人际关系，并取得了学业上的进步。此外，也有研究结果证明同伴配对学习与训练能够有效地加强国际留学生在跨文化情境下的自我调适能力，个体与当地文化成员接触越多、满意度越大，越容易实现良好的跨文化交际效果和适应结果。[⑥]

跨文化培训方法种类很多，福勒（Fowler, S. M.）和布鲁姆（Blohm, J. M.）将其划分为：认知方法（口头陈述、文本写作、基于计算机技术的培训、音视频、自我评估、个案研究、危机事件法）；活动方法（角色扮演、模拟练习、跨文化训练）；跨文化方

[①] Bhawuk, D. P. S., & Brislin, R. W., "The Measurement of Intercultural Sensitivity Using the Concepts of Individualsm and Collectivism", *International Journal of Intercultural Relations*, Vol. 16, No. 4, 1992.

[②] Bandura, A., "Self-Efficacy: Toward a Unifying Theory of Behavioral Change", *Psychological Review*, Vol. 84, No. 2, 1977.

[③] Quintrell, N., & Westwood, M., "The Influence of a Peer-Pairing Program on International Students' First Year Experience and the Use of Student Services", *Higher Education Research and Development*, Vol. 13, No. 1, 1994.

[④] Volet, S., & Ang, G., "Culturally Mixed Groups on International Campuses: An Opportunity for Intercultural Learning", *Higher Education Research and Development*, Vol. 17, No. 1, 1998.

[⑤] Todd, P., & Nesdale, D., "Promoting Intercultural Contact between Australian and International Students", *Journal of Higher Education and Policy Management*, Vol. 19, No. 1, 1997.

[⑥] 丹·兰迪斯、珍妮特·M. 贝内特、米尔顿·J. 贝内特编：《跨文化培训指南》，关世杰等译，北京大学出版社2009年版，第287页。

法（文化比较训练、跨文化敏感案例、跨文化分析、跨文化对话、地区研究、沉浸法）；其他方法（视觉想象法、艺术与文化法）。[1] 贝内特在《跨文化培训指南》一书中列出了考虑使用各种培训方法的快速参考表[2]，非常实用和便捷。另外，科尔布建构的"经验学习周期"模型体现出个体认知学习的四种风格，形成一个学习循环系统，由具体经验（concrete experience）、反思观察（reflective observation）、抽象概念化理解（abstract conceptualization）和积极实验（active experimentation）四个基本环节构成[3]，贝内特据此进一步列出支持学习周期不同阶段的教育活动清单可以作为有用的参考资料，学生在实际体验与学习中获取具体知识，可利用小组讨论、案例分析、自传、电影、录制视音频、音乐等方式进行，运用各种方法（如头脑风暴、小组讨论、反思日志、主题论文、期刊、工作列表、单元性任务等）对所知进行回顾与反思，由此形成个人的观点与看法，继而通过分析与归纳中进一步提炼抽象概念（可采用的活动方式如演讲、论文、类比、模式建构、理论探索、研究和阅读、参考文献分析等），在此基础上将所获新知与思想积极用于实践检验，可供选择的活动方法如计划方案、实地田野工作、课外作业、实验、案例研究、模拟练习或游戏、教师指导下的实践活动、自主学习和示范等。[4] 针对不同学习风格或处在不同学习阶段的受训人员选择和运用相应的培训方法和技术，有利于取得更好的培训效果。这些跨文化培训相关理论与方法对本书研究中外合作办学学

---

[1] ［美］桑德拉·M. 福勒、朱迪斯·M. 布鲁姆：《跨文化培训方法》，载［美］丹·兰迪斯、珍妮特·M. 贝内特、米尔顿·J. 贝内特编《跨文化培训指南》，关世杰等译，北京大学出版社 2009 年版，第 71—114 页。

[2] 丹·兰迪斯、珍妮特·M. 贝内特、米尔顿·J. 贝内特编：《跨文化培训指南》，关世杰等译，北京大学出版社 2009 年版，第 113 页。

[3] Kolb, D., *Experiential Learning: Experience as the Source of Learning and Development*, Englewood Cliffs, NJ: Prentice Hall, 1984.

[4] Ibid.

生跨文化培训的课程建设与理论模型具有积极的理论指导意义。

第三节 文化身份认同理论

交际者的身份是双方相互协商的产物,随着情境的变化而变化。身为某特定社会成员的个体在不同的场合下体现出不同的身份类型与特点。身份在发展过程中既表现出较大的一致性与稳定性,同时在社会交往的过程中不断地被建构与再建构,表现出较高的多样性与灵活性。[①] 社会身份认同(social identity)是个体对自身作为某一社会群体成员的自我认知和认同感,同一社会群体的成员共同享有一套文化价值观、行为规范与情感纽带。[②] 身份认同作为一个社会文化概念[③],并非是固有而静止不变的,而是一个随着历史、时空的变换而发生变化的动态过程。[④] 尤其是处在跨文化环境下的个体,这种变化更为突出。成长于某一社会的个体在长时间的社会化过程中,逐渐了解和掌握在该社会文化环境下生存和发展所应当遵守的价值观念、道德标准、行为规范等重要文化因素,将其内化进自身的认知系统。成为"自我"的一部分。而当个体离开原有的社会文化环境,与不同的社会文化、语言接触并产生互动时,他们会重新经历一个以语言、文化学习为核心的不完全社会化过程,其自我概念以及社会文化身份认同都会随之发生一定的变化。换句话说,在跨文化情境下,个体的社会文化身份和自我概念会在复杂多

[①] 顾力行、戴晓东:《跨文化交际与传播中的身份认同(二):原理的运用与实践》,上海外语教育出版社2012年版,导言,第20页。

[②] Tajfel, H., "Social Categorization, Social Identity and Social Comparison", in Tajfel H. (ed.), *Differentiation Between Social Groups*, 1978, p. 63.

[③] Norton, B., Identity as a Sociocultural Construct in Second Language Education, in Cadman K. & O' Regan K. (eds.), *TESOL in Contex* [Special Issue], 2006, pp. 22 – 33.

[④] Norton, B. & Toohey, K., "Identity and Language Learning", in Kaplan R. B. (ed.), *The Oxford Handbook of Applied Linguistics*, New York, NY: Oxford University Press, 2002, p. 121.

变的跨文化社会实践过程中重构。①

一 语言与身份认同

就语言与身份认同的关系而言，诺顿（Norton，B.）和图希（Toohey，K.）认为，语言学习与身份认同以及个体社会化进程密切相关。语言学习过程同时也是个体身份建构的过程，因为语言本身并非只是一套由标志符号组成的语法系统，同时也是一项复杂的社会实践行为，个体所持的价值观与意义建构的方式决定了其言语中所表达和包含的价值观念与意义系统。因此，语言学习者不仅是在学习一套语言系统，同时也在学习多样化的社会文化实践行为。② 身处跨文化情境中的个体在学习当地语言的同时也习得了相应的当地文化观念与表达风格。外语语言学习，是了解所在国社会文化，从而加强跨文化沟通自信心的最重要途径之一。

二 自我概念与文化身份构建

认同是一个人的自我界定，是个体在社会和心理层面上获得的一种归属感，具有三个基本功能：做出选择、与他人建立起可能的关系、使人获得力量和复原力。③ 个体的自我认知与文化身份认同并不是固有、静态不动的，而是一个流动的、动态的过程，往往会随着具体社会文化情境的变化而发生转变。跨文化经历对个体的自我概念与文化身份建构有着重要的影响。

阿韦尼（Pellegrino Aveni）将自我概念分为两类："实际的自

---

① Dargent-Wallace, A., "Teaching American Culture in France: Language Assistants' Identity Construction and Interculturality", Doctoral *Dissertation*, University of Wisconsin-Madison, 2013, p. 23.

② Norton, B., & Toohey, K., "Identity and Language Learning", in Kaplan R. B. (ed.), *The Oxford Handbook of Applied Linguistics*, New York, NY: Oxford University Press, 2002.

③ M. Guibernau, "National identity and modernity", in A. Dieckhoff & N. Gutierrez (eds.), *Modern Roots: Studies of National Identity*, Aldershot: Ashgate Publishing Limited, 2001, p. 76.

我"(the real self)与"理想的自我"(the ideal self)。她在研究中发现,两者之间的差距越大,个体的焦虑程度越高,从而影响个体对于东道国语言的使用以及跨文化社会交往的开展。① 同时,Dörnyei 在其提出的二外学习动机论自我系统中,将学习者的自我形象划分为两类:二外学习中理想的自我形象(ideal L2 self),需要形成的自我形象(ought-to L2 self),用以强调个体希望建立的形象特征,以及他们认为为了达到未来目标而必须习得的一系列特征。② 这些自我概念的理解与建构对于个体的跨文化学习与实践有着重要的影响。对自我性格、语言能力、专业能力、跨文化交际能力的自我认识与评估,对跨文化经历中自身可能遇到的文化冲突与困难的预测,对跨文化互动目的与期望的设定等,都与个体对自身的了解程度有很大的关系。个体对自我的认知程度各不相同,很多学生由于对自己的外语语言表达能力没有信心或是不满意,因此对身处东道国社会中的自我有一种相较于身处母国中的自我的低层感,从而影响他们对于自我认知和自我效能感的建构。这种认知可能会导致他们避免与当地人谈话和交往。③而具有自省意识和反思习惯的个体往往对自身有更准确、细致的认知,跨文化经历不仅为个体提供了接触、认识更广阔世界的机会,同时也提供了重新认识自我、拓展和完善自我形象、自我概念的机会。跨文化学习与实践能够帮助合作办学学生拓展视野,

---

① Pellegrino Aveni, V., *Study Abroad and Second Language Use: Constructing the Self*, Cambridge: Cambridge University Press, 2005.

② Dörnyei, Z., & Skehan, P., "Individual Differences in Second Language Learning", in Doughty C. J., & Long M. H. (eds.), *The Handbook of Second Language Acquisition*, Malden, MA and Oxford, UK: Blackwell, 2003, pp. 589 - 630; Dörnyei, Z., & Ushioda, E. (eds.), *Motivation, Language Identity and the L2 Self*, Clevedon: Multilingual Matters, 2009.

③ Dargent-Wallace, A., "Teaching American Culture in France: Language Assistants' Identity Construction and Interculturality", Doctoral *Dissertation*, University of Wisconsin-Madison, 2013, p. 43.

有利于其个人综合素质发展。

三 跨文化认同理论

个体在与不同社会语言、文化接触的过程中，会经历一个自我概念以及社会文化身份认同变化与重构的过程。文化认同是某特定社会群体及其个体在其历史实践中逐渐形成的一套符号系统、意义框架和行为准则，表达了集体的价值取向和情感皈依。[①]学者在研究中发现，个体在经历跨文化生活以后会逐渐形成更为全球化的身份认同，包括作为全球公民的意识[②]以及更强的自信心和独立性。

这种跨文化身份认同超越传统的认同观，体现了交际者对他者开放、承认与欣赏差异、整合不同文化元素，实现自我更化与文化创新的评估。跨文化认同形成的显著特征是文化间性的加强，即文化间良性的互动关系的加强。它表现为文化身份的拓展和开放，形成跨文化认同的个体从狭隘的族群中心主义走向人本主义的族群认同，他们不仅对内部差异持高度宽容的态度，对外部的其他群体也有高度的开放性。戴晓东就跨文化认同的建构途径及内涵，提出了11个命题[③]：

①文化的拓展与延伸是人类完善自我，增进共同点的基本手段之一。②文化认同根植于人类的历史传统，被特定的社会环境所塑

[①] 戴晓东：《跨文化交际理论》，上海外语教育出版社2011年版，第218页。

[②] Dolby, N., "Encountering an American Self: Study Abroad and Nation Identity", *Comparative Education Review*, Vol. 48, No. 2, 2004, pp. 150–173; Arnett, J. J., "The Psychology of Globalization", *American Psychologist*, Vol. 57, No. 10, 2002, pp. 774–783; Kinginger, C., *Language Learning and Study Abroad: A Critical Reading of Research*, Houdsmills, Basingstoke, UK: Palgrave MacMillan, 2009; Cross, M. C., "Self Efficacy, and Cultural Awareness: A Study of Returned Peace Corps Teachers", *Paper Presented at the Annual Meeting of the American Educational Research Association*, 1998.

[③] 戴晓东：《跨文化交际理论》，上海外语教育出版社2011年版，第216—230页。

造，既有其理性的层面，又受到非理性的、情感的因素的影响。③它是多元的统一，既不能被完全化约为个人特性，也不能彻底升华为普适性的原则或观念。④文化差异可以减少，但不可能完全消失。文化群体自身的同一性以及它与其他群体的差异性是文化主体性确立的必要条件，文化差异的存在具有其合理性和不可替代的价值。⑤地方性意义框架构成历史与社会事实，不能彻底的颠覆和清楚，但能加以扩展和更新。随着跨文化交往的增进和深化，新的知识和观念不断被吸收内化入地方文化，地方意义框架的扩展提高了不同文化系统间的通约性，为跨文化协商的开展、文化间性的延伸铺平了道路。⑥跨文化经验的积累和互惠性跨文化关系可以帮助交际者摆脱中心主义的束缚，培养他们的跨文化意识，促进跨文化认同的发展。⑦在推进文化反思，促进健康、良性的跨文化关系的过程中，适当的文化张力是必要的。⑧跨文化认同的建构首先有赖于文化间性的扩展与深化。⑨建构跨文化认同的第二个方面涉及意义框架的更新。⑩超越文化认同，建构跨文化认同需要交际者改变传统观念、发展新的交际伦理。⑪建构主义伦理观对普世主义与相对主义的超越主要体现在：突出了人际建构社会的能力，揭示了跨文化空间的存在，并把人类的普遍历史与特殊历史有机地结合在一起。

戴晓东的跨文化认同理论取自中庸之道，力图在差异中建构共识、在协商和整合中实现超越，为我们改善跨文化关系开辟了新的可能。[1] 这一理论框架有我国本土跨文化思想与哲学观点作为基础和支撑，并结合了西方跨文化理论的前沿成果，尤其符合成长于中国社会的我们的思维方式与价值观念，因此更易被理解和引起共鸣，该理论对于构建中外合作办学学生跨文化培训模式的基本理念

---

[1] 戴晓东：《跨文化交际理论》，上海外语教育出版社2011年版，第229页。

有着重要的理论指导作用和价值，尤其是帮助学生在跨文化情境中更好地了解自身的文化身份认同变化，在体验文化、吸收新知的同时，维持自身的民族基本认同和自豪感，并在此基础上拓展原有的文化身份边界，开阔视野，以实现高质量的跨文化沟通和国际对话。

第四节　世界语言文化深度教育法

一　基本概念

要学习和掌握某种特定的语言和文化往往离不开对社会文化背景以及具体人际交往情境的考虑，同样，因民族、性别、能力、语言、经济、权利等产生的社会差异对个体的社会交往与语言文化的学习有着重要的影响。如何将语言、文化及其他社会知识的学习相结合，建构有效的、深度的语言文化教育教学理论符合全球化背景下外语教育与跨文化教育的整体趋势，具有重要的现实意义和理论指导价值。世界语言文化深度教育法理论（后简称"深度教育法"）是美国威斯康星大学麦迪逊分校的弗朗索瓦·涂尚（Tochon, F. V.）教授经由数年的教学与研究，在既有相关教育理论的基础上，通过大量语言政策研究所提出的世界语言文化深度教育法理论。该前沿教育教学理论强调自我推动式学习（self-sustainable learning）、过程导向性教学（process-oriented teaching）以及反思实践，主张在一个更宽泛的跨学科、文化及群体关系框架下重新更好地解读教师、学生的角色及其与其他人员的关系，体现了语言文化教育的未来发展方向。[①]

[①] Tochon, F. V. & Hanson, D. M. (eds.), *The Deep Approach: Second Languages for Community Building*, Madison, Wisconsin: Atwood Publishing, 2003; Tochon, F. V., *Help Them Learn a Language Deeply: Deep Approach to World Languages and Cultures*, Blue Mounds, Wisconsin: Deep University Press, 2015.

深度教育法理论所建构的语言教育教学模式灵活且具有适应性，尊重语言和文化异同，选择以学生主导教师协助的方式促进学生的内在学习动机与自主学习能力，从而在教学过程中逐渐实现良好的自我身份认同与整合性语言文化互动学习。涂尚教授认为，外语语言和文化学习是一个动态规划的连续性过程，学生的内在学习动机、学习意愿与兴趣应该在语言文化的教学过程中得到足够的重视和尊重，通过建构和实施自我指导型项目（self-directed learning）是激发这一学习过程、培养学生自主学习意识和独立思考能力的重要途径。同时，语言文化学习应着眼于更深层次的跨文化交流目标，通过多元语言任务域与深度教学行动语法的构建与运用，帮助学生在复杂、多变的跨文化情境下实现有效的互动交流。[①] 涂尚教授提出其世界语言文化教育理论主要具有以下几个显著特点和基本原则[②]：

首先，以开放型学习过程为导向的深度教育法对学生与教师的传统角色提出了新的要求。根据身份投入原则与动机理论，深度教育法强调培养学生内在学习动机的重要性，主张学生从被动的知识接受者成为课程大纲和学习项目的主要构建者，教师作为学生学习的"协助者"（facilitator）和"资源提供者"（resource provider），在整个教学过程中为其提供丰富的信息资源以及必要的实践指导。该模式下的语言文化学习给予学生更大的发挥空间与自由选择权，使其能够通过自身的兴趣、实际需求与学习特点选择和决定学习内容、进度安排及学习方法，有利于提高学习积极性、自主学习意识以及协商和组织能力。

其次，课程模式有所转变。深度教育法模式着眼于统一认知、

---

① Tochon, F. V., *Help Them Learn a Language Deeply: Deep Approach to World Languages and Cultures*, Blue Mounds, Wisconsin: Deep University Press, 2015, p. 24.

② Ibid., pp. 168 – 174.

社会情感和行为目标，以更高出层次的成就、自我实现和社会行动为目标，其教学组织要素基于同一分类法，共分为三个层面：①主题式叙述要素（叙述组织要素）、操作技能要素（程序组织要素）以及自我实现和社会体验要素（情境组织要素）。叙述要素旨在开发以主题、形象、轶事或故事等形式的陈述性知识，把语言文化课程内容转变为体验性主题故事。②技能要素目的在于表达技能创造，旨在开发程序性和战略性（跨学科的）知识，将课程内容转变为实际可操作的学习任务，注重技能、操作、任务及行动程序。如"如何编排小组讨论会记录"，"如何编排、分类数据资料"，"有规律地按照指示练习，改进总结"。只有实践才能让学习者培养技能。实践是一种反思行为，可以让学习者对自己的学习过程进行元认知。③社会行动要素把课程转化为社会人际间的实际体验，因此是教育性、体验型的组织要素，旨在开发情境知识，关注教学中的行动，通过具体的经历关注教学与生活及世界的联系。经历必须经由智慧和理论认知来指引，智慧是自我反思和反思式学习的一种形式，与行为道德准则相关联。用体验型项目在学习者中实现更高层次的投入和意识是有条件的，三方面组织要素紧密联系、互相影响，共同促成理论联系实际，文本关联真实生活的跨学科综合素质培养课程模式。

同时，深度教育法遵循支点原则（Pivot principle），在执行教学计划时，根据主题内容确定学习单元，强调单元与单元之间的连贯感、持续感、渐进感和灵活性。[①] 教师根据学生的实际需求与特点，帮助其制定课程大纲并构建符合学生自身认知能力的主题式学习项目，这些学习项目依据嵌入式和多任务原则，连接各个课程目标，将语言、文化及其他社会体验与专业技能有机整合，实现超学

---

① Tochon, F. V., *Help Them Learn a Language Deeply: Deep Approach to World Languages and Cultures*, Blue Mounds, Wisconsin: Deep University Press, 2015, p.172.

科的高水平教学效果。

深度教育法强调学习过程的重要性，不以单一的最终分数为唯一评价标准。鼓励个性化的个人学习、同伴合作与小组项目实施，关注学习过程中学生对知识的元认知、行为探索与自我反思能力的提升。学生在自主学习的过程中不断摸索，在教师的协助下逐渐形成和发展出一套个性化的学习方法、交际与协商策略以及自我评估标准，促进终生学习能力的发展。基于以上教育法原则，涂尚教授提出外语语言教学的 IAPI 模式，该模式以学生自我身份构建为总体目标，从语言输入与语言输出两个方面探讨构建整合型语言学习项目。具体来讲，语言输入包括诠释和分析方面的任务，语言输出包括呈现和互动方面的任务。输入和输出任务相结合，形成身份构建项目。[1]

二　IAPI 模式

IAPI 模式是语言教学模式，由语言输入和语言输出两大部分组成。语言输入包括诠释和分析方面的任务，语言输出包括呈现和互动方面的任务。输入和输出任务相结合，形成身份构建项目。

诠释任务域（Interpretation Task Domain）包括鼓励学生阅读、欣赏、评析、讨论和问题解答等任务。阅读对于外语语言学习以及外语教学的专业内容具有非常重要的意义。阅读技能是跨文化培训中最重视的技能之一，尤其是泛读技能的提高。深度学习模式下的学生能够根据自身水平、兴趣与需求选择与他们个人或团队项目相符的阅读材料，调整阅读进度，就题材、感兴趣的主题、关注的语言焦点、篇幅和词汇复杂性而言，这种深度、广泛的阅读方法有助于减少学生的焦虑情绪与心理压力，促进其发展

---

[1] Tochon, F. V., *Help Them Learn a Language Deeply: Deep Approach to World Languages and Cultures*, Blue Mounds, Wisconsin: Deep University Press, 2015, pp. 225–249.

具有个人特色的策略,从单纯的词汇语法学习目标向更深层次的理解与交际目标转变。① 教师作为资源提供者和学习促进者,能帮助学生发现他们自己的策略,使阅读与他们的项目结合更加紧密。同时,个人线上学习环境、视频和多媒体线上辅助学习(eLearning)也为学生提供了诠释任务域中观赏与倾听等任务的实施条件,有利于学生详细地进行过程性描述和主题组织。同时,学生可以将泛读与精读结合使用,在收集不同形式不同内容的语言材料的过程中,锻炼和提升自身的英文阅读能力、数据收集、整理能力。②

分析任务域(Analysis Task Domain)侧重鼓励学生使用课程大纲中和互联网上获得的语言技能资源,自主进行聚焦语言的任务练习,将语法学习融入与项目主题相关的文本及多媒体资料中。这种任务需要融合于其他任务域中,而且,它需要成为自我导向的可操作性任务,强调基于文本、视频或影片等学习资料的具体语境中理解语法的动态本质,鼓励学生将语法学习置于综合性的项目任务当中,以理解意义为重点,同时关注跨文化交流,而不仅仅是语法知识,学生需要在聚焦语言中培养社会语言语用功能的敏感性和互动交流的能力,以便在真实的跨文化情境中实现有效的交往。③

语言输出中的呈现任务域(presentation Task Domain)包括鼓励学生进行真实的、连续性的写作任务,可通过报告、博客、PPT、Skype 等多种媒介展示和分享自己项目的主题内容。写作是呈现学习和研究结果的最重要途径,是一个通过阅读、观察和反思,将意义理解和观点具体化的途径。通过以语言文化为题材的写作训练,

---

① Day, R. D., & Bamford, J., *Extensive Reading in the Second Language Classroom*, Cambridge, UK: Cambridge University Press, 1998.

② Tochon, F. V., *Help Them Learn a Language Deeply: Deep Approach to World Languages and Cultures*, Blue Mounds, Wisconsin: Deep University Press, 2015, pp. 226–235.

③ Ibid., pp. 235–239.

可以帮助学生清晰、全面地表述和呈现主题式项目的核心知识点。另外，口头叙述也有助于语言学习输出的重要途径，包括口头报告、角色扮演、叙事等具体方式，学生根据自身兴趣和擅长选择合适的呈现形式，有助于形成愉快、积极的课堂学习环境，体验表达自我、倾听他人、互动交流的乐趣。此外，创设自己的视听项目成果也是呈现知识和技能发展的有效途径，有利于学生的自我身份构建与成长。

互动任务域（Interaction Task Domain）以提升跨文化交际能力与促进自我身份构建为整体目标。重在激励学生运用目标外语与他人互动、交流的相关任务，学生在老师的协助下运用多种途径和方法，包括面对面交流以及远程交流等形式展开师生、生生交流与分享。值得一提的是，现代技术的飞速发展为人们的交流、通信提供了便利，学生可以通过博客、网页、网络互动平台、线上教学系统等进行互动交流，取得项目成果。[①]

据此，深度教育法对构建中外合作办学学生的跨文化能力培训模式有多方面的启示：首先，中外合作办学学生跨文化能力培训以帮助学生实现跨文化身份构建为目标，促进跨文化学习、提高跨文化敏感度，以理论与实践相结合的方式教学跨文化知识。IAPI模式对于跨文化自主培训项目以及语言训练都有重要的理论指导和参考价值。如跨文化项目中数据资料的收集整理、写作、展示形式以及经验交流与分享，都需要经历语言文化输入与输出的过程，IAPI模式下的四大任务域能够被有效地运用于自主型跨文化学习项目中。其次，中外合作办学学生跨文化能力培训应注重学生内在学习动机的培养，使其真正意识到积极参与培训的潜在收获与意义，从而提高学习兴趣和积极性，促进自主学习和自我反思能力的发展。中外

---

① Tochon, F. V., *Help Them Learn a Language Deeply: Deep Approach to World Languages and Cultures*, Blue Mounds, Wisconsin: Deep University Press, 2015, pp. 240 – 249.

合作办学学生跨文化能力培训模式以构建自主指导型跨文化学习项目为核心，为学生提供最大限度的自由选择权与操作权，教师在整个项目实施过程中提供资源、理论和方法技术上的支持与帮助。最后，跨文化培训中外语训练中，语法充其量是嵌入性的，补充性的或是辅助作用。中外合作办学学生属于中高级语言学习者，因此语言培训不宜以形式为主，而应将其嵌入阅读、观看、写作、记录和人际交流中，强调这些过程的深度理解和广泛实践。这对理解和实现语言的社会交际功能具有深远的意义。

第五节 跨文化外语教学理论

随着经济全球化进程的加速，教育国际化随之进入快速发展阶段。跨文化外语教学在这样一种大的时代背景下应运而生并逐步发展。与仅注重句法规则与语言交际的传统外语教学不同，这种以培养学生语言交际能力与跨文化能力为目标的外语教学模式，以内容主题教学为依托，将语言教学与文化教学并重，它符合国家进行高素质复合型人才培养的需要，符合国际社会展开良性交流与合作的趋势，是我国提高国际教育竞争力和综合国力的有效手段。高校跨文化外语教学是学生跨文化能力培训的重要途径与内容，是中外合作办学学生跨文化能力培训中的不可或缺的重要环节。

跨文化外语教学的理念源于美欧等国，以跨文化交际学界与外语教学界学者的研究与传播为主。如拜拉姆（Byram）等提出的语言—文化教学法[1]、范蒂尼（Fantini）提出的以培养文化间交际能力为目的的语言教育法[2]，他们从跨文化交际学、外语教

---

[1] Byram, M., & Zarate, G. (eds.), *The Socialcultural and Intercultural Dimension of Language Learning and Teaching*, Stras-bourgcedex: Council of Europe Publishing, 1997.

[2] Fantini, A. E., "Language: Its Cultural and Intercultural Dimension", in Fantini, A. E. (ed.), *New Ways in Teaching Culture*, Arlington, VA: TESOL, 1997, pp. 3 – 15.

学法等多学科视角出发，将文化视为动态发展的过程，强调跨文化意识、情感与交际技能在外语语言学习中的重要性，主张在外语基础语言教学的同时兼顾学生文化认同与跨文化身份的重构，通过有机结合文化教学与语言教学达到培养跨文化人与世界公民的目的。近几十年来，跨文化外语教学的理论研究及实践探索也受到了越来越多国内学者的关注与研究。叶洪教授从后现代批判视域下对跨文化外语教学的新理路及跨文化"第三空间"的建构与发展进行了探索。[①] 张红玲教授著书对跨文化外语教学理论建构、原则和方法以及教材的编写进行了系统性论述，她主张将目的语语言、多文化教学以及跨文化交际能力的培养并列为跨文化教学的主要内容，要求学生能够通过目的语语言与文化的学习，对自身民族文化进行反思与自觉。[②]

高校跨文化外语教学，从教学深度和广度上来讲，可以说是跨文化外语教学的高级阶段，是可行且必要的。一方面，从其社会性发展特点上看，学生成长于中国社会中，长期接受中华民族文化的熏陶，他们在多年的社会化进程中已逐渐形成一套带有明显母文化印记的符号系统、基本行为规范和语言逻辑思维。这一过程在很大程度上是以潜移默化的方式进行的，个体对自身养成的文化习惯与行为特点可能"习而不察"，到达大学阶段的学生绝大部分已满18岁，应该说已基本确立了自身的文化根基与群体归属，且处在自身世界观、文化价值观形成与发展的关键阶段。另一方面，从其认知发展特点上看，基于维果斯基的认知发展观，由于知识经验的增多，认知水平与思维能力的提高，高校学生处在记忆和创造性思维发展的极佳时期。同时，大学时期也是学生自我意识迅速发展并走

---

① 叶洪：《后现代批判视域下跨文化外语教学与研究的新理路：澳大利亚国家级课题组对跨文化"第三空间"的探索与启示》，载《外语教学与研究》（外国语文双月刊）2012年第1期。

② 张红玲：《跨文化外语教学》，上海外语教育出版社2007年版。

向稳定成熟的时期，"我是谁""我属于哪个圈子"等自我身份与文化身份认同的问题是他们关注的焦点所在。

由此可见，以跨文化能力与外语交际能力培养为目标的外语教学，以开放性、互动性与创新性为特点，既符合高校学生的认知特点，同时也符合其个人社会性发展与身份构建的需要。具体讲，该教学模式注重学生运用所学外语语言知识对目的语文化及本族文化知识进行对比分析，在此基础上进行模拟或真实跨文化情境下的交际活动训练，在处理各种跨文化冲突的体验和学习中对自身所属文化，尤其是深层文化因素进行反思，提高文化自觉意识和跨文化敏感性，从而实现对中华民族文化的创新性继承与自身跨文化身份的建构。

跨文化外语教学理论为探究"如何在中外合作办学学生跨文化培训中实施有效的外语训练"这一问题提供了颇有价值的理论参考。合作办学学生在跨文化培训中所参与的语言训练应遵循开放性、持续性、阶段性和多样性的基本原则，以文化主题内容为依托，运用外语作为教学语言，由浅入深分阶段对学生的跨文化知识、情感及技能进行全面培养。其中，开放性是指在语言训练中坚持开放、灵活、客观的教学态度，通过文化讨论与分享的方式培养学生自我探索新知和批判性思维的能力；持续性是指外语训练不能仅通过一两门以基础语法为主要目标的短期语言强化课程来完成并达到既定目标，而应贯穿于整个跨文化培训的过程当中，通过长期、系统性的文化与语言训练来完成相应的人才培养目标；阶段性是指外语训练的内容宜根据语言知识与跨文化训练的难易程度进行细分，并在适宜的培训时段对相应内容进行教学；多样性是指外语教学方式不应单一化，应探索并采用多种实践途径，并将各类有效资源有机整合，实现整体效果最大化。

本章小结

要构建科学、系统、有效的中外合作办学学生跨文化能力培训模式，首先应确定和厘清对本书研究具有重要参考价值的相关核心概念和理论框架。基于跨文化能力培养的复杂性与多学科性，本章首先对语言、文化、交际、跨文化能力、跨文化教育等核心概念进行了梳理与界定，在此基础上，根据中外合作办学学生群体特点与培训需要，重点阐述了最能为之提供理论参考的跨文化交际理论：①范蒂尼将跨文化交际能力分为包括一组个性特征、三领域、四维度，外语语言能力和多阶段的纵向发展过程共五大要素，提出具备良好跨文化交际的个体具备开放、宽容、灵活、移情等个性特征以及一定的外语语言运用能力，能够在跨文化互动情境下有效地建立与维护人际关系，尽量减少文化误解与冲突，追求互惠互利的跨文化合作；②拜拉姆将语言交际能力与跨文化交际能力相结合，从"文化语境"出发提出跨文化交际能力理论模型（ICC模型），将个体在跨文化情境下实现有效互动与交际所需具备的能力分为跨文化知识、跨文化态度、跨文化技能以及批判性文化自觉意识四个层次同时，拜拉姆基于该模型提出了培养跨文化交际能力的三大场合（教室、课外教师指导下的体验场地、亲身体验场地）以及跨文化外语课程规划的基本步骤；③陈国明等以跨文化交际能力作为核心，将跨文化能力分为情感过程、认知过程和行为过程三个层面，并在此基础上提出"全球交际能力模型"，该模型包括全球心态、绘制文化地图、开放自我和加入互动四个基本维度；④顾晓东认为个体在经历跨文化体验的过程中会逐渐形成更为全球化的跨文化身份认同。他所提出的跨文化认同理论有我国本土跨文化思想与哲学观点作为基础和支撑，主张在差异中建构共识、在协商和整合中实现超越。这些跨文化交际相关理论为本研究确定中外合作办学学生跨文化能力培训的基本理念、主要目标、内容层次、理论框架及实施策略提供了重要的理论支撑。

此外,世界语言文化深度教育法与跨文化外语教学理论尊重语言和文化异同,强调自主学习与反思实践,主张构建学生为主、教师为辅的过程导向性教育教学模式,以培养具有爱国精神和贡献能力的高素质复合型人才为目标。这对本书研究构建以学生为中心、重视内在学习动机与学习过程的自主跨文化培训模式具有重要的理论指导意义。

第 三 章

中外合作办学学生跨文化能力水平及问题分析

要针对中外合作办学学生设计科学、高效、系统的跨文化能力培训模式,首先必须全面、深入地了解中外合作办学学生跨文化能力的水平现状及其存在的问题,他们对自身跨文化能力培训有什么看法、期望和需求,应该如何定位跨文化能力培训在整个合作办学项目中的位置和作用。本章将针对这些问题进行详细分析与讨论。

第一节 调查研究设计

中外合作办学项目近年在我国发展迅速,在数量和质量上都有明显的提高,项目涉及的地域广泛、高等院校类型多样,包括部属、省属综合性大学,民族院校等多种类型的院校。基于此,本书对国内八所正规高等院校(包括两所国家"双一流"重点大学、一所外语专业院校、两所民族院校、三所教学研究型地方院校,所有院校均具有较丰富的中外合作办学经验,办学历史较长)[①]的中外合作办学项目学生(包括即将出国、留学期间以及已回国学生群

[①] 基于保密原则,并应部分学校要求,在文中隐去具体校名及其他具体辨识信息。

体）进行了相应的问卷与访谈，对合作办学相关的教师及工作人员进行了半开放式访谈。在考虑到院校的地域代表性、类型多样性和办学项目历史经验，以及学生的国别分布、留学时间以及学历层次等因素的基础上，本次调研遵循自愿参与、匿名填写的形式对上述高校中外合作办学学生进行了问卷抽样调查，共有205名学生填写问卷，回收有效问卷186份。有36名学生参与了不同形式的一次或多次访谈，包括面对面访谈、笔谈、线上约谈等个人访谈及小组访谈形式，对79名学生自愿提供的各类一手资料文稿（包括博客、微博、日志、学期论文等来源的图片、文字等）进行了整理、分析和讨论。主要调查内容包括：

（1）中外合作办学学生开展跨文化互动的目的与动机。

（2）中外合作办学学生的跨文化能力水平及对现有跨文化能力相关培训（参与项目期间）的满意度。

（3）中外合作办学学生对自身跨文化能力提升的期望与需求。

（4）中外合作办学相关教师及工作人员对跨文化能力培训的看法与建议。

一 问卷设计

问卷包括两大部分：第一部分就调查内容、目的及被试者权益等相关事项向调查对象做出清晰解释和说明，包括如何填写和回收问卷，问卷采取匿名形式并对调查对象所有信息严格保密等原则，同时请被试合作办学学生基于自愿的原则留下联系方式参与进一步深入访谈；第二部分为问卷的具体内容，采用半开放式问卷形式，要求被试学生根据实际情况选择问题答案，并在选项后添加空白行让填写者根据自身想法做出补充和评论。调查具体内容包括学生开展跨文化互动的目的与动机，学生跨文化能力水平现状及其对现有跨文化培训的满意度等方面。问卷结构和具体内容如下：

人口统计学信息，包括性别、年龄、专业、留学时长、合作办学项目模式、学历以及留学国别等基本信息。

跨文化互动目的与动机，该部分问题由研究者拟定并根据42名预试学生的测试和反馈意见进行修订，共八个题项，涵盖语言学习、文化学习与传播、学业目的、沟通技能学习、未来职业发展等方面的内容。采用李克特五点量表形式进行评估（1＝完全不重要；2＝不太重要；3＝一般；4＝重要；5＝非常重要）。

跨文化能力水平自评量表，该量表基于拜拉姆（Byram，M.）的跨文化能力多维度模型[1]以及范蒂尼（Fantini，A.）的跨文化能力自评问卷[2]，并参考吴卫平编制的中国大学生跨文化能力自评量表[3]修订而成。这几份量表具有良好的信效度，经过实证检验，可根据研究者的具体研究目的进行灵活调整和修正。该量表采用李克特五点量表形式（1＝完全不同意；2＝基本不同意；3＝不确定/无所谓；4＝比较同意；5＝非常同意），共27个题项，5个维度，以学生自评的方式对自身的跨文化能力水平进行评估。量表计分方式为总得分除以总题项，量表总得分越高，跨文化能力水平越高。量表共分中国文化知识、外国文化知识、跨文化态度、跨文化互动技能（沟通与认知技能）和批判性文化自觉意识五个层面。

合作办学期间跨文化能力课程与培训的满意度，由研究者基于36名学生的预试反馈及12名相关教师与负责人的意见拟定，共7题项，内容包括双语专业课程、外语语言强化训练、中外文化概论及跨文化交际课程、跨文化模拟训练、其他跨文化活动（如校内国

---

[1] Byram, M., *Teaching and Assessing Intercultural Communicative Competence*, Clevedon, UK: Multilingual Matters, 1997.

[2] Fantini, Alvino, & Tirmizi, Aqeel, "Exploring and Assessing Intercultural Competence", World Learning Publications, Paper 1, 2006. http://digitalcollections.sit.edu/worldlearning_publications/1, retrieved 2017-06-02.

[3] 吴卫平：《中国大学生跨文化能力综合评价研究》，博士学位论文，华中科技大学，2013年。

际文化节、国际学生社团等、中外学生联谊会、英语角等)、院校部门支持、学生心理咨询等方面,采用李克特五点量表评分形式(1 = 非常不满意;2 = 不同意;3 = 一般;4 = 比较满意;5 = 非常同意)。分数越高,满意度越高。

参与此次问卷调查的合作办学学生样本中,男生 84 名,占总样本比例的 45.2%,女生 102 名,占总样本比例的 54.8%。年龄在 19—25 岁,平均年龄 22 岁。其中本科生 110 名,占总样本比例的 59.1%,硕士生 76 名,占总样本比例的 40.86%。项目合作国主要包括美国、加拿大、英国、法国和澳大利亚,分别占总样本的 31.2%、15.59%、11.29%、8.60% 和 27.42%。具体人口统计情况见表 3—1。

表 3—1　　　　中外合作办学学生样本基本情况统计

	人数	百分比（%）
性别		
男	84	45.2
女	102	54.8
学历		
本科	110	59.1
硕士	76	40.86
留学国家		
美国	58	31.2
加拿大	29	15.59
英国	21	11.29
法国	16	8.60
澳大利亚	51	27.42
其他	11	5.91
专业		
商科	87	46.77
工科	61	32.80

续表

	人数	百分比（%）
设计	23	12.37
护理	15	8.06
留学时长		
无留学经历	31	16.67
6个月内（含6个月）	51	27.42
6—12个月（含12个月）	64	34.41
12个月以上	40	21.51

二　访谈设计

问卷调查结果主要在于从面上整体把握中外合作办学学生的跨文化互动目的、跨文化能力水平以及跨文化培训需求等状况。同时，跨文化能力的提升是一个复杂、动态的持续性过程，学生的心理、行为及文化价值观会随之发生一定的变化。为了能从更微观层面更细致、深入地了解学生跨文化能力的影响因素以及他们在跨文化互动中经历的自我认知和文化身份认同的变化，笔者在问卷调查的基础上对部分学生进行了更深入的半开放式访谈、非参与观察以及资料分析。考虑到合作办学学生跨文化教育体验的复杂性，笔者采用了语音日记、书面访谈、参与观察、线上交谈、电子邮件联系、网络日志等多种数据收集方式，以便更准确、敏感地捕捉学生个体间的差异性以及跨文化学习过程与自我认知变化的动态性，更细致地把握个人与环境互动关系，从而获得丰富、有效的资源。

在具体访谈形式的使用上，笔者首选了面对面的访谈形式，这种访谈形式有利于研究者近距离地观察参访对象的表情、情绪与肢体语言，从而适时地调整访谈方式、内容与进度，取得较好的访谈效果。同时，鉴于受访学生的地域分布与其他客观条件（如时差、学习与工作安排等）的限制，以及线上数据收集方法的优点，除采用面对面访谈之外,研究者还运用了书面访谈、电子邮件交流以及 Skype,MSN,QQ,Wechat 等线上通信工具与学生取得联系,进行纵向的、多次多形式访谈,并在此过程中与受访学生逐渐建立起信任、友好的关系。

本研究共涉及访谈对象 36 名,其中本科生 22 人,研究生 14 人;国别包括英国(11 人)、美国(10 人)、法国(5 人)及澳大利亚(10 人);专业包括商科(16 人)、工科(11 人)及设计(9 人)。其中参与一次及以上正式访谈(时间不低于 45 分钟)的受访学生 22 人,其余还包括参与书面访谈、非正式访谈以及提供个人日志、作业等相关文本资料的学生数人。对质性资料的处理上,笔者对访谈录音进行了忠实的转录、整理和分析,并依据从材料中提取的重要概念对质性资料进行了细致的类别划分,以便对其跨文化互动过程中自我概念与文化身份重构的动态过程进行较全面的了解和分析。另外,也就学生对现有跨文化能力培训相关的内容及方式方法的了解、看法、评价与改善建议进行了访谈,作为问卷调查的有力补充。

第二节　跨文化互动目的及动机

对于中外合作办学学生跨文化互动目的与动机的考察部分,量表包含 10 个题项,包括外语语言学习、学术目的交流、学习跨文化知识、锻炼跨文化技能、民族文化对外传播、社交活动、未来职业发展等方面的内容。量表采用李克特 5 点量表,均分越高,动机越强。

从图 3—1 中可以看出,中外合作办学学生进行跨文化互动的动机和目的均分为 3.49,强度偏高,具体评分从高到低依次为:"提高外语语言水平"(项目 1,M = 4.52)、"锻炼应对不同社会文

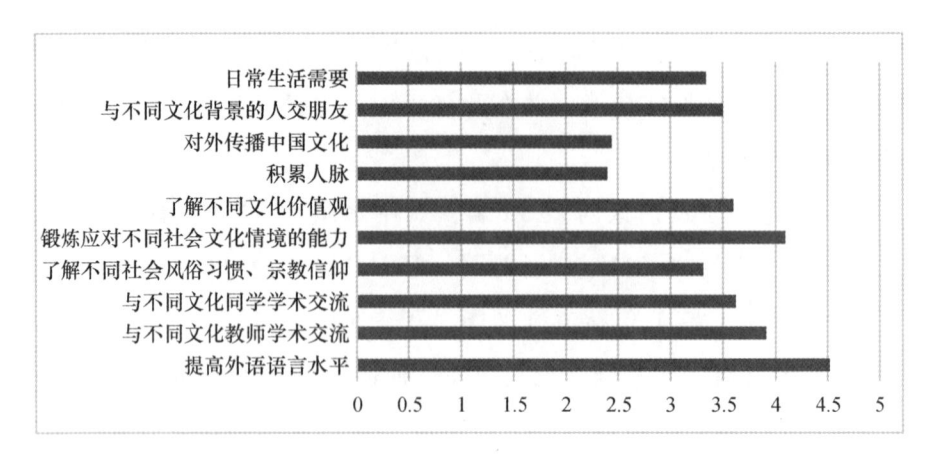

图 3—1　中外合作办学学生跨文化互动动机与目的

化情境的能力"（项目6，M=4.09）、"与来自不同文化的老师交流"（项目2，M=3.91）、"与来自不同文化的学生交流"（项目3，M=3.62）、"学习了解不同文化价值观、思维方式与人际交往模式"（项目6，M=3.60）、"与来自不同文化的人交朋友"（项目9，M=3.50）、"日常生活交流"（项目1，M=3.34）、"了解不同社会文化风俗习惯、宗教信仰"（项目4，M=3.31）、"交流、分享、对外传播中国文化"（项目1，M=2.44）、"积累人脉，为以后的深造或工作提供便利"（项目1，M=2.40）。

从调查结果上看，合作办学学生对于开展跨文化互动有着较强的动机和目的，尤其是在提高外语语言水平、进行学术交流以及文化知识学习上。这一点在后续访谈中也得到了证实。

（1）提高外语语言水平一直是跨文化教育的重要目标。提高外语语言水平是学生顺利完成中外合作办学项目学习的必要条件和重要目标。在项目质量评估中占有重要地位。中外合作办学项目中通常设有语言基础课、双语专业课程以及由外方教师合作教授的部分专业课程，同时双校园模式的学生还需要去国外合作院校浸入式学习一段时间，这就对学生在学术上以及生活上的外语语言应用水平提出了较高的要求，学生对这一点也有足够的意识，并将跨文化互动视为学习语言、实践练习语言的重要途径，促使自己积极地利用和创造机会与来自不同文化背景的人互动交流。

中外合作办学学生访谈节录一：

我希望能多跟（澳洲）当地人聊天，交流，虽然我们学了很多年的英语，但是跟他们实际生活中使用语言的方式还是有很多差距。多跟他们交流才能学到地道的表达方式。

我不是外语专业的，但是我们有好几门专业课是外教来上课，教材也是英文的，对英语水平要求比较高，我必须多读、多练、多跟老师请教，才能学好课程。

我们很多人说英语都多多少少带点口音，听起来不是很地道。我到美国以后听得多了，说得多了，"儿"话音重了很多。不过我觉得整体上我的语音语调都是有进步的。

可见，合作办学学生普遍认为提高外语语言水平对于他们的学习和个人成长非常重要，与来自不同文化的人互动交流能够帮助他们改善目标外语的语音语调，进一步丰富词汇量、句法和习语，习得更"地道"，更符合当地人语言习惯的用法。同时，他们根据自己的学科专业要求，也为自己设定了不同程度的学术语言学习目标，促使自己就相关问题开展跨文化学术交流。

（2）从调查结果看，中外合作办学学生对开展学术交流上的跨文化互动表现出了较强的动机和明确的目的性，他们对与来自不同文化背景的老师及同学的沟通与交流相对重视可能是由合作办学学生所处的跨文化社交情境和场合特点决定的。以专业学习为主要目的和任务的学生决定了他们大部分的跨文化互动发生在教育教学环境下。为了更好地了解学生进行跨文化学术交流的动机与原因，笔者就相关问题对部分学生进行了访谈，并对学生留学期间的社会交往圈构成做了进一步的调查了解。

顺利完成课业要求可以说是大部分学生首先考虑和重视的问题，以目标外语为主要教学语言的专业课程与相关讲座为中外合作办学学生提供了跨文化互动交流的良好机会，同时对他们的跨文化交际能力提出了进一步的要求。为了能够真正理解、学懂相关专业知识，顺利完成作业，学生需要就相关问题与外方授课教师进行多次的、多形式的沟通和交流，如课堂师生讨论、课下小会沟通等。就沟通方式而言，部分学生表示他们倾向于选择面对面的沟通，因为可以根据实际情况随时调整讨论内容和问题，也有部分学生表示他们更愿意使用电子邮件或线上课程论坛为媒介进行书面沟通，因为如此他们会有更充分的时间思考怎么组织语言，清晰地表达自己的观点。此外，还有一些学生提到，因为客观条件的限制，他们也会按教师的要求采用Skype、Zoom等线上聊天、会议工具进行视频或语音沟通的方式。

中外合作办学学生对与来自不同文化背景的学生交流与合作也显现出了非常重视的态度。很多受访的合作办学学生都表示（见访谈节录二），他们在国外合作院校的课程学习中深刻地体会到分享、讨论与合作在专业学习中的重要地位。课堂讨论在课堂教学中占有非常大的比重，教师往往会给予学生比较充足的时间就有关问题进行小组讨论和发言机会。同时，小组项目合作是课程作业中的常有要求，这就决定了学生在学术环境中开展跨文化互动的必要性，也促使他们有意识地利用和创造相关条件，与来自不同文化背景的老师及学生交换观点、分享经验、分工合作。基于学术要求的互动交流对于互动双方来说往往具有更强的吸引力和动机，因此也更容易实现并进一步深入。

中外合作办学学生访谈节录二：

我们上课三个小时，有专门一个小时是tutorial形式的，学生会被分成更小的组来讨论当天的主题，（讨论过程中）需要做记录，每次（讨论完）每组会有一两个学生总结分享讨论要点，其他学生可以补充，问问题。刚开始不习惯，但是我越来越喜欢这种方式的学习，大家都可以自由地表达自己的观点，分享自己的经验，感觉很让人兴奋。

我们课程阅读量太大了，都必须要课前准备好，上课老师会让我们分组讨论阅读的文章，说实话，挺难的，我经历了挺长时间才慢慢适应，但是我确实在这个过程中学到了不少，我们的同学有很多来自不同的国家，他们看问题的角度和沟通的方式都很不一样，我觉得我学到了很多。

我经常鼓励自己要多参与课堂讨论，虽然我的英语水平很一般，但是我知道我要学好（课程）就必须面对这个挑战，所以我很努力地练习……不过这里的老师和同学都挺宽容，大家虽然观点不同会经常发生争论，但是大多数情况下大家都是尊重每个人发言的权利和自由的，不会觉得谁的观点很蠢或者没有意义。

我跟他们（来自不同文化背景的同学）交流是比较积极的，小组作业我会尽量地跟本地人一组，或者邀请他们加入我们的组，因为虽然我在这边生活，但是跟当地人交流的大部分机会都是在课堂上，还有就是小组作业。所以我比较珍惜这个机会。

（3）学习不同社会文化知识，锻炼应对不熟悉的社会文化情境的能力是中外合作办学学生积极参与跨文化互动的又一重要动机。要在新的社会文化环境下顺利地生活和学习，需要了解该文化模式的特点，掌握一系列必要的跨文化沟通技能。在与当地人交往的过程中，学生对当地社会群体的风俗习惯、文化特色、价值观、人际交往和行为模式等有了更切身的体验，并逐渐提高了在跨文化情境下有效应对文化冲突与误解的能力（见访谈节录三）。

中外合作办学学生访谈节录三：

最快获得当地信息的方法就是跟当地人请教，特别是刚来的时候，我跟我（本地）室友问过很多生活上的问题，比如银行开户啊，买东西啊，学校社团怎么参加之类的。

我出国的时候感觉到了很明显的文化差异，以前学过的很多（文化）知识好像并不好使，我觉得跟本地人多交流学到的文化信息才更准确、更有用。

他们（指本地人）跟我们的思维方式很不一样，我很困惑。我觉得跟他们多接触多交谈可以学到很多东西。比如怎么按他们的习惯跟人相处，他们对宗教的理解是什么样的……他们的生活有些什么样的禁忌等。

在国内跟老外接触的机会比较少。现在有机会出国，我肯定要珍惜这个机会多跟他们交流，我知道可能会碰到很多困难，但是经历了才能成长，要进步就得先积极的尝试。体验不同的文化可以开阔我的眼界，跟他们的交流过程中我能感觉到自己的变化，不仅是眼界开阔了，还有思考问题的方式，处理问题的方法、心态，都有成长。

（4）跨文化情境下的日常生活交往以及参加各种社交活动的需要也是促使中外合作办学学生开展跨文化互动的动机之一。学生在日常生活的各个环节，例如购物、食宿等，以及各种社团活动和聚会等社会交往过程中，不可避免地需要与拥有不同文化背景的人接触、沟通，部分受访学生也表达了期望与来自不同文化的人交朋友，与之建立长期的友好关系的愿望，这些因素可以说为学生开展跨文化互动起到了一定的推动作用（见访谈节录四）。

中外合作办学学生访谈节录四：

我其实挺愿意跟不同国家的人打交道的，我喜欢摄影，所以参加了学校的摄影社，认识了很多当地的朋友，还有亚洲其他国家的朋友，我觉得兴趣爱好相同会比较容易交到朋友，关键得自己有这个心，主动去寻找机会。

去超市买菜，去逛街，出去吃饭，去银行办事，服务员或者工作人员基本上都说英语，偶尔碰到会说中文的，所以我必须得学习怎么用英语跟他们交流，要知道他们的办事习惯，这样才能把事办成。

（5）在合作办学学生自己评估的跨文化互动动机和目的中，交流、传播中国文化的题项得分相对较低。笔者在访谈中发现，很少有学生会主动提到"要在跨文化情境下传播中国文化"这一想法。但是当笔者提出该想法时，大部分学生都表示了同意，他们表达了对中国传统文化的认可和自豪感,也觉得有必要树立良好的中国形象,宣传中国文化,但一方面他们认为自己对中国文化的了解不够全面、深刻,文化"特长"也比较少,所以经常会觉得"有心无力";另一方面,他们承认确实在文化传播方面的自觉意识不够,"不太想得起来",或者是"适应他们的交际习惯就挺不容易了,有时候确实兼顾不到其他的"。大多数情况下,他们会在交流对方感兴趣或者主动提到的情况下谈一些自己了解的中国文化方面的话题,但是总体上来讲,涉及的内容比较浅显、单薄。对外传播中国文化并未成为他们开展跨文化互动的重要考虑之一。

(6) 另外,积累人脉,为以后的进一步深造或工作打基础这一选项得分低于均值2.5,表明合作办学学生在未来职业发展和搭建国际人脉圈方面的动机强度最弱。但也有部分受访合作办学学生提到,他们以后想继续出国读研,因此比较注意跟相关老师多接触、多表现。

总的来说,中外合作办学学生对开展跨文化互动有着较强的动机和目的,他们既有进行跨文化沟通的期望,同时有跨文化沟通的实际需求,中外合作办学跨文化教育环境为学生开展跨文化互动提供了有利的环境和条件,能够有力地促进他们在跨文化情境中的互动与交流。有效的跨文化互动是他们顺利完成项目学习,提升自身跨文化能力的重要因素,他们对此具有一定的自觉意识,体现在他们进行跨文化交流的愿望和内在动力。但需要一提的是,虽然学生对于跨文化互动表现出了较强的动机和期望,但后续采访结果显示,有近34%的受访学生对自己的跨文化互动效果不甚满意,40%左右的学生表示自己的跨文化交往状况一般,尚有改进和提升的空间。只有不到15%的学生认为他们在学习期间,尤其是留学阶段较充分地利用了各种文化资源和条件,取得了比较满意的跨文化互动效果和适应结果。可见,中外合作办学学生对跨文化互动有自己的目标设定和动机期望,在实际的跨文化互动情境中,他们对自身的表现与行为进行了思考与评估,对自身的跨文化能力提出了更高的要求。

第三节 跨文化能力水平现状及问题分析

要设计合理、有效的跨文化能力培训模式,首先要对中外合作办学学生的跨文化能力水平现状有一个整体上的了解。本部分的跨文化能力自评量表以拜拉姆提出的跨文化能力多维度模型[①]为理论基础,参考范蒂尼的跨文化能力自评问卷[②],联邦 EIL 研究项目跨文化能力自评问卷[③]以及吴卫平编制的中国大学生跨文化能力自评量表[④]等具有良好信效度的问卷拟定修订。该量表包括本国文化知识、外国文化知识、跨文化态度、跨文化技能(认知技能和沟通技能)、批判性文化自觉意识 5 个主要维度,21 个描述项,旨在对中外合作办学学生的跨文化能力水平有一个整体上的了解(见表 3—2)。

表 3—2　　中外合作办学学生跨文化能力水平自评量表维度

维度	题项
本国文化知识	1、4、7
外国文化知识	5、9、18

---

① Byram, M., *Teaching and Assessing Intercultural Communicative Competence*, Clevedon, UK: Multilingual Matters, 1997.

② Fantini, Alvino, & Tirmizi, Aqeel, "Exploring and Assessing Intercultural Competence", World Learning Publications, Paper 1, 2006. http://digitalcollections.sit.edu/worldlearning_publications/1, retrieved by 2017 – 06 – 02.

③ Federation EIL, *Assessing Intercultural Competence: A Research Project of the Federation EIL: Survey Quesnnaire Form Alumni*, Brattleboro, VT, USA, 2005.

④ 吴卫平:《中国大学生跨文化能力综合评价研究》,博士学位论文,华中科技大学,2013 年。

续表

维度	题项
跨文化态度	15、13、20、21
跨文化技能（认知技能、沟通技能）	14、19、2、3、11、6、10
跨文化自觉意识	8、16、17、12

根据图3—2所示，中外合作办学学生的跨文化能力整体得分为2.62，略高于2.5的均分标准，处于中等水平。在具体维度上的均分值从高到低依次为：跨文化态度（M=3.37）、外国文化知识（M=3.12）、跨文化技能（M=2.49）、本国文化知识（M=2.10）、跨文化自觉意识（M=2.04）。由此可见，中外合作办学学生对自己的跨文化能力普遍评价为稍高于中等水平，其中以跨文化态度和外国文化知识水平为最高，而对自身跨文化沟通技能水平、本国文化知识的了解和跨文化自觉意识的程度的评价较低，分值均小于2.5。这在后续深入访谈中也得到了进一步的证实。以下为具体分析：

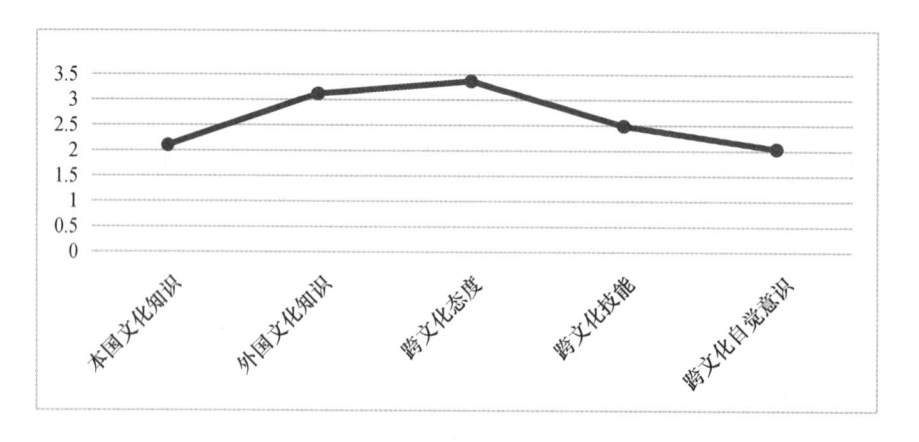

图3—2 中外合作办学学生跨文化能力水平整体状况

一 跨文化态度

大部分学生都认为自己具备宽容、开放的基本跨文化态度，愿意尊重和欣赏文化间差异的存在，礼貌、友善地对待来自不同文化背景的人。虽然这种态度并不总能在跨文化互动中得到积极和正面的回应，学生在遭受挫折和不愉快的跨文化互动情况下对自身的跨文化态度也有过动摇和变化，但总体上来讲，仍能保持基本的善意和宽容。

中外合作办学学生访谈节录五：

> 文化差异是肯定存在的，我觉得尊重彼此的文化习惯和社会风俗是沟通能够成功的前提。特别是宗教信仰上的禁忌，我是比较注意的，尽量不冒犯他们。

> （跨文化）态度上我认为自己还是挺好的，心态比较开放，能够接受新鲜的、不同的事物，就算一下子自己接受不了，但也不会说就看不起他们的做法，基本的尊重是有的。

> 我喜欢跟不同国家的人来往，这个世界这么大，生活环境不同，人的思想和经历也不一样。但我想不管是来自哪个国家或者文化，每个人都希望自己受到尊重，你尊重别人，别人也尊重你。

中外合作办学学生能够以一种比较自然的、似乎"深植于心"的宽容态度和开放的心态看待不同的文化，应该说与我们中国文化中"和而不同""兼收并蓄""和谐有序"等传统文化观念和处世态度有关，成长于中国社会的合作办学学生在不自觉间逐渐将这些经典、正面的价值观念内化于心，成为自身性格的一部分，成为指导自身跨文化互动的潜在原则。

二 跨文化沟通技能

学生在跨文化沟通技能维度上的自评分低于均值2.5，处于中等以下水平。跨文化沟通技能包括对跨文化交际相关理论的理解及其实践运用，跨文化冲突的应对方式以及学习外语和文化的有效策略。可以看到，虽然学生认为自身具备良好的跨文化态度，但是对于跨文化互动情境中的自我表现、言语和行为评价相对较低。很多接受后续访谈的学生都表示，他们在跨文化沟通过程中遇到过各式各样的文化误解和跨文化冲突，在应对方式的选择上各有不同，大多经历过多次调整。对于不满意自身跨文化沟通技能的原因，部分学生认为，他们缺乏在跨文化互动过程中正确判断冲突原因或具体影响因素的能力，无法有效地分析和处理跨文化矛盾和问题，或不知道如何清晰地将自己的观点和看法表述、解释给沟通对象。

另外，运用目标外语而非母语沟通也无形中给学生增加了跨文化互动中的心理压力和焦虑情绪，阻碍他们快速地思考和灵活地运用有效的沟通策略和技能。一些受训学生指出，他们往往能在事后再次分析和反思中发现更适合、更有效的应对策略和沟通方法。另外，部分学生肯定了自己在跨文化沟通技能上的进步，但同时也指出提高跨文化沟通技能需要长期的、持续的练习和实践，他们有的尚没有实际的跨文化体验机会或是机会有限，因此对自身的跨文化沟通技能不自信，也影响了其跨文化沟通技能的发展。

中外合作办学学生访谈节录六：

跟当地人交朋友是挺困难的。不知道该怎么开始。总是聊两句就没得聊了，我不知道该怎么让对话进行下去。

我还没出国，没有太多跟"老外"交流的机会，所以不好说自己能不能很好地沟通，能不能正确地理解对方的意思。

最开始上课发言我总是会很紧张，我的英语水平一般，因为怕出错所以总是要想了又想该怎么表达，但是等我想好了时间也过了，没机会发言了……不过我还是坚持每次都认真地思考，慢慢就跟得上其他人的节奏了。当然我还需要继续努力，我觉得我需要的就是时间、勇气还有更多的练习机会。

三 跨文化知识

跨文化知识的考察分为两个方面，即外国文化知识与本国文化知识的习得。就外国文化知识的习得而言，受访学生指出，他们的学习途径主要包括文化课程学习、相关文献资料阅读以及实际的跨文化体验。其中，通过课程（主要包括外国文学、外语语言及文化概论）及相关文献所了解到的文化相对比较宏观，如社会历史、文化、经济与政治背景等。另外，有受访学生提到，通过书本和其他资源了解到的外国文化特点概括性太强，容易形成一定的刻板印象。而当他们在跨文化实际体验中发现期望、预测与实际情况不符时，便常常会产生误解与文化冲击感。相对的，他们在实际跨文化体验中逐渐习得和积累的文化知识更加微观、具体和生动，尤其是在社交礼仪、风俗习惯、宗教信仰等方面的新知习得较多，另外也包括对文化价值观、行为模式等深层文化因素的进一步了解，这些来自实际生活经历的经验知识对于他们的跨文化互动和适应具有更直接、有效的参考价值和积极作用。

在本国文化知识的习得上，问卷结果显示，中外合作办学学生对本国文化知识的了解非常有限，自评分值远低于中等水平。为了更细致地分析造成该种情况的原因，笔者在后续访谈中就相关问题与学生进行了交流，并请他们具体阐述自身对中国文化的了解。调查结果发现，受访学生最熟悉最多提到的文化因素如剪纸、太极、书法、建筑、舞蹈等具有鲜明中华文化特色的具体表现形式，这也是他们与"老外"谈论文化话题时最多提到的方面。其次，部分学生还提到诸如"集体主义""讲关系""爱面子""重人情""孔子中庸"等一些中国传统文化价值观与社会观念，但是从理解程度上看比较浅显，停留于对概念的宏观描述和模糊印象，具有一定的定式思维倾向，因此也导致学生的跨文化比较难以深入。而对于政治、历史、地理方面的知识学生普遍了解得不多，知识面较窄。此外，很大一部分受访学生也表示，用目标外语描述和阐释中国文化，尤其是深层文化因素对他们来说难度较大，这也是限制他们开展高质量跨文化互动的重要因素之一。

中外合作办学学生访谈节录七：

要真让我讲一讲中国的政治、历史什么的，我还真不知道说什么，平时关注得比较少。历史和地理方面的知识还是高中学习的底子，也忘得差不多了。

我知道中国是典型的集体主义国家，集体的利益高于个人利益。

我们国内什么都讲关系，有关系好办事。不过这边（指美国）一般就是按程序办事，不用讲人情。

中国人爱面子，喜欢抱团，在交往中比较顾及别人的感受。

第三章　中外合作办学学生跨文化能力水平及问题分析 / 81

　　我们中国文化概论课上有介绍儒家思想的，我印象最深的就是"仁、义、礼、智、信"几个字……不过你让我用英语具体解释，我真的不知道怎么说……我感觉我们国家文化的很多东西，我其实知道一些，可是很难用英文跟"老外"表达清楚。

　　在跨文化能力的五个维度中，中外合作办学学生对自身跨文化自觉意识的评分最低。尤其是在"我具有较高的跨文化敏感度和文化自觉意识"方面。在后续访谈中，很多学生都提到，他们在跨文化实践中，尤其是在最初的跨文化互动阶段，往往会习惯性地依照自己的想法来组织言语和行为，并且根据自身的文化价值观判断和衡量交往对象的行为和表现。甚至在经历了较长一段时间的跨文化体验后，这种情况依然存在。成长于中国社会文化环境下的学生在长期的社会化过程中逐渐习得一系列中国文化价值观、思维模式和行为规范等深层文化因素并将其内化入自身的认知系统，这些因素以一种潜移默化的方式影响着他们的行为和思想。部分学生表示，真实的跨文化实践体验促使他们开始意识到自身文化的独特性，从而开始重新审视曾经习而不察的各种深层文化因素，并在跨文化互动过程中有意识地提醒自己文化差异的存在及其对沟通过程的潜在影响。但是仅仅意识到或是简单承认文化差异的存在并不一定能保证学生在实际的跨文化互动过程中能够有意识地对自身行为和言语做出适当的调整。只有在深入反思自身文化的基础上进行文化比较，并正确地判断和分辨影响沟通过程的具体文化因素，才可能真正地提高自身批判性文化自觉意识和跨文化敏感度，而这正是学生需要进一步提高的能力。

　　图3—3显示，留学时长对于中外合作办学学生对自身的跨文化能力水平评分有较明显的影响。从评分结果上看，留学一年以上

的学生的跨文化能力水平自评分最高，其次为具有半年到一年留学经历的学生，具有半年以内留学经历的学生，而没有留学经历的学生对自身的跨文化能力评分最低。据此可以看出，合作办学学生的跨文化能力水平随着留学时长的增长而增长，尚未出国或是没有留学机会的学生对于自身跨文化能力的水平评价相对较低。同时，笔者也在后续访谈中注意到，在海外生活和学习了一段时间的合作办学学生在谈论自身跨文化能力时更加自信，讨论的内容相对来说更加的丰富和深入，他们普遍认为，真实的跨文化情境对他们的跨文化能力提升有着不可替代的重要作用，在新社会文化环境下观察各种文化现象，参与各种跨文化社交活动能够帮助他们深化跨文化知识的学习、运用和发展个性化跨文化沟通技能以及提高批判性反思能力。有利于他们将已有的知识及理论放在实际社会文化情境中进行检验和实践运用，从而在一定程度上削减文化刻板印象，提高文化自觉意识，开阔视野。

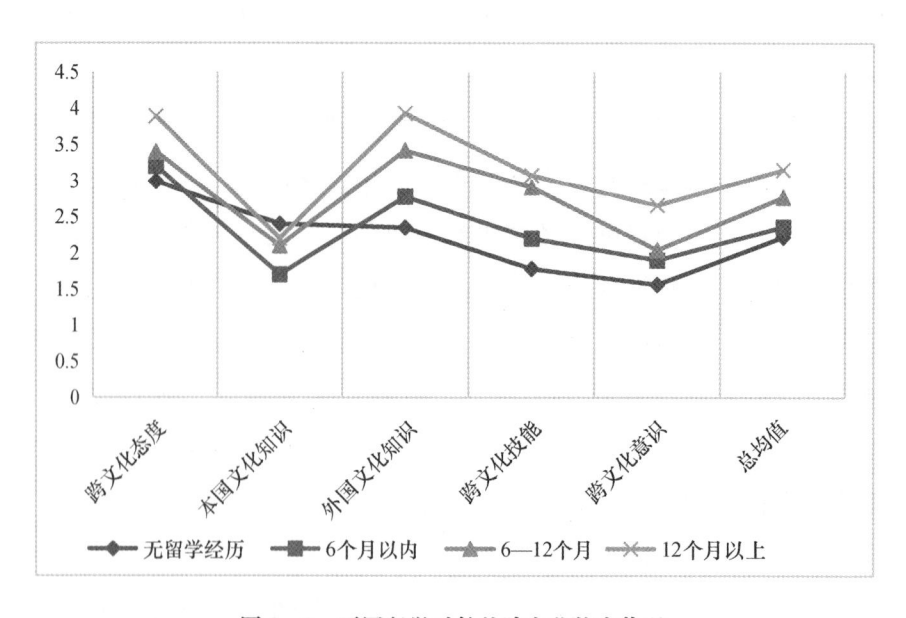

图3—3　不同留学时长的跨文化能力状况

中外合作办学学生访谈节录八：

有很多东西不自己经历是无法体会到的。在书上学到得再多，课堂上听到得再多，都很有限。而且很多信息不一定准确……我觉得我在美国学习的时候是我进步最快的阶段，不仅仅是说语言，还有文化上的（学习）和思维上的（变化）。

我觉得出国体验一段时间是很重要的。我在这里了解到美国大学的教育模式，我在这里的课程学习中深刻地体会到了（中美）教学风格上的差异，尤其是 lecturing 和 discussion 在课堂上所占的时间，让我花了至少半个学期才慢慢地适应，学着融入……但是我觉得这是（指在跨文化课堂上的探索和努力）是值得的。

在国外肯定没有在国内安逸，我也碰到了很多困难，特别是交流上的困难。因为文化上的差异，有些时候我们很难准确……理解彼此的意思，容易产生误解。但是我很喜欢这种挑战，我很珍惜这个机会，我很清楚我来是干什么的，我必须抓住机会跟不同文化的人交流，尽可能……多学习和感受不同的生活方式和文化。

从具体维度上看，随着留学时长的增加，合作办学学生的跨文化知识的增长趋势最为明显，其次为外语水平。

据此，笔者认为中外合作办学作为跨文化教育的重要实现形式应为学生提供真实跨文化实践和学习的机会，海外学习阶段对于学生个人成长的影响不仅仅体现在语言水平的提高，更体现在跨文化知识的掌握、独立思考能力的提高以及跨文化认同的构建。

从学历上看（见图3—4），硕士生的跨文化能力自评分稍高于本科生的跨文化能力自评分，从受访学生的反馈来看，硕士生对跨文化相关理论的储备较本科生更加丰富，在交谈中体现出更强的逻辑思维能力、语言组织能力和文化分析能力。他们对于跨文化互动过程的反思相对而言更加自觉。此外，男生和女生的跨文化能力评分以及不同国别的学生在跨文化能力评分上只有细微差别。

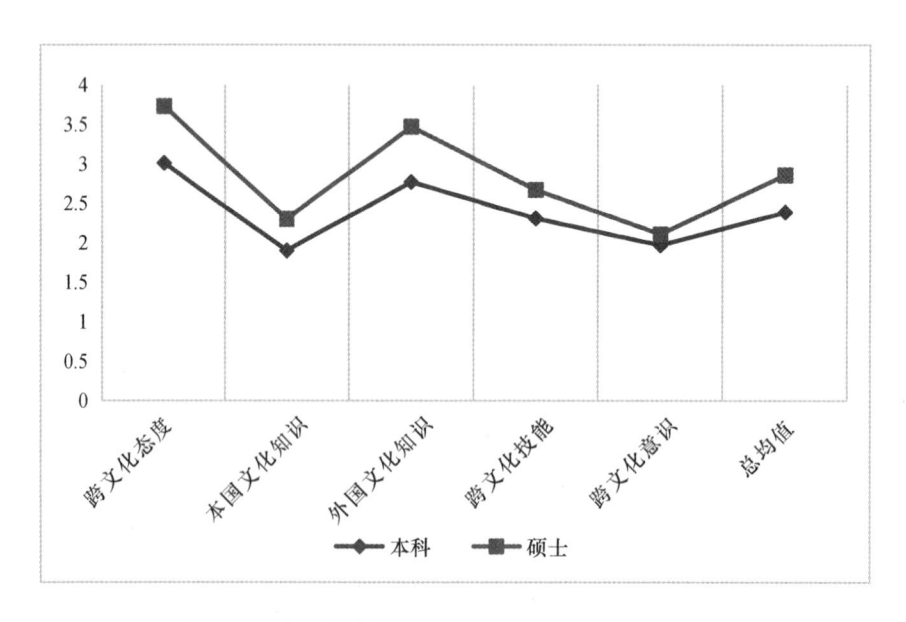

图3—4　不同学历中外合作办学学生的跨文化能力状况

在专业方面（如图3—5所示），不同专业学生在跨文化能力的五个维度都没有太明显的差异。其中，商科专业的学生跨文化能力评分最高，其次为工科类学生，护理专业的学生自评分数最低。这可能是由于商科课程体系本身包含有如国际营销、国际人力资源管理等与跨文化沟通相关的课程，同时有较多的实践练习机会。另外，工科学生由于专业学习的特点，有较多的时间会在实验室和机房等地方，这也在一定程度上减少了参与其他社交场合下人际交往的机会，不利于跨文化能力的提高。

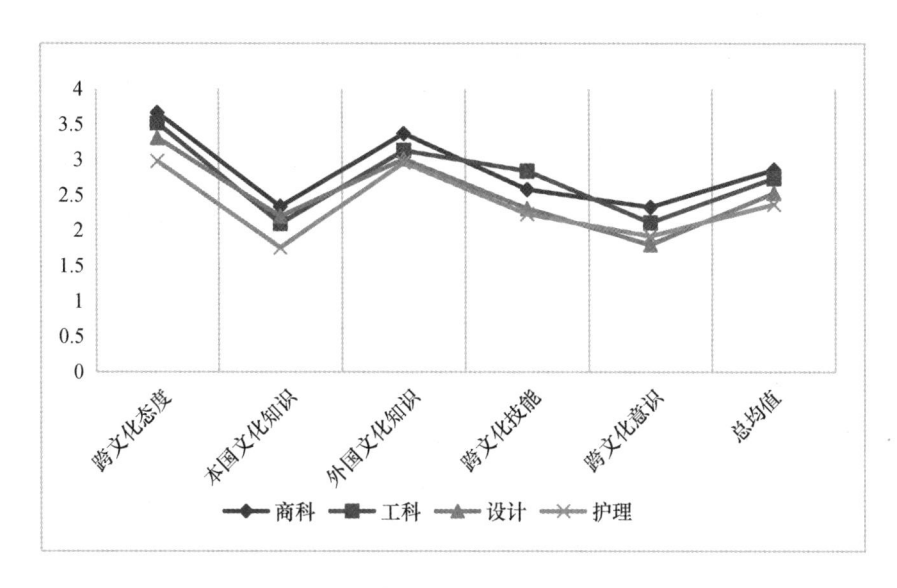

图 3—5　不同专业中外合作办学学生跨文化能力水平

为了更全面地了解中外合作办学学生的跨文化互动情况，笔者对他们在留学期间开展跨文化交往的场合与情境做了进一步的考察。从访谈结果看，课堂、小组会议、学生社团以及教会活动是学生最常提到的几个跨文化社交场合。以完成学业为首要任务的中外合作办学学生，其留学目标和特点决定了他们大多数的跨文化沟通活动发生在学术交流情境下，课堂讨论和学习小组会议是其中最主要的两种形式。这种情境下的互动双方往往都具有较强的交流动机和明确的沟通目的，比如为了完成同一个项目作业，或是讨论某一个特定的专业话题，具有不同文化背景的学习小组成员间需要相互理解、相互尊重，在互动过程中聆听他人、表达自我，并能够通过文化比较和解释有效地处理发生的跨文化冲突和矛盾。可以说，交流双方跨文化意识的强弱以及跨文化沟通技能水平的高低对于学习合作的成功具有重要影响，同时，学科专业知识以及独立思考能力也是促进高质量沟通、讨论结果的重要因素。

根据受访学生的发言，他们在学术情境下的跨文化互动中遇到的矛盾和困难相对较多，同时会体验到不同程度的负面情绪感受（如紧张、焦虑、失落和无力感等）。虽然他们在描述和分析自身跨文化互动的过程时大多有提到文化差异及其对沟通过程的潜在影响，但倾向于以一种概括性的、较模糊的方式进行原因分析，例如"文化差异""人品问题""性格原因""场合问题"等简单的表述，而很少就实际交往情境和文化背景深入、具体地进行文化比较和归因分析。学业压力加上跨文化知识与技能的欠缺，使学生的跨文化学术交流处于一种相对被动和困难的境地，虽然他们"不得不"为了完成课业要求而不断地摸索、尝试不同的应对方法和行为策略，并在心理和行为上做出了一定的调整，但总体上看，他们对自身学术跨文化互动经历的效果评估较低，认为还需要在跨文化能力的提升上做出更多的努力。

学生社团和聚会活动是受访学生提及较多的另一种跨文化互动情境，且他们在该情境下的互动往往伴随积极、愉快的情绪体验。具有共同爱好或是特长的人往往具有较强的内在交往动机和丰富的沟通话题，因此更容易建立起良好的个人关系。中外合作办学学生在以兴趣为基础开展的跨文化社交活动中，与来自不同文化背景的人们积极交流、共享经验、寻找共鸣，在相对轻松、非正式的情境中进行跨文化学习，同时，这也是他们展示和传播中华民族文化的主要途径之一。另外，部分学生也提到，与当地教会的人交往也为他们学习当地语言和文化以及寻求生活中的帮助提供了良好的机会和条件。

总的来说，中外合作办学学生有着较强的跨文化互动动机和目的，借助合作办学项目提供的跨文化教育平台，在不断摸索和反思的过程中实现跨文化学习，提高跨文化能力。但就现状而言，他们对自身的跨文化能力水平尚不满意，认为在跨文化技能、知识和文化自觉意识的提升上都需要做出更多的、长期的努力。可见，合作办学学生既有提高自身跨文化能力的实际需求，也对此表示出了强烈的动机与期望。因此，构建和发展中外合作办学学生的跨文化能力培训模式具有重要的现实意义和实用价值。

第四节　跨文化培训需求分析

提升跨文化能力是中外合作办学学生培养的重要目标，目前院校为学生提供的与跨文化能力培养相关的课程与培训形式有很多种，包括外语语言训练、双语专业课程、中外文化概论及跨文化交际课程、跨文化相关讲座与模拟训练，以及其他诸如英语角、国际学生社团、校内国际文化节等跨文化活动。此外，双方合作院校也为学生提供如外方院校选课、办签、学分等信息上的帮助和心理咨询。根据调查结果，学生对于参与的外语语言训练满意度最高，分值为3.91，其次为双语专业课程（$M=3.31$）、英语角等跨文化相关活动（$M=2.97$）文化概论及跨文化交际课程（$M=2.78$）、院校信息支持（2.41）、跨文化相关讲座与模拟训练（$M=2.02$）、满意度最低的是学生心理咨询（$M=1.90$）。学生整体满意度分值为2.76。可见，合作办学学生对目前已有的跨文化相关培训与课程满意度不高，在访谈中，笔者进一步了解到学生们对于跨文化能力培训的态度、看法与建议，这些信息对于合理、科学的构建符合中外合作办学学生真实需求的跨文化能力培训模式提供了重要的数据资料。

首先，合作办学学生认为外语语言水平是影响他们跨文化学习与生活的最重要因素。语言水平的提高能够加强他们参与跨文化互动的自信心和行动力。通过外语语言课程的学习，学生在语法规则、词汇储备上有了一定的进步，同时对目标语社会的文化知识也有了更丰富的了解。部分具有留学经历的学生认为，外语语言学习的内容需要跟跨文化实践结合得更加紧密，一方面要更加实用和生活化，符合当地人的表达习惯；另一方面他们也提出，由于教学理念和教学方式的不同，外方合作院校提供的专业课程通常对学生的文献阅读量、论文写作能力和分析表达能力提出了更高的要求，这对学生来说是一项重要的学业上的挑战。因此外语训练中需加强对相关内容的重视与练习。此外，部分学生也表示中国文化在语言学习的内容中所占比重非常小，因此，他们缺乏使用外语描述、阐释与分析中国文化的练习机会，影响自身的跨文化互动效果。

学生认为双语专业课程对于提高他们的专业外语水平起到了重要作用。该类课程通常会要求学生使用目标外语进行相关主题演示（如项目 PPT）或论文写作，从而有利于他们掌握专业类外语词汇，提高逻辑表达能力，并熟悉不同文化的写作风格。在教学过程中，对于一些比较难的概念或理论，讲解中会辅以母语解释，这种方式能够帮助他们更准确、深刻地理解相关内容。大部分学生在访谈中都表示中外双语教学专业课程的方式适合他们的学习理解水平，效果良好。

另外，受访学生对中外文化概论类课程以及跨文化交际课程的满意度普遍不高，认为所学知识在他们的实际跨文化沟通中并没有起到想象中的重要指导作用。就中国文化概论类课程而言，问题在于学生认为虽然课程所涉及的文化知识点比较宽泛、客观和宏观，但是对中国文化中优秀的传统哲学思想、文化观念等深层文化因素的阐释深度与广度都不够，只有少数学生表示他们能够将所学文化知识充分地应用于实际跨文化情境下的文化间比较或话题讨论。而对于跨文化交际类课程，学生认为其教学内容多偏重对跨文化相关理论的学习和介绍，虽然也会提供一些经典案例进行分析，但总体上来看，理论的讲解与实际跨文化学习与生活经历中所可能碰到的各种问题相结合的程度不高，因此"学了容易忘记""没觉得有太大的帮助"。

可见，这些以提高学生跨文化知识与跨文化沟通技能为主要目标的课程并没有达到预期的学习效果，对学生跨文化能力的提高作用有限。这主要是由于教学内容及教学方式在实际操作中的一系列问题，如忽视了理论联系实际的练习，只重知识记忆而少独立思考和分析的练习，从而导致中外合作办学学生在跨文化情境下难以将所学知识切实地运用到互动过程中。

双方合作院校，尤其是国内院校会给学生们提供一些信息上的帮助，比如如何在外方院校报道、学分和选课事宜、海外住宿等。这些信息非常实用，为学生的海外留学生活提供了便利和帮助，但在心理咨询方面，学生则表示没有太多的涉及，他们对此也不是很感兴趣。另外，校园国际文化节、英语角等跨文化活动也受到了学生的认可和欢迎，他们认为这些跨文化活动参与性高，在体验不同文化、学习异文化知识方面有着积极的影响和作用。受访学生也表示参加了一些跨文化相关讲座及模拟训练，效果良好，但总体上看参与机会比较少，所以收获有限。

根据对合作办学学生的问卷和访谈结果可以看到，国内阶段的跨文化准备以及在外期间的跨文化实践反思对学生来说具有重要意义，能够帮助他们更好地提升跨文化能力。中外合作办学学生要在接受跨文化教育的过程中，尤其是在有限的留学实践阶段最大限度地利用相关环境资源与人文资源实现跨文化能力上的有效提升与学业上的进步，对于他们来说是一项不小的挑战。我们应该根据其实际情况与需求为学生提供系统、科学、有效的跨文化培训，为其提供理论上、信息上、心理上以及技能上的支持与帮助，而非简单地认为：只要帮助学生储备一定的外语词汇量、语法知识以及文化知知识就已足够，其他方面可由学生到实际跨文化情境中慢慢摸索，自然会逐渐适应。这种看法是存在误区的。学生在采访中对跨文化能力培训体现出了更高的期望与需求，内容主要包括以下几个方面：

第一，期望更全面、深入了解中华民族文化。具备一定的民族文化底蕴与文化积淀是学生在跨文化沟通过程中进行有效的文化比较、阐释和讨论的基础，这一点也是当前学生比较欠缺的。因此，我们需要在中华民族文化的学习上加大力度，从文化内容的深度和广度方面予以加强，并注重运用目标外语描述与解释本国民族文化的训练，从而提高学生在跨文化互动情境下的叙事表达能力，增强学生参与跨文化互动的自信心与积极性。这是学生实现高效跨文化互动的重要条件，同时也是其树立民族自豪感并对外传播中华民族优秀传统文化的前提条件。

第二，需要更具针对性与实用性的跨文化交际相关课程及训练指导。在文化概论及跨文化交际类课程的教学中，应结合中外合作办学学生的特点与跨文化互动的实际需求，加强相应的跨文化意识与技能训练。在外语或双语教学的专业课程中，应注重学术写作能力以及泛读能力的训练，以适应外方院校对学生课业上的要求。

第三，需要掌握更有效的跨文化学习方法，以及建立和完善文化互动平台。对自身跨文化经历的清晰记录及反思有利于中外合作办学学生在跨文化情境中更深刻地思考和认识自我概念和文化身份的变化，同时，学生通过线上线下的各种互动交流平台与拥有类似跨文化经历的人们进行交流和经验共享，能够感受到情感上的共鸣，并获取有价值的信息参考。从访谈以及收集的文本文献资料来看，学生对于自身经历的记录、分享与交流形式主要包括日记、微博（或空间）文字、微信朋友圈、线上论坛、电子邮箱等，以图片、文字及短视频的呈现为主。侧重于静态的、零散的生活片段的叙说以及当时情绪的描述，运用跨文化知识对事件进行分析和反思的内容相对较少。总体上看，从内容、叙事结构和记录时间来讲，目前中外合作办学学生的海外学习日志没有很好地体现出连续性的、随着时间不断变化起伏的跨文化互动与适应过程，对于自身认知的变化以及文化身份认同上的改变没有足够的意识。因此，如何在跨文化能力培训中加强学生独立思考、自主学习以及反思习惯的培养，是应该重点探究的问题之一。

值得一提的是，合作办学学生对于出国留学的机会持赞成、积极的态度。根据已有留学经历的学生反馈，他们普遍认为半年以内的留学时长偏短，接触到的跨文化交际层面较浅，主要是一些日常生活中的沟通（购物、银行开户、室友住宿等）和课业学习，由于跨文化学习与生活经历的时长较短与机会相对有限，他们对新社会文化环境下的人际交往、行为模式和思维价值观方面的认识、了解和思考相对浅少。而具有一年以上海外经历的学生，其跨文化体验和思考相对来说较丰富和广泛，对于学生跨文化能力的提升具有潜在的、长远的重要影响。学生在较长期的跨文化体验过程中经历第三次社会化过程，在对本国文化与东道国文化的了解、比较与实践中，不断调整自身原有的价值观念、思维习惯与行为模式，以寻求有效跨文化交往的方式方法，实现正面、良好的跨文化适应结果，完成自我概念与文化身份的重构。[1] 这一过程是动态的和相对多变的，只有具备一定的理论基础，并在实践过程中不断反思，学生才可能充分地利用各种资源和条件，准确地了解自我、理解他人，实现自我跨文化素养与专业技术能力的提升。

---

[1] Byram, M., Intercultural Education and Foreign Language Teaching, World Studies Journal, Vol.1, 1990.

本章小结

随着全球化趋势的加强，各国在经济、政治和社会文化等方面的交往和沟通日渐复杂、多样，文化软实力已成为决定国家综合实力与国际地位的重要因素之一，国家教育改革规划及2018年教育大会习近平主席的发言中均提出要鼓励国际合作与交流，扩大教育开放，为我国社会主义现代化建设培养具有国际视野的高素质复合型人才。国内各所高校响应国家号召，在国家政策的鼓励和扶持下，逐渐加大了对中外合作办学学生跨文化能力培养的实践工作力度以及对相关领域的学术研究，并采取了一系列具体的措施和途径来训练提高学生的跨文化能力。本章主要对中外合作办学学生跨文化能力状况的调查结果进行了分析与讨论。

首先，中外合作办学学生具有较强的跨文化互动动机和目的，他们认为通过跨文化互动可以有效地提高自身的外语语言水平，提高跨文化能力，顺利完成学业，开阔视野，体验不同的文化和生活。但他们对于交流、分享和对外传播中华民族文化的责任和使命尚没有很高的自觉和行动力。学生对自身跨文化能力水平的评价为中等，在跨文化沟通技能、本国深层文化知识以及文化自觉意识维度上的自我评价较低。可以看到，学生在跨文化情境下探索和运用了一些应对方法和互动策略，并取得了一定的效果。学生在跨文化情境下运用了一些应对方法和策略，以期在不同的跨文化情境下实现有效的跨文化互动，并取得了一定的效果。学生多以记忆中的实例（包括成功的和失败的、记忆深刻的、比较典型的）来说明自己的应对方法，但相对来说反思、总结和归纳的比较少。

其次，目前合作院校为学生提供的跨文化相关课程与培训形式主要包括外语训练、双语专业课程、文化基础课程、跨文化讲座与模拟训练等。其中以外语训练最为常见，其次是双语课程以及文化类课程。跨文化讲座与实践训练的次数相对较少，学生对目前已有的跨文化相关培训与课程的整体满意度不高。他们有提高自身跨文化能力的强烈愿望，同时对跨文化培训提出了一些实际需求，如提高运用外语阐释中国文化的能力、加强专业与外语紧密结合的跨文化训练，以及提升学术写作与阅读技能等。

国内阶段的跨文化学习准备以及海外期间的跨文化实践反思对学生的跨文化能力培养具有重要作用，据此，为学生提供系统、科学、有效的跨文化培训，应结合他们的实际情况与真实需求，帮助其在接受跨文化教育的过程中，最大限度地利用国内外相关环境资源与人文资源实现跨文化能力上的有效提升与学业上的进步。

那么，高校跨文化能力培训的目标是什么？具备良好跨文化能力的合作办学学生应该具备哪些特点？在我国中外合作办学中实施跨文化培训应遵循哪些基本原则？如何通过一系列有效、合理的途径和措施来实现既定的跨文化培训目标，达到预期的培训效果？对这些问题的探索与解答，将直接影响我国高校跨文化教育的发展方向、建设水平和整体学生质量。第四章将详细探讨中外合作办学学生跨文化能力培训理念及内容的构建。

第 四 章

中外合作办学学生跨文化能力培训理念及内容

高校学生跨文化能力培训是高校跨文化教育的重要表现形式，是一个长期的、系统的、循序渐进的过程。中外合作办学学生作为高校学生的重要组成部分，而且数量日渐增多，跨文化能力培训在中外合作办学中的定位和作用是一个必须要重视和深入讨论的重要课题。笔者认为，中外合作办学学生跨文化能力培训的设计与实施首先应确定一个基本观念，即跨文化能力培训是中外合作办学的重要内容与核心目标之一，应贯穿于整个合作办学过程中，具有持续性、阶段性、形式多样化、内容多层次性等特征。从培训时长上讲，跨文化培训不应以国内学习阶段的结束为结束，学生在外留学阶段以及学成回国阶段应视为学生跨文化实践与反思的重要阶段，是跨文化能力培训的关键性环节；从内容和途径上讲，跨文化培训不应只依靠出国前的短期语言强化训练，或文化概论、跨文化交际等相关通识课程，知识并不能自动转化为能力，脱离文化语境的语法词汇学习也无法保证有效跨文化互动的实现，这其中还有一个关键性的因素，即理论应用于实践，因此，跨文化能力培训有必要依据学生的内在动机与实际需求，以过程为导向，来设计实施语言、文化与专业知识三者相结合的整合型培训课程。学生在跨文化训练与实践中逐步形成民族志式的学习方法、反思习惯与自主学习能力，提高文化自信与跨文化自觉意识，从而在学术以及人文素质培养上都取得长足的进步，为未来职业发展做出有利的准备。

第一节　跨文化能力培训的现存问题及归因

身处经济、社会文化交流与合作日趋频繁与紧密的全球化时代，正视文化多样性，通过学习、交流与对话提高自身跨文化素养是我们身为世界公民的责任与义务，这对于减少种族歧视、文化偏见与极端主义，维护社会公正与世界和平有着举足轻重的作用[1]。笔者认为，对中外合作办学学生的跨文化能力培养应放在一个更广泛的视野及更高层次的目标框架下进行，将其明确纳入合作办学学生人才培养的重点任务与终极目标中，以此帮助学生从情感与认知上逐渐形成人文关怀的理念，使其具备应有的社会责任心与时代使命感。跨文化能力的培养是一个文化适应、语言习得以及身份认同构建的持续性过程，该过程注重个体文化价值观及人文意义的建构与再建构，与情境因素紧密相关。具备跨文化能力的人，懂得尊重对方的文化身份，能够正面、积极地了解不同文化的情感与价值，实现有意义的文化交际与互动。而这一能力的形成单靠对文化知识的记忆与重复是远远不够的，还需要个体充分发挥主观能动性，基于自身兴趣、真实需求与人生体验，借由自主性学习与阶段性深度反思，将所学理论与方法切实地运用到理解、阐述与分析亲身跨文化实践体验中，才可能完成

---

[1] UNESCO, *Intercultural Competences: Conceptual and Operational Framework*, Paris: UNESCO, 2013.

知识到能力的最终转化，从而实现对复杂的多元文化现实的有效解读。

中外合作办学的办学主体、办学内容和办学体制决定了其具有跨文化教育的本质特征，跨文化交流、互动与合作体现在项目设计、实施以及评估的方方面面。学生的跨文化能力培养是其固有的也是最重要的人才培养目标之一。为学生提供系统的、科学的、有效的跨文化能力培训是保证该目标实现的重要途径，贯穿于学生的整个学习过程，是一个长期的、持续性的过程。中外合作办学学生跨文化能力培训不仅要帮助学生积累和掌握一定的跨文化相关知识、外语语言和互动技能，更重要的是为了让学生在学习过程中逐渐形成跨文化能力的自主培养意识以及深度反思的良好习惯，从而在未来的人生经历中，持续受益。本节将对目前中外合作办学学生跨文化培训的有关情况及问题进行详细探讨。

进行跨文化培训的目的主要是帮助受训者形成能够在具体的社会文化环境中商讨文化意蕴、辨析文化身份，进行有效而得体的跨文化交际的能力。[1] 就目前我国有关跨文化培训的研究而言，主要集中在商业领域，以企业管理人员、外派人员等人群为主要受训对象进行培训设计与实施办法。而针对高校学生跨文化培训的研究尚不多见，研究深度和广度不够。在理论基础上，现有相关研究多采用西方学者已构筑出的一些较为成熟的跨文化交际概念体系和理论框架。其中运用较为广泛的包括贝内特等提出的跨文化敏感发展模式[2]，陈国明与斯塔罗斯塔从情感、认知和行为三方面建构的跨文化交际模型[3]，拜拉姆提出的以"批判性文化意识"为核心的跨文

---

[1] 戴晓东:《跨文化交际理论》，上海外语教育出版社2011年版，第288页。

[2] Bennett, M., "Becoming Interculturally Competent", in Wurzel J. S. (ed.), *Toward Multiculturalism: A Reader in Multicultural Education*, Newton, MA: Intercultural Resource, 2004.

[3] Chen, G. M., & Starosta, W. J., "Intercultural Communication Competence: A Synthesis", in *Communication Yearbook*, Vol. 19, 1996.

化学习模型①以及贝瑞等提出的跨文化适应双维度模型②等。这些理论采用不同视角、各有侧重，并通过了多次实证检验，从跨文化知识储备、跨文化敏感性培养、跨文化意识提高以及跨文化技能习得等方面为跨文化培训实践提供有价值的参考和有效的理论指导。从现有的研究结果来看，基于这些理论构建和实施的跨文化培训具有一定的可行性和有效性，已取得了一些成效，但仍然存在一定的问题和进一步发展和完善的空间。

从问卷、访谈调查以及现有文献材料上看，目前我国高校针对中外合作办学学生跨文化能力提升做出了一些有利的尝试，包括开设文化概论及跨文化交际课程、外语强化训练、跨文化相关讲座与经验交流会、跨文化模拟训练等多种形式，这些跨文化培养途径为学生的跨文化知识储备与外语语言能力提高起到了一定的积极作用，在一定程度上受到了学生的肯定。

中外合作办学学生访谈节录一：

> 我们有中国文化概论的课，里面讲到了很多传统文化的东西，比如节日啊，剪纸啊，太极啊，经典文学名著啊……最重要我们的课本是英文的，所以我学会了很多（有关中国传统文化）的英语表达方式，后来我跟美国朋友聊天的时候，也用到了这些内容。

> 我们有外教口语课，老师正好是英国人，他会在课上给我们讲很多关于英国的事情，也会讲他在中国生活中遇到的文化差异，很有趣。因为我正好要去的是英国学校，所以我一般都

---

① Byram, M., *From Foreign Language Education to Education for Intercultural Citizenship*: Essays and Reflections, Multilingual Matters, 2008.

② Berry, J. W., Poortinga Y. H., Segall M. H. et al., Cross-Cultural Psychology: Research and Applications, Cambridge, UK: Cambridge University Press, 2002.

会想好问题，列一个单子，然后找时间跟他交流一下，我觉得很有用。

但同时，这些方式方法在理论和实践运用上仍然存在很多亟待解决的重要问题。其形式虽然多样，但比较零散，没有形成一个统一的体系，在理论上主要依托西方跨文化相关理论，在内容设置上以外语语言培训及外国文化概况介绍为主，在整个培训过程中对中华民族文化的深入探讨和学习重视相当不够。而且，这些课程、讲座和训练绝大多数开展于学生的国内学习阶段，通常集中在出国留学前的一个学期或更短时间，在学生留学阶段很少涉及，在其学成回国后也没有太多后续的反馈与讨论。可以说，合作办学学生所接受的跨文化能力相关培训总体周期较短，力度较小，实际培训效果欠佳。

在研究采访中，有约一半以上的学生都表示，他们在国内院校学习期间所接受的跨文化能力培训不够，没有或只勉强达到既定目标，没有取得预期的培训效果，自己的跨文化能力水平还比较低。虽然基础语言能力及文化知识的提高在一定程度上帮助他们更顺利地进行跨文化互动和跨文化适应，但在与来自不同文化背景的个体接触、交往的过程中，他们仍常常为"该说什么合适""有什么值得谈论的话题""到底为什么在某跨文化交往过程中发生不快""对自身文化了解不够，羞于表达"等问题而烦恼。

由此可见，引起这些跨文化问题和冲突的因素有很多，除了基础外语语言能力与跨文化知识以外，还涉及自身文化底蕴与文化主体意识、文化观察与比较技能、自我概念与文化身份认同等组成跨文化能力基础维度的内容。比如对自身文化认识与思考的欠缺以及因此导致的文化自信低下的问题，因缺乏跨文化知识与敏感性而无法对跨文化冲突进行准确归因等问题都是阻碍学生实现成功的跨文化交际与跨文化适应的重要原因，也是跨文化能力培训设计与实践中应该纳入和重视的核心内容。很显然，单纯的被动式理论知识教学以及针对语音语法的短期外语训练无法为解决这些问题起到实质性的帮助或提供有效的方法和途径。

具体来讲，目前我国中外合作办学学生跨文化能力培训主要存在以下几个方面的问题，应该得到进一步的关注、厘清和解决。

一 对跨文化培训范畴的认识存在偏差，培训方式方法零散

当提到合作办学学生"跨文化培训"时，参访学生包括一部分教师首先想到的是外语语言能力培训和外国基本历史文化背景知识的介绍，甚至一部分参访学生和老师直接将跨文化能力培训等同于外语语言训练和文化概论学习，这在目前是一个较为普遍的观念。尤其是针对中外合作办学学生群体所设置的跨文化培训相关内容，多以短期性、集中性为特征。显然，这种对学生跨文化培训的认识观念太过狭窄，并不准确。

从实践中看，目前中方合作院校为培养学生跨文化能力所采取的方式方法是较为多样的。例如，设置跨文化交际、西方文化概论等专业课程，旨在介绍跨文化交际理论以及西方历史文化背景知识，通过一系列模拟训练和实践体验来帮助学生了解文化差异，树立正确的跨文化态度，提高跨文化敏感性，获得在跨文化情境下进行有效交际所必需的技能。这类课程一般为每周一次的学期选修课程，实际教学中多以理论介绍及案例分析为主，由于学时及其他客观条件的限制，跨文化模拟训练和与外国人交往的实践体验实际较少，在跨文化敏感性和跨文化技能的提高上成效有限。其次，部分院校也鼓励在学科基础课程和文化通识类课程中融入跨文化因素，旨在帮助学生获得专业基础知识的同时，丰富文化知识储备，提高对文化多样性的认识和理解，但由于课程内容多、任务重，对教师

的跨文化水平要求高，这类方法在实际操作中往往只能涉及比较浅显或是概述性的文化层面知识；另外，很多院校也开展短期和集中式的外语语言培训，而这类培训往往针对的是中外合作办学中即将出国留学的部分学生，内容侧重外语能力集训和概述性文化介绍，缺乏系统性的跨文化交际训练；此外还有一些诸如举办跨文化讲座和留学交流会等方式，一般为自愿参加的、互动式跨文化学习。

可以看到这些方式方法在目标上整体一致、多有重合，大多都涉及对跨文化知识、技能和态度等跨文化能力核心因素的培养，但在实践过程中，比较零散，倾向于"各自为政"、互无关联，相互之间没有形成互补互促的内在逻辑联系。那么，这些方式方法是不是该归属于学生跨文化能力培训的范畴呢？笔者认为，答案是肯定的。这些方式方法各有优势和局限，采取任何一种单一的方式方法或是在使用多种方式方法的过程中忽视它们之间的联系，都无法达到理想的培训效果。只有将它们有机地结合起来，避短就长，才可能实现整体培训效果的最大化，是构建完整跨文化能力培训体系不可或缺的一环。

二　跨文化意识及技能训练在学生跨文化能力培训中所占比重较少，效果欠佳

从调查结果来看，中外合作办学在设计与实施跨文化能力相关培训时，大多注意到了跨文化知识储备、跨文化态度和跨文化技能培养的重要性，目标设定是比较全面且准确的，尤其是在设计语言训练课程以及跨文化交际相关课程中。这一点在相关课程教学大纲的教学目标中以及部分参访教师的教学理念上也有明显的体现。

中外合作办学教师访谈节录二：

跨文化能力培养是外语教学的重要目标，学习外语是为了能够运用它跟他人进行有效的交流、沟通。光是搞清楚语法规则，背多少单词是不够达到这个要求的，我们必须重视文化差异对跨文化沟通过程的影响……学生需要掌握一系列有用的跨文化沟通技能，同时还需要能够在跨文化环境中保持一定的敏感度，以一种开放、尊重的眼光去看待对方的行为和言语，才可能成功地进行跨文化沟通。

语言跟文化的教学两者本身就是分不开的，我们现在的外语教学都是以内容为基础的……我们经常跟学生讲，掌握一门外语就意味着了解一种新的文化……我们会根据文章内容确定相关的文化主题让学生去收集资料，做 presentation。这样能够让他们对学到的知识印象更加深刻。

但在相关课程的具体内容安排和实际教学中，笔者发现其实际还是多倾向于外语语言基础知识训练及外国文化的概述性介绍。究其原因，是多方面的。

从参访教师与学生的反馈来看，由于课业紧、教学安排紧凑，教师在专业课程的教学中通常无暇顾及太多跨文化方面的内容。而对于语言培训类课程，教师在教学中通常会涉及词汇句法中的文化意涵，以及与课文相关的政治、历史和社会文化背景介绍，但没有太多的时间用于微观文化观察与跨文化互动训练，在跨文化敏感性培养方面的效果有限。而跨文化交际类课程是以跨文化能力培养为核心目标的专门课程，在目前的各大高校普遍都有开设，但不同院校课程的实际教学效果在研究调查中体现出一定的差异，这与教师的教学理念、教学方法、教学内容安排和时长都有着重要关系。但总体上看，参访学生大多都认可跨文化交际课程对于提高其跨文化能力，尤其是跨文化理论和知识储备上的意义，但是他们也表示，该类课程往往太过注重理论的讲解，涉及的案例和文化比较笼统，且没有给他们足够的机会和训练将理论应用于实践，所以收效甚微。虽然有部分参访学生提到老师为他们提供了一些跨文化互动实践的机会（如与国际教育学院的学生进行同伴合作），并鼓励他们运用各种工具和方法（如线上沟通工具）与来自不同文化背景的人进行沟通交流，并分享经验。为他们养成自主学习的习惯和运用跨文化理论指导自身实践的能力非常有帮助，但同样，这些内容在整个课程内容安排中只占很小的比重。

还有其他形式的跨文化相关培训，如讲座和经验交流会，通常时间较短，举办时间存在不确定性。笔者在参与观察中发现，学生在参加经验交流会时，最多问到的内容包括"怎么去银行开户""住宿环境如何""怎么选课""课程作业要求有哪些""有哪些好玩的地方"等一些基本的、知识性的生活信息与常识，而对如何有效进行跨文化互动交流的相关问题涉及较少，多集中在了解"如何跟老师交流""跟室友相处要注意什么"，而对更宽泛跨文化情境下的社交、互动没有太多的关注。一些学生在采访中表示他们确实没有考虑到这些问题，或觉得没有时间讨论，或觉得无法从这种形式的经验交流中获得对自己有用的信息：

中外合作办学学生访谈节录三：

> 您不说我确实没想到要问这个（在新的文化环境下如何进行社交活动），因为这个（经验交流）会时间就这么点，我觉得要先问清楚一些比较实际的问题，比如学分怎么转换，学校到住的地方远吗……这样比较实用，过去能够快一点适应。

> 如果有更多的时间，我是很想问多一些他们在美国学校参

加的社交活动，想听听他们的感受，有个心理准备。但是后面时间不够了，没机会问了。我要了两个学长的联系方式，回头跟他们再多交流交流。

（我对怎么更好地与当地人相处的问题）也有考虑，但是觉得这种问题在这问了没有太大的用，每个人情况不同，性格不同，只能自己经历自己摸索。

我问了一下那边（国外）老师跟学生相处的方式跟我们这边（国内）有什么不同，因为听说他们那边的师生关系比较平等，有时候还可以直呼其名……还有听说他们不怎么主动过问学生，学生有事找老师要预约，所以我想多了解一下详细的情况。因为出去主要是为了学习，所以这是我关心的问题。至于怎么跟当地人交朋友，我觉得还是看情况吧，合得来就交，但也不强求。

可见，跨文化相关讲座与经验交流会等跨文化培训的形式能够为学生提供真实的、实用的、即时的文化信息资源，由于学生可以根据自己的实际需求和兴趣提出问题、参与讨论，因此他们往往对此有着较高的积极性，印象也相对深刻。同时，这类形式也为学生提供了认识更多跨文化领域的专家学者，与其他具有类似跨文化学习经历的学生"前辈"进行交流、建立联系的机会，为他们建立"文化线人"（cultural informant）网络创造了平台和条件。当然，单靠这种短时间、集中式的讲座与讨论会远远无法满足学生提升跨文化能力的要求，但其作为跨文化能力培训的重要支持和补充形式具有重要的价值和意义。

另外，跨文化相关课程及讲座培训要在跨文化敏感性、跨文化身份认同等跨文化能力培养的深层维度发挥更大的作用，需要建设和发展高水平的跨文化培训师资队伍。跨文化能力培训的有效实施对于教师本身的跨文化意识水平、教学理念与跨文化技能提出了更高的要求，尤其是对语言教师和双语专业课程教师。

三　中国文化在学生跨文化能力培训内容中存在缺失，深度不够

从笔者取得的相关资料及调查结果上看，目前合作办学学生的跨文化能力培训在内容上多侧重外语语言基础知识与目标国的历史文化知识，而有关我国传统文化，尤其是塑造国人价值观、道德标准和行为规范的深层文化因素的内容在整个培训过程中所占的比重偏小。可以说，目前中方院校为合作办学学生提供跨文化学习课程实际是基于一个前提和假设，那就是参与学习的合作办学学生已经对本国传统文化具备足够的认识和了解，能够在跨文化情境下对其进行描述阐释、讨论分享和科学分析。然而，在当前中国的社会现实和文化环境下，这一假设是不实际的，或者说至少是存疑的。

近几十年来，我国在教育体制上一方面强调外国文化，尤其是外国语言基础知识的学习在学校教育中的重要性，以保证学生在全球化背景下具备必要的沟通能力。另一方面，在一定程度上忽视了对中国传统文化的深入学习和审视反思，使社会、学校、家庭和学生对学习中华民族文化重要性的认识都存在欠缺。很多学生对本国传统文化的认识和理解仅止于皮毛，尤其到大学阶段在学科分化进一步细化后，甚至对经典的国学典籍或主要学说都不甚熟悉或者阅读困难，没有自己的思考和领悟，无法提出自己的观点，更谈不上要用外语表述它并在跨文化情境中就此展开讨论、分享和文化传播。

跨文化知识的储备不仅应包括对目标地文化的学习，还应包括

对母文化的深刻了解；对自身所属文化进行批判性反思是个体加强跨文化敏感性、提高文化自觉意识的内在要求和必要条件，缺乏文化根基和底蕴的人，就如同"无根之木""无源之水"，既没有发展的动力，也没有前进的能力。忽视中华民族文化学习而设计和实施的跨文化培训缺少根本的立足点，是不完整和不可靠的。

再者，从教学方法上看，中国文化概论类的双语课程多以介绍建筑、艺术、书法、历史等表层文化特征为主，以及对"儒学""道学"等经典哲学文化学说的简要叙述，但对构成中华民族文化群体的核心价值观、行为准则和意义建构等内容缺乏系统性的学习、深入的思考和分析，往往只在与外国文化进行对比或案例分析时才会概述性地提到一些内容。这种被动式学习浅层文化知识的方式在培养学生的文化自觉意识、提高外语描述与阐释文化的能力等方面没有起到太大的作用，难以达到提升学生跨文化能力的培训目标。

四 本土跨文化相关学术思想与观点在学生跨文化培训中的运用不足

根植于中国传统文化的学术思想和理论观点是对自身所属文化的深层反思和科学分析。中国古代先贤诸如孔子提倡的"仁爱之心""和而不同""有教无类"等教育观念以及"礼""道""仁""德"等有关身份认同和价值观的文化概念[①]，体现出中华文化自古以来对待其他文化、民族的态度上宽容、尊重、追求平等对话和互利发展的特点。辜鸿铭先生在《中国人的精神》一书中将中国人与美、英、德、法国人进行对比，指出中国人具备博大、深刻、简朴和灵性四种美德，主张用中国传统的儒家思想解决东西方社会存

---

① 顾力行、戴晓东：《跨文化交际与传播中的身份认同（二）：原理的运用与实践》，上海外语教育出版社2012年版，第1页。

在的问题及矛盾。①费孝通先生在深入研究我国历史文化及民族发展的基础上提出"差序格局""文化自觉"等重要概念,黄光国②、孙隆基③、翟学伟④等学者就我国社会文化结构、国人性格、面子观念、跨文化能力等问题做出详细阐释,这些研究能够为我们深入了解和反思民族文化特征提供强有力的参考。然而,这些优秀的本土跨文化思想却在现有的跨文化教学与培训中运用得非常少。

相较于西方跨文化相关理论,这些本土观点与学术思想从语言、内容到表述都更符合中国人的思维习惯、价值取向和认知风格,因此更容易引起中国学生的共鸣和理解,在跨文化能力培训中合理运用这些符合多元文化现实和全球化取向的文化价值理念、思想和社会认同理论能够有效地提高受训学生的批判性文化意识和跨文化敏感性,丰富其跨文化知识储备。同时,如何在以中华民族文化与本土跨文化思想为根基,参考西方跨文化相关理论进行中外合作办学学生跨文化能力培训的实践和理论探索中构建符合中国国情和学生特点的本土跨文化交际培训理论也是需要进一步关注和解决的重要课题。

五 目前合作办学学生跨文化培训以国内学习阶段为主,留学阶段以及回国阶段鲜少被纳入跨文化能力培训的范围内

中外合作办学项目由中外双方院校共同组织、规划、实施教学和评估,是跨文化教育的一种重要表现形式。针对合作办学学生开展的跨文化能力培训应贯穿于整个项目实施过程中,而不应以某特定课程的结束而结束,或以国内阶段的结束而结束。但就本书的调

---

① 辜鸿铭:《中国人的精神》,上海三联书店2010年版。
② 黄光国:《人情与面子》,中国人民大学出版社2010年版。
③ 孙隆基:《中国文化的深层结构》,广西师范大学出版社2011年版。
④ 翟学伟:《中国人的关系原理:时空秩序、生活欲念及其流变》,北京大学出版社2011年版。

查结果来看，目前为合作办学学生提供的跨文化能力陪训大多只限于国内学习阶段，时间上集中在出国前的一两个学期或者更短的时间。而在学生出国留学以及学成回国后学校并没有为其提供太多的跨文化互动方面的信息咨询、指导支持和相关训练，在其回国后也没有对其跨文化能力的提高状况进行后续的跟踪了解。

读万卷书，行万里路。通过文献及其他信息渠道所获得的文化知识，固然可以丰富学生的跨文化知识储备，在一定程度上也能加强文化比较的意识和技能，但却无法完全取代亲身跨文化实践及其反思在个体跨文化能力提升上的重要作用。在真实的跨文化实践中检验知识、运用技能、不断反思，是培养学生跨文化能力的重要途径。出国留学为合作办学学生提供了一个近距离接触、亲身体验异文化的机会。中外合作办学学生在海外的学习和生活阶段是其跨文化实践的关键期，是一个"应对挑战、探索文化、寻找自我"的动态过程。但跨文化实践经历本身并不能自动地转化为跨文化沟通与适应能力，而需要通过文化观察、理解与自我反思等认知工具为媒介才可能实现，在留学阶段为学生提供适当的跨文化能力训练能够帮助他们充分利用跨文化环境下的条件资源，掌握和运用有效的文化学习方法实现良好的跨文化适应和跨文化学习效果。据此，笔者认为，将中外合作办学学生的留学阶段作为跨文化能力培训的重要实践环节纳入整个培训过程和范围内有其必要性和重要价值。

首先，真实的跨文化情境为合作办学学生提供了跨文化学习与实践的丰富资源与广阔平台，为其扩展视野，发展跨文化能力创造了良好的条件。学生的亲身跨文化经历即很好的潜在的跨文化学习资源，在其跨文化亲身体验过程中提供相应的跨文化训练能够指导学生更好地理论联系实践，并对其跨文化探索过程中出现的各类问题提供及时的反馈和建议。在这一阶段为合作办学学生提供跨文化能力培训的目的主要在于：帮助学生充分挖掘和利用这些跨文化资源，督促学生在跨文化情境中有意识地进行文化观察和文化比较，并运用有效的文化学习方法（如人类学民族志方法）记录、描述、分析和阐释自身的跨文化经历和情感变化，在不断自我反省和文化反思的过程中实现良好的跨文化学习效果。

应该强调的是，跨文化人际交往具有对个体文化身份重新建构的功能。[①] 合作办学学生在各种场合与情境下与来自不同文化背景的群体及个人进行互动，分享信息与思想，进而辨别、吸收彼此文化的优秀之处，并内化形成新的文化观念和思想。在学生留学阶段为其提供跨文化培训能够有针对性地加强学生的文化自信与文化自觉意识，鼓励和支持学生在跨文化情境下开展平等、有效对话和中华文化的对外传播。

其次，接受跨文化教育对于中外合作办学学生来说，既是个人成长的机遇，同时对个人的生活和学习提出了挑战。合作办学学生在面对复杂多变的跨文化情境时，心理上和行为上往往会受到一定的跨文化冲击，经历不同程度的心理压力和负面情绪，适当的跨文化培训能够就相关问题为学生提供适时有效的指导、咨询、支持和反馈（如留学日志反馈、经验交流、群体文化活动），能够帮助他们更好地管理自己的情绪，调整心态，获得良好的生活和学习体验。同时，在合作办学学生留学期间提供相应的跨文化能力训练，一方面有利于保持学生与教师、母校之间的沟通和联系，维系和发展国内社会支持网与情感纽带；另一方面也有利于学校跟踪了解学生的跨文化学习情况及个人思想状况，从情感、心理、生活和学习上为其提供必要的帮助和支持，同时这些丰富、即时的数据资料也可以用于进一步改善中外合作办学学生跨文化能力培训体系的构建，进一步优化培训理论、内容和方法。

---

① 陈向明：《旅居者和"外国人"：留美中国学生跨文化人际交往研究》，教育科学出版社2004年版。

第二节　跨文化能力培训理念与目标

　　由于中外合作办学视域下跨文化能力培训的相关研究起步较晚，其培训理念一直不够完善或不太清晰。一般都是以能够通过语言测试顺利出国为基本目标理念。所以，跨文化培训形式多以外语应考和基本生活交流为目的的语言训练与文化课程，其结果是学生在跨文化情境中遭遇学业上、生活上的困难而无法解决，未来就业更是缺乏竞争力。究其原因，这与培训机构和现代教育机构以及被培训个人对于跨文化教育培训的理念认识不清晰、不完善不无关系。笔者在调查中发现，很多合作办学学生及部分老师对于跨文化能力概念的认识与跨文化能力提升的重视度都存在问题，有的认为短期的语言强化培训和文化相关课程就足以满足跨文化能力提升的要求，有的将目标外语语言培训等同于跨文化能力培训，有的认为中西文化概论和跨文化能力交际相关课程是跨文化能力培训的唯一途径，有的甚至认为没有必要进行跨文化能力培训，因为出国后"自然而然"就会学习和掌握一切跨文化交往所必需的技能手段。针对目前存在的这些对跨文化能力培训理念的误解或是不完整的认识，笔者认为有必要对跨文化能力培训理念予以阐述与拓展。

一　明确培训目标，实现中外合作办学学生跨文化培训可持续发展

　　要针对中外合作办学学生进行有效的跨文化能力培训，实现其可持续发展，首先必须对培训目标有清晰的认识。中外合作办学学生跨文化能力培训作为高校开展跨文化教育的重要形式，旨在培养具有国际视野和专业知识的，能够且愿意为我国社会主义现代化建设和中华民族文化传播做出贡献的高素质复合型人才和全球化公

民。具备良好跨文化能力的中外合作办学学生应该：

（1）具备相互尊重、相互宽容、相互欣赏、相互有利的基本跨文化态度。

（2）熟知中华民族优秀传统文化并能用目标外语对其进行描述、阐释、分析和讨论。

（3）在跨文化情境下坚持平等对话、信息共享和文化传播。

（4）具备基本的目标外语表达能力、跨文化背景知识和交际技能。

（5）具备高度的文化自觉意识和文化自信，以服务自己祖国与民族为己任。

短期的外语集训、有关他文化的介绍和文化差异的信息资料以及一些跨文化交流技巧的培训项目，如果操作得当，对即将进入新社会文化环境生活、学习或工作的个体往往能够起到较显著的辅导效果。但从长远来看，要从根本上全面提高合作办学学生的跨文化能力，达到上述目标，仅重视或采用这一单一培训模式是远远不够的。文化学习是一个长期积累的、个体逐渐社会化的过程。跨文化学习亦是如此。跨文化能力的培养是一个长期、逐渐深入和拓宽的过程，相应地，中外合作办学学生的跨文化能力培训也应贯穿于整个合作办学过程当中，自成体系，逐步推进。

二 厘清培训中"跨文化"的概念范畴，设置培训内容标准

讲跨文化能力的培训，首先必须厘清什么是跨文化，哪些交往和沟通属于跨文化的范畴，才能据此设计科学、完整的培训内容。来自不同国家的群体及个人之间的交往必然属于跨文化沟通的主要类别，由于显著的语言差异及较大的文化距离，这种跨文化情境下的接触与交往相对更容易产生冲突或问题，因此也更容易受到关注，我们如今谈到跨文化沟通及其能力的培养时，往往默认的就是

这种类型，相应的跨文化培训亦多以此观念为基础进行设计和实践，在培训中重视外语能力的提高、外国文化的概况介绍以及跨文化模拟训练。

但事实上，我们应同时认识到亚文化群体的存在和重要性。跨文化敏感性的提高不一定非要在与来自不同国家、使用不同语系的个体间的跨文化交际情境中才能得到锻炼。同一个体因具体划分标准不同可能同时拥有多重文化身份，并在不同的社会场合和交往情境下以某一种或多种文化身份为标准进行思考和采取行动，实现与其他拥有多种文化身份的个体之间的交往和沟通。譬如，以不同年龄、社会阶层、性别、社会机构等为划分标准所形成的群体都具有自己的一套独特风格、符号系统、思维方式、行为规范和身份认同观念，从而形成多样化的亚文化。①

显然，亚文化群体及其个体间的交往同样可以也应该被视为跨文化沟通的范畴，而且这类跨文化交际活动在我们日常生活中通常更为频繁和常见。从这一意义上来讲，即使是出于同一校园的学生之间的交往也往往属于跨（亚）文化沟通的范畴。而无论是跨（国）间的跨文化沟通还是亚文化群体间的跨文化沟通，要实现和谐、良好的跨文化沟通结果，都需要个体辨别各自（亚）文化之间的差异，建构自我反省式的观点，需要遵循多元并存、求同存异、追求和谐，平等相待、和平共处的协作原则，坚持互相尊重、互相宽容、互相理解、互惠互利的基本跨文化态度，才可能实现和谐、良好的跨文化沟通结果。这就为中外合作办学学生在国内学习期间开展跨文化实践训练提供了更广阔的资源和方法。

三 坚持母文化的自觉和自信是提升跨文化能力的本质基础

跨文化心理学家贝瑞在其研究中发现，文化群体及其个体成员

---

① 费孝通：《文化与文化自觉》，群言出版社2010年版，第176页。

对自身母文化越是了解，对维护和保持自身传统文化越是自信，他们在与其他文化群体及其个体成员间的互动、交往中就更倾向于积极和主动，从而更易获得较好的跨文化适应结果。[①] 同时，由于长期身处其中，潜移默化，个体往往对影响自身价值观念、行为模式和思维习惯的深层文化因素习而不察。"三省吾身"是我国传统儒学中提倡的教育观念。对自身所属的中国文化的深刻认识和领悟同样需要这种反省、反思的精神。以科学、实事求是的态度来真正认识和理解具有悠久历史的中华文化是每一个国人的责任，同时也是提高文化自信、实现真正的文化自觉的必备条件。

相反，对自身所属文化认识的欠缺，易导致中外合作办学学生在跨文化交际情境下缺乏文化自信，不仅无法有效地与对方就双方文化这一非常有价值的话题展开对话交流，且在处理跨文化冲突或问题时，难以对自身行为、态度从理论层面上做出及时、合理、客观的分析和阐释，无法形成真正的文化自觉意识，在进行文化差异的对比分析中缺乏有效参照物，进而容易导致跨文化沟通的低效，甚至失败。可以说，没有一定文化底蕴和人文积淀的个体在跨文化情境中将很难实现积极、良好的交往和沟通活动。有关文化自信与文化自觉在中外合作办学学生跨文化培训中的必要性和重要性将在本章下一节进行更详细的论述。

第三节 跨文化能力培训的核心要素：文化自信为跨文化能力提升之根本

文化是一个民族凝聚力和创造力的重要源泉，是国家、社会发展的重要根基。"文化自觉"是指对自身所属文化的深刻了解，是

[①] 丹·兰迪斯、珍妮特·M. 贝内特、米尔顿·J. 贝内特编：《跨文化培训指南》，关世杰等译，北京大学出版社2009年版，第255—257页。

树立文化自信、实现创新性文化继承的必要前提条件,是当代世界各国在多元文化大环境下发展的时代要求。费孝通先生认为,生活在一定文化中的人对其自身所属文化应具有"自知之明",明白它的来历、形成过程、所具的特色和未来发展的趋向,即"文化自觉"。"文化自觉"并非是"文化回归或文化复旧",也不是"全盘他化",而是为了加强对文化转型的自主能力,取得适应新环境、新时代文化选择的自主地位。[①]

在当今世界文化多元共处、全球化趋势快速发展的时代,世界各国的交往、互动和交流越来越频繁、深入。费孝通先生认为,不同国家的文化要持续发展,世界上的多元文化要和平共处、共同繁荣,首先世界上的人必须对异文化有一个正确的认识和态度。各民族需要认识清楚自己的文化,同时以一种平等、友好的眼光和开放的心态去看待其他国家的文化,才可能减少不同文化间的大量冲突和矛盾,达到世界多元文化和谐发展、共同繁荣的目标,达成"各美其美、美人之美、美美与共、天下大同"的境界。[②]而"文化自觉是一个艰巨的过程,只有在认识自己的文化、理解所接触到的多种文化的基础上,才有条件在这个正在形成中的多元文化的世界里确立自己的位置,然后经过自主的适应,和其他文化一起,取长补短,共同建立一个有共同认可的基本秩序和一套各种文化都能和平共处、各抒所长、联手发展的共处守则"。[③]

文化自觉并非仅是指对表层文化的了解,还包括对隐性文化或深层文化结构的认知,是对文化意义认识的不断深化。这些深层且

[①] 费孝通:《反思、对话、文化自觉》,载《文化与文化自觉》,群言出版社 2010 年版,第 195 页。
[②] 费孝通:《必须端正异文化的态度》,载《文化与文化自觉》,群言出版社 2010 年版,第 270—273 页。
[③] 费孝通:《反思、对话、文化自觉》,载《文化与文化自觉》,群言出版社 2010 年版,第 195 页。

复杂的文化因素包括思维方式、价值观、世界观、时空观念、情感控制模式等，是特定文化中最基本、最一致、最深刻、最核心的部分，它们存在于我们日常生活的各个角落，在我们生活的每个细节里发生作用，是一种活生生的、强大的文化力量[①]，塑造着整个社会、社会群体及其个体成员的特质和性格。成长于中国社会的我们，以中华民族文化为根基，在长期的社会化过程中已形成相对稳定的民族深层心理结构，中华传统文化中追求和谐有序、重视伦理道义、秉持"天人合一"以及提倡"和而不同"等以儒学为主导因素的价值观念和思想特质在中华文明上下五千年的悠久历史岁月中慢慢沉淀进化而成，经过千百年的洗礼和反思，直至今日仍焕发着勃勃生机，是我们民族精神力量的根本所在。这些根植于心灵深处的深层文化因素总是以最深刻、最微妙的方式指导和影响着我们的行为和思想。

由于长期生活于中国社会，我们往往对自身所持有的这些文化价值观、思维模式和行为规则习以为常，因此倾向于以一种无意识的、不自察的状态参与日常社会实践。只有当我们跳出自己的文化圈子，与不同文化群体及其个体成员接触、互动和交流时，才可能意识到自身文化的独特性，并在自我调节过程中习得在跨文化情境中学习、交往和发展所必需的一系列新技能。诚如费孝通先生所言："到了外国去了，才知道自己真是中国人。"[②]我们观察和反思自身在跨文化情境中的行为表现、互动方式和思维变化，关注潜藏于表层文化现象下的深层文化差异及其影响因素，以一种开放、平等和客观的态度对待跨文化交往过程中产生的问题和误解，并尝试用当地文化的符号系统和意义建构框架来衡量和判断交往对方的言

[①] 费孝通：《试探扩展社会学的传统界限》，载《文化与文化自觉》，群言出版社 2010 年版，第 417—419 页。

[②] 费孝通：《美国与美国人》，生活·读书·新知三联书店 1985 年版，第 47 页。

语、行为和思想，从而更深刻地了解文化对社会群体及其个体成员的价值体系和人际交往方式的影响，对往日里习而不察的自身文化特质进行深刻的反思，从而加深和丰富对自身民族文化的理解。可见，跨文化实践是促进文化自觉意识成长的重要途径。我们开展有效的跨文化互动、沟通与合作，并不是为了简单地照搬或模仿，而是为了更好地认识自己的文化和了解他人的文化，拓宽自身的文化身份边界，形成一种开放和客观的态度，在研究和实践中反观自身，培养批判性的文化自觉意识，增强我们的文化自信，从而在有效的、持续的国际对话中实现中国文化的创新性继承和发展，使中国文化在世界舞台上享有更大的话语权。

所谓文化自信，主要是指一个民族、一个国家以及一个政党对自身文化价值的充分肯定和积极践行，并对其自身文化生命力的坚定信念。[1] 文化自信是文化自觉的必然结果。文化自觉就是要不忘历史、继往开来。[2] 培养文化自信，首先需要对自身文化有深刻的了解，即文化自觉。只有有了了解，才会真正的认同，有了认同，才会去尊重自身文化，并对其充满自信心和自豪感。[3] 这种自信内化于心、外化于行，对我们生活的方方面面具有广泛深远的影响。

当今世界，文化交流、交融、交锋之势前所未有，只有树立民族文化自信心，我们才能够在多元文化共处的全球环境下找准自己的定位，保持和增强自身的文化主体性，从而在复杂多变的跨文化情境下实现有效的文化对话、沟通与合作。对自身文化的了解包括对物质层面、制度层面以及思想精神层面的全面了解。中华民族文

---

[1] 赵银平：《文化自信——习近平提出的时代课题》，载新华网，2016年8月5日，http://news.xinhuanet.com/politics/2016-08/05/c_1119330939.htm，2017-09-05。

[2] 周元：《坚持文化自信，壮大海南发展软实力》，载《海南日报》2016年7月12日，http://ex.cssn.cn/mkszy/rd/201607/t20160712_3117887.shtml，2017-09-05。

[3] 李海峰：《楼宇烈谈文化自信》，载《学习时报》2017年2月20日，http://www.wenming.cn/ll_pd/whjs/201702/t20170220_4066382.shtml，2017-09-05。

化历史源远流长，底蕴深厚，对于人类文明具有重要的意义和独到的人文价值，是中华民族的精神命脉，体现了中华民族最深沉的精神追求。① 楼宇烈先生认为，中国人增强文化主体意识，就是要认识到中国文化独有的特质，做到既不妄自尊大，也不妄自菲薄。只有坚持并不断增强文化主体性，才能正确地辨别、选择和吸收他文化中的优秀成分和先进知识，滋润、丰富和发展中国文化，同时开展有效的、持续性的国际对话、交流与合作。

跨文化心理学家约翰·贝瑞在多元文化假设中指出，文化群体的集体自尊和安全感能够实现更有利的群际感知和更高的外群体容忍度。也就是说，民族意识、文化自觉和民族自尊心能够为个体提供心理安全、自我尊重和群体归属感等重要支持。②"欲人勿疑，必先自信"，只有当个体有深固的文化根基感和坚定的信念，并对自身文化身份感到安全的情况下，才更有可能积极、主动地参与文化间互动，寻求建立良好的、长期的跨文化关系。

文化自信不同于自我文化中心主义，我们讲文化自信，是指既要保持坚定的中华民族文化认同，又要有开放的眼光、宽广的胸怀与全球性的视野③，具备辨别、选择、学习、交流与融合不同文化的能力，从而实现对中华民族文化的创新性继承与发展。因此，我们说，文化自觉是实现文化自信的前提条件，文化自信是文化自觉的必然结果。对中华民族文化的深刻认知和领悟需要"三省吾身"的学习精神，以科学、实事求是的态度来真正认识和理解具有悠久历史的中华文化是每一个国人的责任，同时也是提高文化自信、实

---

① 叶小文：《中国梦植根于中华文化沃土》，载《人民日报》2017年2月17日，http://www.wenming.cn/wmzh_pd/sy/201702/t20170217_4063195.shtml，2017 - 8 - 28。

② [新西兰] 科琳·沃德：《文化接触的心理学理论及其对跨文化培训和介入的启示》，载 [美] 丹·兰迪斯等编《跨文化培训指南》，关世杰等译，北京大学出版社2009年版，第276页。

③ 李海峰：《楼宇烈谈文化自信》，载《学习时报》2017年2月20日，http://www.wenming.cn/ll_pd/whjs/201702/t20170220_4066382.shtml，2017 - 09 - 05。

现真正的文化自觉的必备条件。据此，笔者提出，中外合作办学学生跨文化能力培训应以文化自信与文化自觉为根本，其意义和价值主要体现在以下几方面：

一 实现有效的跨文化学习、互动和适应的必要前提条件

首先，文化自信与文化自觉是中外合作办学学生实现有效的跨文化学习、互动与适应的必要前提条件。对自身文化越了解、越自信、越能够以良好的心态积极参与与其他文化群体成员的互动交流。文化自信与文化自觉意识是学生跨文化能力培养的重要内容。批判性文化自觉意识是跨文化能力培养的核心维度。[1]

（1）文化自觉意识是学生在跨文化情境下分析、讨论跨文化互动过程的必要条件。

文化比较是跨文化学习的主要方法。而进行有效文化比较的前提是对双方文化的了解。对自身所属文化的深刻认识为学生提供了正确、客观分析跨文化互动过程的可能性，是能够在复杂、动态的跨文化情境下对具体文化现象、跨文化关键性事件及其背后的意义建构进行理解、分析、阐释和反思的必要前提条件。要解决真实的、具体的跨文化冲突和问题并非一句"文化差异"的笼统概括就可以取得实际效果的，合作办学学生需要对影响文化互动过程的具体文化因素进行判断、比较和分析，并通过清晰的表述就分析结果与交往互动对象进行沟通和更深入的讨论。同时，文化本身就是跨文化沟通中的重要话题，对对方文化感兴趣或希望了解更多的个体更容易开始互动交流。

可见，文化内容本身即是合作办学学生参与跨文化沟通中的重要话题，对于自身文化背景知识的掌握和理解程度直接影响到学生

---

[1] Byram, M., *Teaching and Assessing Intercultural Communicative Competence*, Clevedon, UK: Multilingual Matters, 1997.

参与跨文化互动的质量与频率。具有深厚中华民族文化底蕴与文化积淀的学生在跨文化互动中更有底气，也能就更多更丰富的话题与他人展开深入交流。相反，对自身所属文化认识的欠缺，不仅会导致学生无法有效地与对方就双方文化这一非常有价值的话题展开对话交流，而且在处理跨文化冲突或问题时，难以对自身行为、态度从理论层面上做出及时、合理、客观的分析和阐释，无法形成真正的文化自觉意识，在进行文化差异的对比分析中缺乏有效参照物，进而容易导致跨文化沟通的低效，甚至是失败。可以说，没有一定文化根基和人文积淀的个体在跨文化情境中将很难实现积极、良好的交往和沟通活动。

（2）中华民族文化价值观念与全球性取向、多元文化发展趋势相符，提高话语权。

中国是一个统一的多民族国家，自古以来就呈现出显著的文化多样性特征。中华民族文化上下五千年，有着厚重的历史和内涵，源流相继、从未中断[1]，为世界文明做出了不可磨灭的重大贡献。中华文化是中华民族最深层的精神追求和独特的精神标识，是中国人赖以生存发展的精神家园。[2] 历史和传统是我们文化延续下去的根和种子，中华民族文化在悠久的历史长河中逐渐形成，在多元文化形态的相互接触、沟通和交融中得到绵延不断的发展，其必然具有一股强大的包容性和融合力，这是我们传统文化的特点。[3] 其中诸如"和谐有序""和而不同""中和位育"等传统价值观念和优秀思想，与现有西方跨文化理论中提倡的尊重文化差异、互相理

---

[1] 郭君铭：《如何认识和理解文化自觉与文化自信》，载《河北日报》2011年11月23日，http://hb.wenming.cn/wmlt/llwz/201111/t20111123_397299.shtml，2017-09-04。

[2] 《习近平：中华优秀传统文化是社会主义核心价值观的重要源泉》，载中国文明网，2014年2月28日，http://www.wenming.cn/specials/zxdj/hxjz/hxjz_ls/201403/t20140305_1780335.shtml，2017-09-06。

[3] 费孝通：《文化与文化自觉》，群言出版社2010年版，第133页。

解、互相有利的跨文化态度相呼应，有利于促进良性的文化间对话和国际合作，对适应当前经济全球化和社会多元化的现实具有积极的意义。

因此，在跨文化能力培训的过程中重视对本国传统文化的深入探讨、审视和分析是有必要的，有助于学生在跨文化情境中实现积极、有度、高效的交际活动。

二 构建跨文化身份认同，创新性继承和发展中华民族文化的重要途径

（1）构建跨文化身份认同。跨文化交际是具有不同文化身份的群体及其个体成员之间的交往，文化身份与认同是跨文化交际的基本维度之一。文化自觉意识和文化自信是在跨文化环境中调整与重新构建正面的个人身份认同与跨文化身份认同的重要因素。跨文化身份认同的建构也是高度文化自觉意识和文化自信的表现。

文化认同根植于历史传统，受制于具体的社会环境，对内具有同一性，对外存在差异性，两者相辅相成，缺一不可。交际者在跨文化沟通过程中，调整心态，自我反省，逐步跨越个人民族中心主义思想，领悟人类文化的多元性和共性。[1] 持久、良性的跨文化认同首先应具备深厚的自我文化根基和坚实的社会基础，调整、吸收新的文化观念，并非意味着舍弃个体原有的文化传统。相反，对自身文化的自信、欣赏和深刻了解是个体在跨文化情境下观察、辨别、分析和吸收先进文化养分的基础。在大多数情形中，交际者是在立足自身文化的基础上，拓宽视野、取长补短、推陈出新，发展出能够整合不同文化元素的跨文化认同。形成和发展跨文化身份认同，其核心问题在于如何在维持文化主体性的前提下，使文化身份

---

[1] Kim, Y. Y., *Becoming Intercultural: An Integrative Theory of Communication and Cross-Cultural Adapation*, Thousand Oaks: Sage Publications, Inc., 2001.

本体最大限度的开放，在充分肯定与欣赏中国优秀传统文化价值观的同时，又以开放、宽容的态度有选择性地吸收其他文化中的积极因素，进而在自我反思和相互协商的基础上对自身原有价值观与文化身份认同拓展、整合与重新诠释。[①]

　　笔者基于前期研究[②]以及本次调查研究的结果发现，中外合作办学学生在跨文化互动的过程中自我认知与文化身份认同都发生了不同程度的变化。中国文化中"差序格局"式的人际关系以及依赖型、关联型个体身份的建构对于合作办学学生的跨文化互动过程及其适应结果具有重要影响，而他们的跨文化体验以及在此过程中对中外文化异同的动态认知、分析与评估也影响到他们的价值观建构与对自我未来发展方向的思考。总体上看，中外合作办学学生在自我概念上体现出从关联型自我向独立型自我迁移的动态特征，并从文化反思与文化自觉的初级阶段向拥有更宽边界的跨文化认同阶段发展。研究表明，对自身文化越了解、越自信的学生往往对自身文化身份的认识越清晰、深刻，因此，如何帮助中外合作办学学生在跨文化实践中保持自身的文化主体性，不自傲、不自卑，以开放、宽容、理性的态度去看待不同社会文化中的一系列符号系统、意义构建框架以及行为准则是跨文化培训必须重视的核心内容。在跨文化培训中重视跨文化认同相关理论的讲解，并通过一系列恰当、适用的培训方法帮助学生理论联系实际，在真实的跨文化体验中养成有意识的观察、分析和反思自身认知以及文化身份认同变化的动态过程，是帮助学生拓展全球化视野，提高跨文化能力的有效途径。

　　中外合作办学学生有机会在多元文化环境下接受教育，为了能够更好地胜任跨文化情境下的社会互动和人际交往，学生在观察、

---

① 戴晓东：《跨文化交际理论》，上海外语教育出版社2011年版，第215—217页。
② 谭瑜：《高校中外合作办学项目学生跨文化适应研究》，中国社会科学出版社2014年版。

模仿和选择性接受异文化因素的基础上,对自我概念中"重面子""忽视自我价值""笃信权威,避免质疑"等与当地社会文化价值观和行为规范不甚相符的因素做出了一些调整,其独立自我倾向与批判性思维也在一定程度上得到了加强。与此同时,跨文化体验也促使学生开始对中国文化和东道国文化的异同展开更细致、更深层次的思考与比较,并据此寻求各种有效的应对策略来解决跨文化交际上的困难。随着文化反思的深入与解决问题能力的提升,学生逐渐形成更加开放与平等的跨文化态度,学会以一种客观、发展的眼光来看待自身所属的中国文化,形成在传承中创新、在学习中进步的文化认同观。整体上看,中外合作办学学生在维持中国文化主体性的前提下进行跨文化学习与反思,通过在跨文化情境下的观察、辨别、吸收与创新,进一步拓宽自身文化边界,建构起正面的跨文化认同,这是其成为具有中国精神与国际视野的高素质人才的重要环节。

(2)创新性继承、发展和对外传播中华民族文化。我们开展国际文化交流、沟通与合作,一方面是为了学习、吸收优秀的文化养分,将其整合、融入我们自己的文化中,坚持以我为主,为我所用,不断丰富中华民族文化的内涵和外延,实现创新性继承和发展中华民族文化的重要目标。另一方面是为了促进中华文化走向世界,"把跨越时空、超越国度、富有永恒魅力、具有当代价值的文化精神弘扬起来,把继承传统优秀文化又弘扬时代精神、立足本国又面向世界的当代中国文化创新成果传播出去"[①],中华文化是中华儿女共同的精神基因,文以化人、文以载道,弘扬中华文化,让中华民族的文化理念走出国门,让文化自身说话,使其成为不同语

[①] 《习近平谈核心价值观:民族的根与魂》,载《人民日报(海外版)》2014 年 7 月 31 日第 5 版,http://paper.people.com.cn/rmrbhwb/html/2014-07/31/content_1459668.htm,2017-09-95。

种、不同地域、不同国家和平交流沟通的媒介。在展现中华文化风采的同时呈现中国和平发展、和平崛起的理念，阐明中华民族愿意同世界各国人民和睦相处、和谐发展、共谋和平、共护和平、共享和平，积极推动中外文化交流互鉴，讲述好中国故事，传播好中国声音，能够有效地促进中外人民的相互了解和理解，从而为中国的发展营造良好的国际氛围。[①]

中外合作办学学生在体验跨文化教育的过程中，与来自不同文化背景的人们接触、沟通与交流，尤其是在赴外留学期间，他们在身为"跨文化学习者"的同时，还肩负着对外宣传中华民族优秀文化的责任与使命，担任着中国文化形象大使的角色，是中华民族文化世界传播的一支重要力量。可以说，外语语言学习与跨文化交际技能的习得是中外合作办学学生在跨文化环境中进行有效的社交活动以及顺利完成学业的基本要求，而宣传中华民族文化则是作为每一个在外的中国人应尽的义务和责任。只有欣赏和了解自身文化、具有民族自豪感和自信心的学生才可能自觉地、切实地执行和完成这个重要的使命和任务，为提高中国文化软实力、世界影响力和话语权贡献力量。因此，提高合作办学学生的文化自觉意识和文化自信，使其树立正确的跨文化学习目标和更高的民族文化信念，愿意且有能力为中国文化的世界传播做出贡献是我们构建合作办学学生跨文化能力培训的核心理念和重要目标。

三　培养具有中国精神和全球化视野的高素质复合型专业人才的内在要求

中国在积极开展国际对话、平等交流、推进现代化建设的过程中，同时面临着多元文化和全球化所带来的各种挑战，高校中外合

[①] 《习近平总书记谈文化自信》，载《人民日报（海外版）》2016 年 7 月 13 日，http://ex.cssn.cn/bk/bkpd_qkyw/bkpd_zdwz/201607/t20160713_3119435_1.shtml，2017-09-06。

作办学作为我国在适应高等教育国际化进程中出现的一种新型办学模式,是教育体制内的一种特殊办学模式,旨在培养具有四个自信、立志肩负民族复兴重任的高素质国际化人才。只有具备文化自信与文化自觉意识,学生才可能在面对不同的社会意识形态和复杂多变的跨文化环境时保持清醒的文化主体意识和坚定的国家信念,以开放、平等、理性的态度看待他文化,通过文化比较和辩证取舍,有选择地吸收其他文化的精髓,进而不断完善自身人格、拓展自身文化身份、提高创新能力,在学习、交流和吸收他国先进科学知识与经验的同时,牢记自己的历史使命与国家自豪感。

据此,笔者提出,中外合作办学学生跨文化能力培训应以中国文化的学习与反思为核心切入点,在跨文化交际训练中,加大以文化交流、分享与传播为主题的内容;在跨文化案例分析中,加大对有关中国优秀价值观与文化观的系统性阐释与分析,并通过开放式、主题式对比教学锻炼学生用外语清晰表述和分析相关文化内容的能力,据此促进学生在跨文化情境下实现有效沟通,养成文化自觉意识、文化自信以及跨文化互动技能,从而成长为以中华民族文化的对外传播为己任的中国优秀人才。

第四节 跨文化能力培训的重要方法:民族志方法训练

一 民族志方法对于跨文化学习与实践的意义与作用

人类学民族志方法旨在通过实地田野调查,在完全具体的状态下观察不同社会文化中"实际生活的不可测度方面",获得一手的经验知识,并对其进行描述与阐释[1],从而翔实地呈现研究者在当

---

[1] 张金岭:《中国人类学者海外民族志研究的理论思考》,载《西北民族研究》2010年第1期。

地的所见、所闻、所思。① 民族志研究者本身的社会文化背景对其看待所研究对象的文化价值观、行为规范、宗教信仰与道德规范有潜在的巨大影响，其自身的文化自觉水平与移情能力决定了民族志方法运用的价值与有效性。民族志研究者往往带着明确的研究目的与田野任务去某特定社区或文化群体中生活和考察，虽然所研究的具体内容可能各不相同，但其关注的重点总是围绕所研究对象的文化问题而展开。

当然，民族志式的学习方法并非只对人类学家、社会学家进行专业研究有用，以民族志的方式进行学习实际是每个个体都能够做且正在做的事情，即以一种比较自然、通识的方式学习某种文化模式下的意义构建、风俗习惯和行为规范等。② 在跨文化情境下，这一过程往往包含语言学习、文化比较、社交互动、个人身份与文化认同等多方面内容。个体在与异文化群体的接触与交流中通过观察、学习、模仿与反思，逐渐掌握一定的跨文化知识与技能。与此同时，实现对自身母文化更深层次的理解与认知，从而提高文化自觉意识与文化自信。早在 20 世纪中期，便有费孝通先生所著有关自己访美之旅的《美国与美国人》③，以及许烺光教授借助人类学文化比较研究法对中国人、美国人和印度人的心理文化取向进行研究的《宗族、种姓与社团》④ 等，这些著作可以说具有人类学民族志视角进行文化研究的明显特征。

中外合作办学为学生提供了一个近距离体验不同社会文化的良好机会。然而真实的跨文化经历本身并不会自动转化为有效的跨文化学习，处理不好而失败的跨文化互动实践很可能会造成个体负面

---

① 王铭铭：《所谓"海外民族志"》，载《西北民族研究》2011 年第 2 期。
② Hymes, D., *Language in Education*: *Ethnolinguistic Essays*, Washington: Centre for Applied Linguistic, 1980.
③ 费孝通：《美国与美国人》，生活·读书·新知三联书店 1985 年版。
④ 许烺光：《宗族、种姓与社团》，黄光国译，台北，南天书局 2002 年版。

情绪的增长与心理压力的膨胀,甚至形成新的文化偏见与刻板印象。要实现良性的跨文化沟通,将所知所见转化为所思所学,要求个体具备在互动过程中通过移情式思考来认识和理解他人的能力,且能够认识与发掘自身对于某文化互动事件的内心想法与感觉。[①]埃利斯(Ellis, C.)和博赫纳(Bochner, A.)认为,人类学民族志的研究方法和思维方式鼓励个体通过质疑、情感参与和自我发现的方式来进行自我反省,并且更深入地了解与他人的互动过程,从而实现更富成效的跨文化沟通。[②]

同时,希莉亚·罗伯特(Celia Roberts)也在研究中指出,鼓励学生从民族志学的角度进行跨文化学习具有多方面的意义和价值:一是学习他人世界,即认识和了解他者社会文化中的意义建构、社会规范与行为模式等重要文化因素,并将其与自身所属文化进行比较;二是在民族志式的跨文化学习过程中,不断审视和反思新社会文化对自我认知和社会文化身份认同的影响,了解跨文化经历中的情感维度以及跨文化学习的整体特性;三是在思考、整理和撰写民族志式跨文化经历反思日志的过程,逐渐形成独立思考和自觉反思的习惯,提高自主学习能力和写作技能水平,发展反思性跨文化认知,正确理解不同社会和文化实践中的政治、宗教以及其他社会问题。[③] 据此,笔者认为,民族志学理论与实践能够帮助中外合作办学学生从情感、心理和技能上为跨文化经历做好准备,并在跨文化实际体验中有意识的、更高效地进行跨文化学习和实践反

[①] Patton, M., Qualitative Evaluation and Research Methods (2nd ed.), Newbury Park, CA: Sage, 1990, p. 57.

[②] Ellis, C., & Bochner, A., "Autoethnography, Personal Narrative, Reflexivity: Researcher as Subject", in Denzin, N., & Lincoln, Y. (eds.), Handbook of Qualitative Research (2nd ed.), Thousand Oaks, CA: Sage, 2000, p. 740.

[③] Robert C., "Ethnography and Cultural Practice: Ways of Learning During Residence Abroad", in Alred, G., Byram, B., & Fleming, M. 编《跨文化经历与教育》,上海外语教育出版社 2014 年版,第 114—130 页。

思，是帮助中外合作办学学生提高跨文化能力的重要途径。

中外合作办学由中外双方合作院校共同设置课程、组织教学，提供优质的教育资源，为学生创造了一个接触和体验多元教育文化与教学模式的机会和交流平台。浸染在跨文化教育环境下的合作办学学生，其求知过程本身就具有明显的跨文化学习性质，该过程起始于国内学习阶段（理论与训练），发展于海外留学阶段（实践与阐释），延续于学成回国后（反思与内化）。尤其是在留学过程中，学生学习当地的一套新的社会、文化和交往规范和经验的过程可以说与民族志研究者深入田野调查，在某个特定的社区或文化群体中生活与学习的过程有一定的相似之处，是跨文化体验与实践的重要环节。个体离开故土，进入一个新的社会文化环境时往往会经历一系列的文化休克，这种文化震荡与冲击感虽然难以避免，但是却可以通过有意识的身心准备、跨文化知识的积累以及有效的沟通策略而得到控制和调节。学生需要了解并掌握当地社会的一套核心文化观念和行为规范才可能在新的社会文化环境下顺利地生活、学习与交流，实现积极的跨文化适应结果，获得较好的跨文化学习效果。这就要求合作办学学生建立一种宽容、开放的基本跨文化态度，树立文化自觉与文化自信意识，并习得和运用一系列文化观察与互动，叙事与反思的重要学习技能。而民族志的参与观察、学习方法和反思习惯能够帮助个体形成敏锐的文化意识和丰富的文化背景知识，提高个体对异文化及其对自身影响的敏感性，进行有效的文化比较。据此，民族志式的学习方法和反思训练对中外合作办学学生的跨文化学习有着重要的价值和积极作用，是提高跨文化能力的关键切入点。

由于中外合作办学学生专业众多，包括商务、传媒、工程、护理等，因此他们通常将大部分精力和重心放在专业知识技能的学习上，其次是外语语言能力的训练以及文化知识的学习。中外合作办学学生并非纯粹的"语言学习者"或是专业的"文化研究者",而是具备"专业学习者""民族志研究者"和"语言学习者"等多重身份,虽然这三者之间互为交集,关系密不可分,但在实际操作中,学生往往容易忽视跨文化学习对于自身专业发展与综合素质培养的重要性,因此对相关文化知识的学习流于表面,对跨文化互动中可能存在的问题及其原因深入思考的比较少,而更多地寄希望于在留学过程中"自然而然地学会"。然而,由于缺乏敏锐的文化观察能力以及互动沟通技能,学生在跨文化实践中遭遇各种问题而无法有效解决的情况屡屡出现,这也是导致很多学生采用退避、减少跨文化接触与互动的消极应对方法的重要原因。因此,我们有必要帮助学生从"专业为主、语言为辅、文化可有可无"的观念向"专业、语言和文化学习互为促进、整合发展"的观念转变,使他们切实地意识到跨文化学习的重要性,从而积极地参与以民族志方法训练为核心的跨文化能力培训中。

需要说明的是,人类学民族志方法的专业学习需要长时间的训练,对研究者的专业知识与技能都有较高的要求,我们对学生进行民族志学习方法的训练重点不在于将其培养成专业的人类学研究者,而是期望他们能够在跨文化情境下运用内省、个人反思和解释等工具更好地理解跨文化沟通的复杂性、混乱和危险性等特征,并在这一过程中提高自身的跨文化意识、跨文化互动技巧和自主学习能力。目前已有部分教师和研究者对人类学民族志方法在学生跨文化互动与外语学习中的作用和意义进行了研究取得了成功,这也为这种培训方法取得成功提供了可行性参考。

跨文化培训中的民族志方法训练主要着眼于文化认知与思维模式两个层面,重视培养学生在跨文化情境中进行参与观察、信息收集整理、文化比较分析以及自我反思的能力与习惯,使其能够以整体性、全局性的视角来看待具体的跨文化互动现象和事件。具体讲，民族志方法在中外合作办学学生跨文化学习中的思想内核主要包括以下几个方面：

（1）对亲身跨文化教育与生活经历的写实性叙事。民族志研究描述的是某个特定社区或文化群体及其成员的生活方式，叙述他们如何行动、如何建构意义，从而发现其价值观、信念的发展和变化。沃尔科特（Wolcott）认为，民族志叙说的是个体的日常生活，并从中探究关键性文化事件及其背后的意义，整个民族志文本具有描述性、分析性和解释性特征。[1] 民族志叙事本身即是一个拣选、编排、呈现文化和解释自我经验的分析过程，所撰写出的故事文本即是分析的成果。[2] 格尔茨（Geertz）将这种以长期深入的实地参与观察与丰富真实的信息资料为基础进行具体文化描述的方法称为"深描"（thick description）。[3] 学生运用习得的民族志理论与方法，在跨文化情境下有意识地参与观察当地社会文化，并将自己的跨文化互动体验详细记录下来，作为主要的资料来源进行分析与归纳。合作办学学生在民族志文本的写作中需要真实呈现跨文化事件发生的客观条件与具体情境，基于自身的价值观与文化背景知识，建构自我眼中的社会现实，呈现多彩的文化图像。因此，民族志方法在跨文化能力培训中的运用应保持其写实性的特征。[4] 以学习参与观察法与深描法为核心，注重训练学生如何在真实的跨文化实践中养成敏锐观察、清晰记录的基本行为习惯，从而将认知学习与体验学习有效结合起来。

（2）对亲身跨文化体验中的情感抒发与心理调整。中外合作办

---

[1] Wolcott, F., "Ethnography Research in Education", in Jaeger, R. M. (ed.), *Complementary Method for Research in Education*, Washington, D. C.: AERA, 1997, p. 328.

[2] Ellis, C., *The Ethnographic I: A Methodological Novel about Autoethnography*, Walnut Creek, CA: AltaMira Press, 2004, pp. 195 – 199.

[3] Geertz, C., *The Interpretation of Cultures*, New York: Basic Books, 1973.

[4] Anderson, L., "Analysing Autoethnography", *Journal of Contemporary Ethnography*, Vol. 35, 2006.

学学生撰写的民族志不仅是一份有关新社会文化的信息报告，更是一份抒写自身情感、不断内省、发现自我的自传。从这一点上讲，该学生群体所撰写的民族志具有"情感唤起式自传民族志"的特征，以"叙事真实"和"生命连贯性"为理据，具有调节心态、稳定情绪、缓解心理压力、治疗心理创伤的作用和效果。合作办学学生在书写的过程中整理自己在新社会文化环境下的学习与生活，厘清跨文化事件的发生过程、意义以及互动双方的言语风格、行为模式与意义建构方式的异同，并记录下自身的情绪与对事件的理解。日志的书写过程往往可以为学生的情绪，尤其是负面情绪（如不安、烦躁、愤怒、沮丧等）提供一个较为和平的输出途径和渠道，可以帮助其更好地管理自身情绪，缓解文化冲击所带来的心理压力。合作办学学生在海外民族志的撰写过程中，叙述自己的生活经历和心理历程，在连贯的叙事过程中审视自己的内在情绪和感觉的变化，在与自己的交谈中建构与维持自我认同感。[1] 对于完善自我认知、促进个人成长有重要的意义。据此，笔者提出，中外合作办学学生在跨文化实践过程中应坚持民族志式留学日志的写作，这是学生进行自我跨文化经历民族志撰写的重要步骤。针对中外合作办学学生设计的民族志方法训练的一个重要部分即帮助其学会如何运用相关理论与文化知识叙述自身的跨文化互动过程和主观感受，包括宣泄自身的情感和表达对事件的看法。

（3）基于跨文化学习与实践的自我反思与文化身份重构。跨文化学习的深入意味着中外合作办学学生原有的文化观念体系，自我认知以及行为模式将随之发生一定的调整和改变。这种改变是否能够向好的方向发展在很大程度上取决于学生在跨文化实践中的沟通质量和反思意识。要在面对跨文化冲击与碰撞的情况下

---

[1] Ellis, C., "Jumping on and Off the Runaway Train of Success: Stress and Committed Intensity in an Academic Life", *Symbolic Interaction*, Vol. 34, No. 2, 2011.

保持"自知之明"与"文化底气"并非易事，这不仅要求学生具备足够的文化自信与文化自觉意识，还需要其具备在跨文化情境下开展有效互动的一系列实用技能，包括参与观察、言语与非言语沟通、叙事分析与反思等。民族志方法是培养这些技能的强有力的工具，能够引导学生将相关文化理论与方法应用于实践，在中长期的跨文化体验中不断地进行内在自我的反省与外在生活经历的反思。

正如艾理斯所言，运用民族志方法自我叙事本身就是生活的一部分，这种叙事并不注重程式化的、制式性的描述所发生的事件，而在于思考这些事件会对我们的生活产生怎样的影响，会让我们成为怎么样的人，或为我们的未来人生提供哪些新的机遇与挑战，是一个自我发现、自我创造、自我完善的过程。[1] 我们要求学生运用民族志叙说跨文化体验和故事并非单纯地还原过去的事实，更重要的是厘清这些跨文化事件对于书写者来说具有什么样的意义。我们对过去事件的意义的认知并不是一次定型、固有不动的静态认识，而是一个动态、不断修正的长期过程。随着自身所处情境的变化、新的社会文化经验的积累以及心态的转变，我们往往会对过去的事件产生新的理解和感受，进而对同一事件产生不同版本的描述，并对其意义进行多次重构。可见，民族志的撰写过程本身就是一个自我反思、意义重构的过程，能够帮助个体更深入地认识自我，养成独立思考和自我反省的习惯和技能。反过来，具有独立思考和反省习惯的个体也能更自然、积极地开展这一创作过程。[2]

---

[1] Ellis, C., & Bochner, A., "Autoethnography, Personal Narrative, Reflexivity: Researcher as Subject", In Denzin, N., & Lincoln, Y. (eds.), *Handbook of Qualitative Research* (2nd ed.), Thousand Oaks, CA: Sage, 2000, p. 746. 卢蕴诩：《以安顿生命为目标的研究方法——卡洛琳·艾理斯的情感唤起式自传民族志》，载《社会学研究》2014 年第 6 期。

[2] Ellis, C., "Evocative Autoethnography: Writing Emotionally about Our Lives", in Tiemey W., & Lincoln Y., (eds.), Representation and The Text: Re-framing the Narrative Voice. Albany: State University of New York Press, 1997, pp. 129 – 131.

据此，笔者提出，中外合作办学学生的民族志写作需要体现出跨文化经历的连续性、动态性、整体性与反思性，而不仅是游离的个别事实和短暂情绪的描述，学生们需要更系统、全局化地计划写作时段、安排组织结构、确定叙事风格。这也是国内阶段的民族志方法训练的主要目的之一，即帮助学生培养正确的民族志写作意识，掌握基本的写作技能（因此国内阶段的民族志方法训练重点应以帮助学生培养正确的民族志写作意识，明确写作目的，掌握基本的写作技能）。

（4）作为跨文化实践经验与思想的共享价值与参考意义。中外合作办学学生可以根据所习得的文化知识与民族志方法来较为全面、客观地分析自己的心态、行为与处境，思考这些事件对自己的心理与行为上的潜在影响。同时，他们所创作的民族志文本不仅仅局限于探索、记录自身文化体验，同时也包括记录与讨论他人的相关经历和故事。合作办学学生往往是以团队或小群体的形式去海外留学，同一团队中的同学往往在衣食住行以及专业学习上有很多共同或类似的经历，同伴支持在其跨文化适应过程中有重要的分量和作用。这一点在笔者对部分学生的采访中也得到了证实。

中外合作办学学生访谈节录四：

> 我们这一届有 15 个学生出国，都是国际商务专业，我们几个还住在一起，关系很好。所以，平时买菜做饭或者上课什么的，都能互相帮忙，上课也没有太大的压力，大家在一起上课互相之间还能经常交流一下，不会漏掉什么重要信息，心理比较有底。

> 我们之间交流很多……很多方面都说吧。遇到开心或者不开心的事情，经常会跟朋友说一说或者写在朋友圈跟朋友分享

一下。特别是碰到很闹心的事，有时候有朋友回复说自己也经历过类似的事情，然后跟我分享经验，我就会觉得"啊有人理解，感同身受"的感觉很好，心里就会轻松很多。而且大部分时候我的好友都会开导我往好的方面去想。

这些同伴间的对话、交往与经验分享，更容易建立起同舟共济、相互激励的信任感，引起彼此情感上的共鸣，拓宽自身的眼界和思维，这些都是可以且应该被纳入学生海外自我民族志写作中。再者，与东道国主流文化成员以及来自其他文化背景的个体就彼此的经历与体验进行交流，也有利于促进彼此更深入地了解和建立情感上的纽带，对这些互动过程进行描述、多角度的思考和分析是跨文化学习的重要组成部分。另外，我们也鼓励学生跨文化旅途中的故事与思考能够在一定程度上与他人分享，为后来的学生们提供有效的参考，帮助他们更好地理解自身的经验。

（5）灵活多样的叙事风格与写作形式。民族志分析的方法可以分为以叙事为分析（narrative analysis，即将叙述本身作为一个拣选、编排和解释自我经验的分析过程，所撰写出的故事文本即分析的成果）、对叙事进行分析（先将故事和经历作为资料文本，再对其进行理论分析）两种方式[1]，对于中外合作办学学生而言，我们应鼓励他们根据自己的兴趣偏好、逻辑思维习惯与写作风格，自由地选择和组织叙述内容与理论知识的混合方式，体现出"个性化"与"独特性"。与普通零散的生活记录与日记相比，运用民族志方法所撰写的留学日志对于学生跨文化学习很显然有更重要的意义和价值。

总的来讲，为中外合作办学学生提供民族志方法训练侧重的是帮助学生在获得真实、丰富的社会文化知识的基础上，如何帮助自

---

[1] Ellis, C., *The Ethnographic I: A Methodological Novel about Autoethnography*, Walnut Creek, CA: AltaMira Press, 2004, pp. 195–199.

身寻求有意义的、符合跨文化互动情境需要的态度、知识和技能。民族志方法训练的意义与价值不单体现在最终文本的评阅及其后续影响上，同时也体现在整个民族志生成的过程中。民族志方法训练教会学生重视参与观察和整理数据资料的过程，并在思考、分析和撰写民族志文本的过程中不断反思，通过分析自身的情感以及认知的变化，而更深入地了解自我以及自身文化，此外，运用目标外语进行民族志写作也有利于提升学生在跨文化交际中的文化阐释表达能力。

二 民族志方法在中外合作办学学生跨文化培训中的运用

民族志方法在跨文化学习与培训中的运用是多方面、多层次的，为中外合作办学学生提供民族志方法训练基于一个基本的假设，即让学生意识到并开始运用自己的"民族志研究者身份"，有利于帮助他们在新的社会文化环境下保持基本的自我主体意识与文化立场，以一种平和的心态和积极、宽容、开放的态度去看待所遇到的一系列跨文化问题和困难，在文化学习和自我反思的过程中实现自我概念和文化身份认同的重构。民族志方法是跨文化培训的核心内容和重要途径。根据训练重点与实践操作的不同阶段可以将民族志研究方法在中外合作办学学生跨文化培训中的运用分为以下几个主要方面：

（1）首先，民族志方法作为中外合作办学学生跨文化培训的重要学习内容，贯穿于整个合作办学实施过程中，并根据学生所处学习阶段的不同而体现出不同的特征与训练重点。以促进跨文化互动、提高跨文化能力为目标的民族志方法训练必然涉及对本族文化的重新审视和对目标国社会文化的学习理解，需要结合跨文化交际中情感、知识、技能及批判性文化自觉意识等多维度培养目标来设置具体的培训内容与方法。民族志方法是典型的解释性文化研究方法，可以从更微观的角度观察文化现象，描述具体文化环境，解说日常生活的意义，因此学生可以选择与自身生活密切相关的一系列社会文化要素入手，通过观察和亲身体验来探究文化在日常生活中的意义，思考自身和他人在该文化模式下是如何思考、行动和维系社会关系的，在此基础上深化对本族深层文化结构的理解以及对自身的认知。相较于旨在介绍整体历史文化背景知识的传统文化概论类通识课程，这种"参与型"文化学习方式更加深刻、生动，它促使学生将理论知识、文化现实与自己的实际生活圈子联系起来，从而更能调动学生的积极性和学习兴趣，同时也能够有效地锻炼学生的独立思考能力、数据收集能力和文化阐释能力。

那么我们应该如何在跨文化能力培训的不同阶段安排相应的民族志方法训练内容呢？我们可以利用哪些资源为学生提供有效的民族志方法训练呢？以双校园中外合作办学模式下的学生为例，笔者提出，在培训初级阶段（通常为国内学习阶段），民族志方法训练应以核心概念与理论学习为主，同时注重将理论应用于实践的实际操作技能的培养（包括数据收集方法和文本写作技巧），实践练习以深入了解本族文化为切入点，兼顾跨文化比较，促进文化自觉意识和反思习惯的养成，该阶段可称为"预备期"。在接下来的实训与实践体验阶段，学生将习得的民族志理论与方法运用于指导自身跨文化实践（如海外学习与生活体验），通过参与观察他族文化（如东道国社会文化），对真实跨文化关键性事件或现象进行描述、阐释与反思，并以日志形式做出详细记录，辅以其他支撑性资料（如视频、音频、图片等），该阶段可称为"实践期"。培训的第三阶段为"发展期"，学生将前期完成的日志与数据资料做进一步整理、分析与提升，并在老师的协助与指导下，完成完整民族志的撰写任务。可见，跨文化能力培训各阶段的民族志方法训练内容各有侧重，紧密联系，层层递进。学生通过各阶段训练，能够更加充分有效地利用各类资源，积累丰富的跨文化知识，锻炼有效的跨文化技能，并对自身文化身份做出更深层次的思考。

要实施有效的民族志方法训练，首先必须让学生切实地认识到民族志方法对其跨文化学习的重要性与可操作性。因此，为中外合作办学学生进行民族志方法训练所要设定的首要目标可以表述为：使其真正地认识到民族志方法对于跨文化学习和交际的重要作用及潜在价值，明确民族志方法是帮助自身提高跨文化自觉、实现有效跨文化互动、提升自身人文素养的基本观念。这主要是基于目前合作办学学生以及相关教师对于民族志方法在跨文化学习中的作用和意义认识不清、重视不够的现状。笔者在访谈调查及已有相关文献的分析中发现，目前中方院校为合作办学学生提供的跨文化培训很少会涉及民族志方面的训练，大部分受访学生在听到"人类学民族志""参与观察"等相关概念时都表现得有些茫然，对人类学民族志研究和学习方法的认识非常浅显，包括一些受访教师也同样对民族志式学习方法在跨文化学习中的重要性缺乏足够的意识。但当笔者向受访学生进一步解释了民族志研究方法的概念、操作手段及其对跨文化学习的潜在价值时，很多学生都表示他们能够从学习和运用民族志研究方法中获益，他们认为，形成民族志式的思维方式和反思习惯，撰写反思性海外民族志比单纯记录心情与文化事件的日记、日志与零散文章相比，更能促使他们有意识地进行深层次的跨文化学习和反思。

鉴于当前中外合作办学学生对于民族志方法认识欠佳的普遍状况，在设计与实施国内学习阶段的跨文化培训课程与模拟训练时，人类学民族志方法的基本理论、典型范例与民族志写作练习是必须重点纳入的培训内容之一，目的在于帮助学生对民族志式学习及其对跨文化实践反思的重要性有一个较正确、清晰的认识，为学生初步建立以人类学为滤镜看待自身跨文化互动经历的视角，并在协助其学习民族志写作方法的练习过程中，拓宽学生的多元文化观念，形成宽容、尊重、开放的基本跨文化态度，加强对不同文化群体的认知和理解能力，在掌握一定的人类学民族志相关理论知识的基础上逐步形成民族志式的思考方式与撰写方法，从而从知识、心理和技能上为后期留学阶段的反思性海外民族志撰写做好准备，具体内容包括：

介绍人类学民族志方法的基本概念和经典范例。旨在让学生初步了解民族志方法及其对跨文化学习的重要性，使其认识到，养成民族志式学习方法和思维习惯能够切实地帮助他们在跨文化体验中更好地应对跨文化沟通与适应问题，提高自身描述、理解和分析关键性跨文化事件与文化互动冲突的能力，这不仅有利于学生顺利完成学业，同时也是实现其跨文化学习效果最大化的重要途径，培训民族志研究方法的第一步，就是要通过明晰概念和强调重要性来促进学生形成积极参与民族志方法训练的兴趣和内在动机。

"预备期"民族志实践练习。以撰写"家乡民族志"为主，对自身社会文化的深描与阐释能力是民族志方法训练的重要内容。作为文化局内人，我们往往对自己社会的深层文化结构习以为常，视为理所当然。这种情况往往容易造成学生到新的社会文化环境后，潜意识地以自身文化价值观与行为规范作为判断交往与沟通行为的唯一标准，而忽略了当地社会文化情境的不同。如前文所述，从整体上看，目前我国中外合作办学学生对于中国文化以及民族文化的认识和理解在广度与深度上都较为欠缺，尤其是有关深层文化结构要素的自觉思考、内容分析与阐述能力还有很大的提升空间，这也是导致很多学生在跨文化互动情境下无法展开话题、难以客观分析和归因交际双方言语和非言语交际行为的差异及其影响的重要原因。有很多学生在受访中都提到，对自我认知和中国文化的了解程度对他们在跨文化情境下的沟通成效有重要的影响。一些留学期间和已回国的合作办学学生都表示,如果他们能够更重视对自身文化的深度了解,更好地掌握学习自身文化和目的国文化的有效方法,他们的跨文化经历会实现更大的价值和意义,收获更多。

中外合作办学学生访谈五:

> 我之前没有意识到这方面(对中国传统文化的了解)有多重要。直到有一次……我印象特别深,就是我们上一门 Professional development 的课,我的学习小组中有个澳洲本地人,他对中国文化很感兴趣,然后就常常会问我一些关于中国文化的东西,就比如说我们的汉字、繁体字和简体字,他还提到儒学和道教,我很惊讶,好像他比我还了解,觉得挺惭愧的,除了他有时候问一些词语汉语里怎么说我能够准确地回答以外,其他好多东西其实我都只能打哈哈(意思是想办法忽悠),哎,好惭愧。

> 我有时候会跟他们聊天,讲一些书名的中英翻译,有的很有趣。比如说,《西游记》《水浒传》的英文翻译,是相当有趣的。还有一些英文词,翻译成中文也是很 Funny。不过一般我都是当笑话看的,隐约会觉得是文化差异,但是很少去细想,到底是什么样的思维差异。

> 还有现在很多中国的特有名词,翻译过来直接用拼音,就比如说太极拳,说实话我觉得挺自豪的,这从一定程度上体现了我们中国在世界上的话语权加强了……

因此,在学生远赴国外之前,他们需要从人类学的角度对自身所处的社会文化进行有意识的观察和反思,培养自身的跨文化敏感性和文化自觉意识。基于这一培训目的，第一阶段的培训要求合作办学学生在学习社会人类学与民族志方法的基本理论与实践方法的基础上，于出国前学生完成一份《家乡民族志》（Home Ethnography）写作。① 合作办学学生在教师的协助与指导下开展"家乡民族志"的写作，通过各种渠道收集相关的文献及信息资源，并以个人观察与亲身体验到的文化现象为主要资料来源进行描述、分析与阐释。学生据此呈现出的"文化图景"更加微观、具体和生动，具有个性化特征与适时有效性，既有利于增强学生的民族文化意识，也锻炼了学生独立思考与学术写作的能力。对于中外合作办学学生来说，数据收集、分析的过程与民族志文本写作具有同等重要的地位。② 培训教师应鼓励学生运用目标国语言进行民族志写作，这可以直接提高学生在实际跨文化交流中对自身文化的表达和描述能力，促进良好的跨文化互动。

中外合作办学学生完成国内阶段的跨文化培训，带着习得的一系列语言与文化学习技能来到东道国求学和生活，在这里，他们会面对更为复杂多变的跨文化情境和丰富多样的跨文化互动，这对他们来说既是一种学习生活的挑战，也是一个认识自我、发展自我的机遇。新的社会文化环境使学生在进行社交活动时需要面对更多的困难和冲突，对他们的知识与技能水平提出了更高的要求。但同时，这种多样化的文化互动交流为学生提供了更丰富的生活见识和文化学习资源，有利于他们开阔眼界、丰富人生阅历，并在不断的心理调整与文化学习过程中逐渐建构起跨文化身份认同，以更广阔的"全球性眼光"来看待世界上的人、物和事。

海外学习阶段作为中外合作办学学生跨文化实践的主要阶段，

---

① Roberts, C., Byram, M., Barro, A., Jordan, S., & Street, B., Language Learners as Ethnographers, Multilingual Matters, 2001, p. 45.

② Ibid., p. 91.

对其跨文化能力的培养和发展至关重要。学生将前期所学的跨文化理论与民族志方法应用于描述和分析实际跨文化互动情境中的各种问题，将其融入自己的日常交往与学术交流活动中。

创建"海外民族志作业包"。为了促进学生进行有效的跨文化学习并为其提供必要的支持和帮助，学生应在海外期间坚持进行民族志式的留学日志写作与相关材料的收集整理（包括图片、文字、视音频等），笔者将之称为"海外民族志作业包"。运用民族志方法撰写留学日志与普通、零散的，以宣泄短暂情绪为主要目的的日记不同，它要求学生具备正确的民族志写作意识和基本写作技能，在记录文本中体现出其实际跨文化经历的连续性、动态性、整体性与反思性，不仅仅是游离的个别事实和短暂情绪的描述。这需要他们用一个更系统、更全局化的眼光来计划写作时段、安排组织结构以及确定叙事风格。"海外民族志作业包"旨在帮助学生更好地理解东道国文化及其所属成员的思维方式和行为模式，并在此过程中了解到自身的优势和局限以及引导他们发展文化互动能力。

跨文化学习综合报告。中外合作办学学生在海外留学阶段以记录和阐释跨文化现象与关键性事件为主，以中、短式文本及其他形式的媒介为主。在他们完成海外学业回国后，对之前完成的"家乡民族志"与"海外民族志作业包"的相关内容进行再次审阅，基于所习得的相关理论知识和方法，做出进一步的分析归纳和整合，完成一份"跨文化学习综合报告"，该份报告促使学生对于自己的整个跨文化教育经历进行回忆和反思，体现出对文化的整体描述性。一方面更全面、深入地总结自身在跨文化学习上的收获与心得，另一方面也能对自我在各方面的发展程度和不足做出较为客观的评价。这种跨文化学习并不会随着合作项目的结束而结束，学生在此过程中所形成的跨文化意识、民族志式的学习方式与反思习惯以及学术写作能力会在他们未来的学习与工作中继续发挥有益的作用,成为其自主终身学习的有效工具。

(2)民族志方法是促进作为学生跨文化实践和反思的重要方法。对于将民族志方法训练纳入的问题,部分参访的合作办学学生和老师也表达了一些担忧,他们认为合作办学项目的课程安排通常比较紧凑,除了语言与本专业学习外,还要加上一门民族志方法训练,听起来枯燥,压力大,增加了学业负担。可见,增强学生积极参与民族志方法训练的内在动机与兴趣至关重要。只有使学生充分认识到民族志方法在其跨文化实践中的价值与作用,从而将民族志学习方法内化为自身的认知系统与思维模式,才可能取得良好的培训效果。这其中最关键的问题,就是如何将理论运用于实践,让学生运用所学民族志理论与技能在实际的跨文化情境下作出正确的思考和行动。

理论的学习在于实践运用,在运用中不断反思,继而对理论产生新的理解和补充。民族志方法作为文化学习与个人反思的重要工具,具有很强的实践性。民族志方法训练对学生跨文化学习的价值并非单单体现在最后完成的几份作业和报告上,而是体现在整个训练过程中,其长期目标在于帮助学生提高跨文化综合素养和终身自主学习的能力。学生参与民族志方法训练的整个过程本身是一个锻炼独立思维,加强跨文化敏感性,提高语言表达、文化阐释与学术写作能力的过程。首先,家乡民族志的撰写为学生提供了一个重新审视与深入思考自身所属文化及亚文化之核心要素与深层结构的机会,学生运用习得的民族志方法对本族文化群体的意义、规范、行为展开观察,结合已有的文化背景知识,基于自身的理解和认识对其做出描述、分析和阐释,展示个性化的"文化图卷"。学生在此过程中逐渐意识到文化现实并非固有不变的,而是基于人的思想而建构,处于流动和不断变化当中。他们在数据收集和分析的过程中不仅能够进一步丰富自身的文化知识储备,提高文化自觉意识和文化自信，而且也切实地锻炼了一系列跨文化沟通所需的实用性技能与反思习惯，从而为跨文化互动的有效开展提供了强有力的保障。"海外民族志作业包"的生成过程是学生对自身跨文化学习过程的一个详细记录，他们在材料收集整理和文本创作的过程中审视自我、宣泄情感，并不断深化文化认识，提高思维水平。最终完成的跨文化学习报告或民族志文本则是对自身跨文化教育经历的进一步整理、分析、整合与提升。

据此，笔者提出，在民族志方法训练的规划与实施中必须以过程为导向，以培养民族志学习方法和反思习惯为核心，重视民族志方法的实际操作训练，并鼓励和引导学生在此过程中进行阶段性反思和自评。这里所说的反思，不仅是对自身跨文化经历的反思，还有对自己民族志的写作过程及心理路程的反思（侧重自我认知系统在写作过程中发生的变化），是一个认识内在自我、鼓励自我的持续性过程。以此让他们可以更加清楚地认识自己在文化知识水平、沟通技能以及表达能力上的进步，体会到学习和运用民族志方法的过程本身是一个整理生活、锻炼思维、逐步提高跨文化能力的过程，能够在很大程度上优化其跨文化互动情境下的生活与学习质量，是促进其学业进步和个人发展的强有力的途径，而非多余的课业负担。

（3）同时，民族志方法能够为开展学生跨文化培训研究提供丰富的数据资源。中外合作办学学生完成的相关民族志作业及其在创作过程中积累的经历能够为后届学生提供丰富的信息资源以及相关的文化学习经验策略，同时也可以为双方合作院校提供真实的、一手的、即时的数据资料用以更好地开展跨文化教学、研究与培训方面的学术合作，以期更好地为合作办学学生的跨文化互动与适应提供帮助与支持，从而进一步完善中外合作办学学生跨文化能力培训体系的建设。

据此，笔者提出进一步发展和完善我国中外合作办学学生的跨文化能力培训，需要有的放矢，以问题为导向，坚持理论探索与实践经验并进。具体来讲，实施中外合作办学学生跨文化能力培训应基于以下几点基本原则和建议：

（1）培训目标与内容统一，多种方式方法有机结合，构建完整、科学的跨文化能力培训体系对我国中外合作办学学生进行跨文化能力培训，首先必须保证设定的培训目标正确，且实际培训内容完整、与之保持一致。笔者认为，在培训实践过程中，应以专门的跨文化培训课程及训练为依托，向外辐射，结合其他多种实践方法，形成一个完整、科学、多元化的培训体系，以跨文化交际理论、中华民族文化深析、外国文化对比分析三方面为切入点，通过案例分析、模拟训练以及真实体验等多种途径，从跨文化知识储备、跨文化意识培养、跨文化敏感性提高以及跨文化交际技能习得等方面对合作办学学生进行全面、系统、具有针对性的训练活动。

（2）加大中华民族文化学习在跨文化培训中的比重，巩固民族文化知识、培养文化自信，提高文化自觉意识。在跨文化能力培训的过程中重视对本国传统文化的深入探讨、审视和分析是帮助受训学生在跨文化情境中实现积极、有度、高效的交际的必要条件，同时有助于实现在批判性创新和对外传播中继承和发展我国优秀民族文化。笔者认为，在培训实践过程中，应以中华民族文化的学习与反思为核心切入点，在外语语言训练中，锻炼受训学生用外语清晰表述和分析相关文化内容的能力；在跨文化交际模拟训练中加大以文化交流、分享与传播为主题的内容，使学生能够在提高自身文化认识的同时，进行文化差异的对比与体验；在跨文化案例分析中加大对有关中国文化观念的系统性阐释与分析。

（3）将跨（亚）文化沟通的内容纳入培训设计与实践中，拓宽训练途径，在更宽泛的范围内培养学生养成良好的跨文化态度与敏感性。在中外合作办学学生跨文化培训中纳入亚文化间沟通的内容，其好处在于：首先，让受训学生对跨文化沟通的概念了解更为全面、完整，思想更为开放、客观；其次，不同亚文化群体间的接触和交际体验，同样可以帮助受训者培养跨文化敏感性和跨文化意识，能够有效地扩充跨文化培训的内容、途径和方法，减少因客观条件限制而导致与外国人之间的接触和沟通训练不够的问题；最后，也是最重要的一点，对跨（亚）文化间的交际过程进行有意识的关注、分析和探讨，尤其是在中国这样一个统一多民族国家，有意识地对不同民族群体及其个体间的交往和沟通过程进行思考和分析，有利于加深受训学生对中华民族文化及自身所属民族文化的认识，在多次的审视、反思和对比的过程中，对原本习以为常、习而不察的深层文化因素提高自觉意识和分析能力，增强文化自信，为参与文化距离更大的文化间交际打下坚实的基础。

（4）在培训实践中提炼经验，积极构建本土跨文化能力培训理论，并在实践中进一步发展和完善。构建本土跨文化能力培训理论是发展和完善我国中外合作办学学生跨文化培训体系、实现我国跨文化教育可持续发展的必要条件，是一项重要、长期而艰巨的任务。这要求我们在培训实践中不断提炼经验，进行理论探索，并在学术层面加大相关的科学研究和成果转化。应该强调的是，本土跨文化能力培训理论的构建不应是简单地在现有西方跨文化培训理论框架下加入本土文化观点。而应以本土跨文化学术思想与观点为根基，以中华民族文化为核心，依据我国中外合作办学学生的学习特点和认知习惯，同时参考西方跨文化相关理论中有益的因素，通过理论假设、实践检验和反复验证，形成一套真正适合我国文化环境与社会现实的跨文化培训理论及模式。

综上所述，在中外合作办学学生的跨文化能力培训中，我们必须重视对中华民族优秀传统文化的深入认识及文化自觉意识的培养。与此同时，提高外语水平，使其能够用外语清晰地表达及分析相关文化内容；在此基础上，积极构建本土跨文化培训理论，结合运用西方跨文化相关理论，通过多种方式方法对跨文化情境中的各类问题及冲突进行分析、总结和交流，以建立相互尊重、相互包容的基本跨文化态度，坚持平等对话、信息共享及文化传播，从而使受训学生养成良好的跨文化能力，成长为符合当前国际形势，能为祖国发展做出贡献的国际化专业人才。

本章小结

本章主要针对中外合作办学学生跨文化能力培训的理念、目标、内容与方法进行了深入探讨。跨文化能力培训作为中外合作办学的重要内容与核心目标，是一个长期的、分阶段的、步步深入的过程，应贯穿于整个办学过程中，自成体系。本章首先对跨文化能力培训的基本理念进行了厘清与拓展，据此提出实施中外合作办学学生跨文化能力培训的几点基本原则：根据学生实际需求与总体目标设置培训内容与实践方法；加大中国文化学习在培训中的内容比重，拓展训练途径；在培训实践中提炼经验，积极进行理论探索，结合本国合作办学学生的学习特点与认知习惯，构建本土跨文化能力培训理论。

本章提出中外合作办学学生跨文化能力培训的核心要素为文化自觉与文化自信。只有具备较好的文化自觉意识和文化自信，学生才可能在面对不同的社会意识形态和复杂多变的跨文化情境时保持坚定的中国立场与清醒的文化主体意识。学生在文化比较、平等交流与学习互鉴的过程中不断拓展自身文化身份完善自身人格，实现创新性中华民族文化传承与对外传播。同时，本章详细论述了中外合作办学学生跨文化能力培训的重要内容和实践途径：民族志方法训练。民族志方法训练旨在从文化认知和思维模式层面锻炼学生的参与观察、思考及写作等重要的跨文化学习技能，使之能够从一个整体性、全局性的视角来看待具体的跨文化互动现象和事件。根据跨文化培训的不同阶段，民族志方法训练可依据"预备期""实践期"与"发展期"安排具体培训内容。

总的来讲，中外合作办学学生跨文化能力培训应以中华民族文化的深入学习与反思为切入点，运用民族志方法训练进行深入的文化学习，在自主思考与探索的过程中形成良好的跨文化态度与文化自觉意识，掌握一系列跨文化沟通技能，从而在跨文化情境中实现有效沟通，并成长为以中华民族文化的对外传播为己任，能够且愿意为我国社会主义强国建设做出贡献的高素质复合型人才。

第五章

中外合作办学学生跨文化培训课程构建

中外合作办学学生跨文化能力的培养是一个语言习得、跨文化适应与身份认同构建的持续性过程。本章以涂尚教授提出的世界语言文化深度教育法为理论基础，探讨构建跨学科的、以过程为导向的反思型跨文化能力培训课程及评估体系。该模式注重激发学生的内在动机，通过构建整体跨文化教育行动方案引导学生在教师的协助与支持下将语言、文化与专业知识有机整合并据此自主创造个性化跨文化教育项目及其评估方式，从而帮助学生在更深入了解自我的基础上逐步提高自身的跨文化综合能力，实现自我概念及跨文化身份的构建。

第一节　跨文化培训课程核心内容及技能训练

一　外语语言培训

语言水平的高低，对中外合作办学学生的跨文化交际自信心有很大的影响，从而对整个跨文化适应过程有关键性影响，不可忽视。外语语言训练是学生跨文化培训中的主要内容之一。在跨文化语言培训中不应以语言语法规则学习为单一目标，除语言形式的学习外,更应将具体社会文化背景纳入考虑,重视语言在实际场合及语境中的运用。[①] 就目前中外合作办学学生的语言状况而言,他们在学习或留学期间会通过特定标准的国际语言类考试,如雅思、托福、院校内部语言考试等,这意味着从原则上讲,他们具备基本的目标外语语法知识和语用技能。但就语言的实际运用情况看,大部分受访学生都表示他们的外语语言能力有待进一步提高,尤其是在学术写作、泛读和口语表达方面对于他们的完成学业和实施跨文化交际有重要的影响,尚有很大的提升空间。据此,笔者提出,针对合作办学学生的外语语言训练内容总体可分为三类:第一类,以日常交流及社会交往为主的语言表达和交际技能,注重微观社会文化因素与具体场合情境对于语言表达的影响;第二类,以学术目的为主的听说读写能力,包括学术写作规范、口头展示风格以及文献泛读练习;第三类,在跨文化综合学习项目中,根据项目主题,与文化、专业知识技能相结合,深化对相关语法和语用功能的理解和运用。就语言培训的实际教学操作来说,笔者基于 IAPI 模式将培训教学模块分为口头交流(包括听说活动)、阅读、写作和语言聚焦练习四大模块,这四个模块较之传统教学听说读写的分类更符合教师的真实教学习惯[②],同时也突出了人际交流的重要性。

跨文化能力培训模式下的外语语言训练具有鲜明的跨文化外语教学特征,拜拉姆(Byram)认为,跨文化外语教学的目标应包括:培养求知欲和开放的基本跨文化态度,不急于对自身文化做出肯定的判断而对其他文化做出否定的判断;获得跨文化知识,对本国及交际对象国的行为方式,对社会和个人交往的一般过程加以了解;

---

① 徐宝莲:《外语教学中跨文化意识和认同的构建》,载顾力行、戴晓东主编《跨文化交际与传播中的身份认同(二):原理的运用与实践》,上海外语教育出版社 2012 年版,第 310 页。

② Tochon, F. V., *Help Them Learn a Language Deeply: Deep Approach to World Languages and Cultures*, Blue Mounds, Wisconsin: Deep University Press, 2015, pp. 73–75.

培养跨文化技能，包括解释和关联、发现和交往的技能。解释和关联技能能够结合自身文化中相关的文献或时间对来自另一文化的文献或时间进行阐释；发现和交往的技能能够获取某文化或文化活动的新知识，并且能够在实际交流中综合运用态度、知识和技能；培养批判性文化自觉意识，能够依据明确的标准对来自自身文化以及其他文化和国家的观点、行为做出评价。① 从培训原则来看，中外合作办学学生外语语言训练还应注意以下几个方面的内容：

第一，跨文化培训中的语言训练应该考虑到语言运用是在一个更大更复杂的跨文化环境中发生的，因此培训中有必要为学生提供丰富的资源及灵活的资源运用方式，使学生能够接触和认识到语言、身份、权力等的各种影响和微妙之处，使学生能够在一种多学科融合的综合框架下学习和领悟反映现实跨文化情境下的语言使用状况。在使用目标外语时，需要根据目标语文化来调整自己的语言理解和语言产出。外语语言训练并非只包括对语法、词汇等语言学基础知识的教学，同时还应重视语言表达和实际运用（如习语、俚语等）中涉及的文化背景和历史典故，并对学生出国后可能遭遇的语言问题，如口音、语速、习语俚语的文化背景等因素进行警示，从而让学生们做好心理准备，以降低出国后的语言休克程度。

第二，需要强调的是，外语语言培训中应注意让学生了解真实跨文化情境中语音语调的多样性和复杂性，从世界范围上看，标准的外语（如英语）语音语调实际只有很少一部分人掌握和使用，作为国际化通用语，来自不同国家、不同地区的人在使用外语时往往会带有鲜明的地方语言特色，体现最为明显的如语音语调的差异。因此有必要让学生意识到在真实情境下使用目标外语交际的状况。实际上，沃尔夫森指出，在与外族人交谈时，本族人对于他们在语

---

① Byram, M.：《跨文化交际能力的教学与评估》，上海外语教育出版社2014年版，导读第 xvi—xvii 页。

音和语法方面的错误往往是比较宽容的,与此相比,违反说话规则和社交礼仪被认为是粗鲁和不礼貌的,从而更容易引起冲突,因为本族人往往很难认识到社会语言学的相对性。越是流利的语言表达越容易让交往对象忽视社会文化方面差异的存在。[1] 因此,深入地了解语言所表现的文化内涵是将语言知识转化为交际能力的不可缺少的必要条件。要有效培养中外合作办学学生的跨文化交际能力,必须重视对语言语用能力和目标语文化教学的重要性。

另外,外语训练中应重视母语的作用和影响。一种普遍的观点认为在外语课堂中为了让学生完全浸入外语语言环境,要避免在教学或培训过程中使用母语。但这种理解也存在一定的误区。斯科特(Scott, V. M.)及其同事在研究中发现二语课堂应适当使用母语辅助教学。[2] 动态系统理论认为,真实的对话环境下语言代码的转换是自然存在的,体现了学习者身份的建构和变化,是真正提高外语水平、表达自我观点的基础。在培训中允许使用母语和一些辅助手势、符号等手段,能够营造相对轻松的学习氛围,让学生在陈述观点的实际语言运用活动中自然地完成语码的转换和意义的建构,从语言形式转为关注更深层次的意义建构过程,习得阐释、展示和人际交流的语言能力。[3] 因此,在中外合作办学学生跨文化能力培训中运用双语开展专业、外语相结合的主题培训项目是可行且有效的。

同时,外语语言能力是有效跨文化交际的必要前提而非唯一条

---

[1] 徐宝莲:《外语教学中跨文化意识和认同的构建》,载顾力行、戴晓东主编《跨文化交际与传播中的身份认同(二):原理的运用与实践》,上海外语教育出版社 2012 年版,第 310 页。

[2] Scott, V. M., Liskin-Gasparro, J. E., & Lacorte, M. E., *Double Talk: Deconstructing Monolingualism in Classroom Second Language Learning*, Upper Saddle River, NJ: Prentice Hall, 2009.

[3] Tochon, F. V., *Help Them Learn a Language Deeply: Deep Approach to World Languages and Cultures*, Blue Mounds, Wisconsin: Deep University Press, 2015, p. 80.

件，语言能力的提升并不一定意味着某人获得正面的、愉快的跨文化体验结果。阅读能力、写作能力的提高，与情绪上的变化，不一定成正比，学生的情感变化与状态是评估其跨文化经历有效性的重要因素。而情绪上的稳定需要学生具备良好的心态，情绪调节和管理能力，需要学生具备一定的自我效能感、文化自信和跨文化意识，这些素质和能力还需要将语言学习与跨文化理论及实践策略的学习结合起来，通过更宽泛、复杂的综合跨文化培训项目才可能实现。

二　跨文化理论及实践训练

正确有效的理论对实践有重要的指导作用。跨文化交际相关理论及实践练习是中外合作办学学生跨文化培训的重要内容，是提高跨文化能力的重要途径。从内容上讲，主要包括对跨文化交际与适应相关理论及其核心概念的学习和相应的跨文化交际模拟训练，让中外合作办学学生了解和掌握基本的跨文化理论的目的在于将其用于指导实际跨文化情境下的交往活动，而非纯学术性的深度挖掘或研究理论。因此，在教学上应特别重视从中外合作办学学生的实际需求与兴趣出发，以他们的个人体验、生活中的跨文化关键事件和可能接触到的跨文化情境为基点，组织理论教学和实践操作练习。

要将跨文化理论应用于实践指导，跨文化模拟训练非常有效，是提高中外合作办学学生跨文化能力的重要培训途径。目前，已有很多经过实践检验有效的模拟训练可供教师和学生选择，如文化浸入训练、BaFa'BaFa'、班嘎（Barnga）游戏[1]和伊克托诺斯（Ecotonos）游戏[2]、

---

[1] Thiagarajan, S., & Steinwachs, B., *Barnga: A Simulation Game on Cultural Clashes*, Yarmouth, ME: Intercultural Press, 1990.

[2] Nipporica Associates, *Ecotonos: A Multicultural Problem-Solving Simulation*, Yarmouth, ME: Intercultural Press, 1993.

Excell跨文化体验式训练①等都是可供选择的、已经过实践检验有效的跨文化交际模拟训练方法。这种模拟训练以假想的跨文化情境为基础，引导学生感受一些新奇的文化冲击，从中获取新知，提高跨文化敏感度，树立宽容、开放的跨文化态度，扩大视野，促进跨文化交际能力的提高。

三 文化学习与研究方法训练

中外合作办学学生跨文化能力培训的文化知识学习既包括本国文化的学习，也包括目标外国文化的学习。文化知识的学习不仅仅包括对文化现象、文化具体表现形式等层面的了解，还包括潜在的、起决定性作用的深层文化因素及意义建构。这些潜藏于下、根植于心的微观文化因素影响个体的思维、言行和行为模式，对其在跨文化情境下互动表现有巨大的影响。因此，对文化知识的学习应重视对这些深层文化概念和体系的了解和领悟。

对本族文化的了解和自信程度对于个体的跨文化沟通效果影响深远，中外合作办学学生对中华民族文化了解得越深刻，就越有自信与来自其他文化背景的人们交往互动，并在互动过程中进行正确的文化描述、文化比较和文化对外传播。具有一定文化根基和文化底蕴的人更易形成民族文化认同，并以更宽阔的胸怀和开放的心态面对来自他文化的挑战，从而拓展自身文化身份边界，培养全球化视野。因此，中国优秀传统文化及多元文化相关的本土思想和理论应被纳入跨文化培训的核心内容之一。一方面，对中国"差序格局"社会结构、人文价值观（和谐、多元、包容）、人际交往模式（集体、人情、面子）和道德规范等塑造国人性格和民族精神的中

---

① Mak, A. S., & Buckingham, K., "Beyond Communication Courses: Are There Benefits in Adding Skills-based Excelltm Socialcultural Training?", *International Journal of Intercultural Relations*, Vol. 31, 2007.

华文化深层因素的深刻了解能够增强学生的文化自信和文化积淀，深化其对中国文化的认识和情感依恋；另一方面，中国学界有关多元文化的相关理论与学术思想，比如著名人类学家费孝通先生对文化与文化自觉概念的解读，国学大师楼宇烈先生对传统文化传承与传播的阐释等先进思想根植于中国社会文化，因此更容易得到学生们的共鸣与理解，从而取得好的学习效果。

同时，对他文化的了解毋庸置疑也是文化知识学习的重要组成部分。他文化的学习途径包括书本文献、视频图片等媒介、文化线人，以及亲身观察、真实体验的跨文化经历等途径。宏观意义上的社会文化背景知识以及与实际生活学习紧密相关的微观文化因素都应纳入跨文化能力培训中的文化学习内容。同时在培训过程中需要特别注意避免刻板印象或定式思维的过分形成，提醒学生文化的复杂性、多变性以及个体差异的存在。

四　民族志方法训练

根据不同情境和不同标准的划分，每个个体可以说都具有多种社会角色和身份认同。让合作办学学生学习社会人类学与民族志方法的基本理论与实践方法，能够为他们在理论与方法上提供审视与反思自身社会文化知识，并将之与留学目的地的社会文化进行有效的比较。互动社会语言学放大了互动过程本身，强调研究语言运用以及不同群体的社会化过程。从而将沟通式语言教学与人类学教学联系起来。[1] 民族志方法训练必然要与文化学习、实际操作相结合。

总的来说，中外合作办学学生跨文化能力培训中的民族方法训练旨在帮助学生在理论学习与实际操作中逐步形成民族志式学习方

---

[1] Robert, C., *Language and Cultural Learning: An Ethnographic Approach*, In A. Jensen et al. (eds.), *Intercultural Competence* Vol. 2: *The Adult Learner*, Aalborg: Aalborg University Press, 1995: 53-69.

法和反思习惯。民族志方法作为学生进行文化比较分析和自我反思的重要途径贯穿于整个合作办学项目实施中。指导学生运用民族志方法进行文化知识学习,尤其是对本国文化的学习更加有效。学生可以根据自身的生活背景与个体体验,对日常生活中的各种文化现象及其背后的意义建构进行深入探讨。相较于被动地接受文化知识,这种经由自身选择、思考和分析获得文化知识的方式将理论知识、文化现实与实际生活需求联系起来,从而更能调动学生的参与积极性和学习兴趣,学习成果也更加生动、深刻。对于学生的思维能力、文化自觉意识以及学术写作技能都有积极的促进作用。同时,合作办学学生在民族志写作过程中不仅需要对自身跨文化经历进行反思,同时需要对自己民族志写作过程及心理路程做出反思,是一个认识内在自我,自我鼓励和评估的过程。根据中外合作办学学生跨文化能力提升的目标与需求,为其提供的民族志方法训练应以参与观察法、民族志式访谈技巧以及深描法等作为训练重点。这些方法与技能对于理解文化局内人的想法和观点,进行文化比较、文化探索和跨文化实践具有重要的作用。[1]

具体来讲,民族志方法训练始于国内阶段,发展于留学阶段,延续于回国阶段。其总体流程可分为:民族志方法对于跨文化能力的重要性与必要性——核心概念与技能学习〔以参与观察、深描、文化比较、自我反思)——民族志实践训练一:本国文化民族志("家乡民族志"撰写)——民族志实践训练二:目标文化民族志("海外民族志作业包"制作)——跨文化学习综合报告(基于上述研究结果与自身体验,对自身接受跨文化教育过程中的学习收获、跨文化素养与个人成长的状况进行分析总结,着重思考自我认知与文化身份认同的重构过程〕。就具体训练方式而言,民族志方

---

[1] Damen, L., Culture Learning: The Fifth Dimension in the Language Classroom, Reading, Massachusetts: Addison-Wesley Publishing, 1987.

法训练包括个人作业、同伴合作、小组项目等多种类型，在训练成果的呈现包括文本、视音频、图片等多种形式，学生可以根据自身兴趣与技能水平，选择或混合使用多种类型的训练方式和成果展示形式。该培训模式鼓励学生运用目标外语进行民族志文本的写作和成果展示，其好处在于不仅能够锻炼学生的外语语言思维及写作能力，同时能够帮助学生积累相关文化词汇，提高运用目标外语描述、分析和表述文化内容的能力。

参与培训的学生还需在出国前提交一份简短留学规划，列出对自身留学生活的目标和计划，描述目前对东道国及其成员的印象，并对自己在出国后可能遇到的跨文化问题进行预测，并根据自己的理解写出对"跨文化能力"的定义，并据此对自身的跨文化能力进行分析和评价。学生出国后可将该报告内容与自身实际经历进行对比，从中意识到这些"预期印象"（对东道国可能存在的刻板印象或偏见）和留学预期（如对适应困难的类型、程度及打算采取的应对方法的预测）对他们的跨文化适应和人际交往可能产生什么影响。同时，合作院校或研究人员也可在学生出国前与回国后基于自愿原则要求其填写有效的跨文化能力问卷，用于学生自我参考，也便于教师更好地掌握学生的跨文化能力水平。

第二节　跨文化培训综合课程构建：原则与特点

如何帮助中外合作办学学生有效地利用自身所处的跨文化教育环境，获得学业的成功及个人跨文化素养的提升是跨文化能力培训课程与训练的核心目标，合作办学学生跨文化能力培训课程建构需要在充分考虑个体学习与生活体验差异的基础上，鼓励学生在教师的协助与指导下将语言、文化学习与专业知识技能相结合，构建适合自身学习风格与个体发展需要的自我指导型学习项目,在此过程中建立互相尊重与包容的跨文化态度,积累一定的跨文化相关知识,并掌握一套行之有效的策略方法对跨文化情境中出现的问题及冲突进行清晰的叙述、分析、反思与交流。一个包括复杂、高水平目标的跨文化培训模式必然涉及学生创造力与终身自主学习能力的发展。本节重在从培养理念与策略方法的角度探讨如何构建跨学科的、动态整合型跨文化能力培训课程体系。

中外合作办学学生跨文化能力培训模式将跨文化教育理念与开放式培训课程设计结合在一起,尊重语言与文化异同,关注价值观的建立、语言的练习和创造性行动能力的培养,以建构自我指导性学习项目为主,赋予学生最大限度的学习自主权与选择权,是一种灵活的、交互式的超学科教育培训模式。具体来讲,中外合作办学学生的跨文化能力培训课程应具备以下几方面原则和特点。

一 构建整体教育培训方案,通过自我指导性教育项目的设计与实施,引导学生将不同学科间的知识内容关联起来,并进行整合与运用

(一)培训课程教学组织要素

根据任务统一分类法的相关原则,中外合作办学学生跨文化能力培训可分为三方面的教学组织要素[①](如图5—1所示):①首先是主题内容要素,着眼于将语言、文化及专业知识技能三方面的内容进行有机结合。学生在教师的协助与指导下,依据自身需求与兴趣,通过师生、生生讨论协商的方式确定一系列学习主题内容,完成对相关文献及视听资料的收集、整理与叙述任务。②技能发展要素旨在激励学生在规划课程内容与学习进度的过程中,借由与主题

---

① [美] 弗朗索瓦·维克多·涂尚(Francois, F. V.):《世界语言与文化深度教育法》,龙翔、肖建芳等译,德普大学出版社2016年版,第124页。

内容紧密相关的任务实践与阶段性反思，形成创造性、策略性的跨文化分析及互动交际技能，提高外语语言综合应用能力。③社会及自我实现经验要素主要在于强调知识与技能对于个体生活体验的作用以及社会价值。学生通过跨文化能力培训中习得或探索到的跨学科知识与技能通过社会情境化与现实世界相联系，关注动态复杂的跨文化人际交往情境与语言情境，以及因民族、权利、语言和经济地位等因素而产生的社会差异，从而更好地指导自身在真实跨文化互动情境下的价值观念和行为表现。

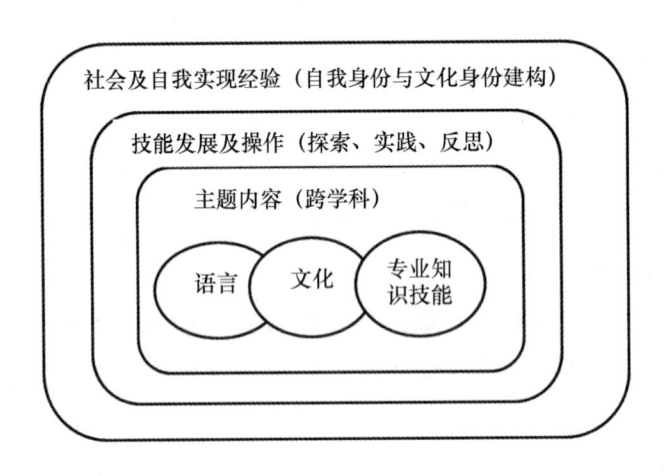

图 5—1　跨文化培训教学组织要素

需要强调的是，培训课程的教学组织要素应该用于参与协商对话，整合学生的知识输入，协调知识输出。指定的课程项目须注重培养学生的积极互动的自我意识和意义建构方式。合作办学学生跨文化能力培训涉及语言、文化及专业知识等多方面的知识与能力发展，学生的自我认知与文化身份认同必然会在此过程中发生一定的变化。为了保证这种变化维持正向发展的趋势，培训教师有必要在跨文化培训之初向学生详细地阐释这种身份转变的必然性与重要性，消除学生可能抱有的一些焦虑与迷茫的负面情绪因素，以便成功地实现自我身份与文化身份的重构。另外，必须建立学生之间和谐共处、互动协商的意识，以期取得最优培训效果，同时也有助于学生在未来的社会生活中建立互惠互利的社会人际网络。[①] 身份建构与和谐共处的意识是开展有效跨文化能力培训的重要前提。

（二）开放式课程规划与教学方案

中外合作办学学生跨文化能力培训的目的在于提升在真实跨文化情境下实现有效互动交流与文化传播，因此，培训课程内容应尽可能真实地反映现实社会文化互动过程的复杂性与多变性。为了有效促进复杂的学习体验与实践过程的发生，跨文化能力培训模板应尽量灵活、开放，给予学生自发组织活动、选择学习过程的机会，这种以学习者为中心的课程框架承认学生的个体多样性与差异性[②]，鼓励学生充分利用环境与资源，在思考、协商与互动过程中获得丰富多样的培训成果。

根据拜拉姆提出的三个培养跨文化交际能力的场合，笔者提出中外合作办学学生跨文化能力培训的几个主要场所和途径：课堂教学（如外语、文化、专业知识相关的课堂教学）、教师协助下的自主型跨文化学习项目及实践训练（如民族志项目的实施，可采用习明纳式的讨论与成果展示方式）以及实际的跨文化情境（如在外方合作院校留学，即真实的跨文化实践情境）。跨文化能力培训课程的设计应基于知识、行为、技能和态度四个跨文化能力基本维度，可参考拜拉姆所提出的六大步骤[③]根据学生的具体情况和合作院校

[①] Tochon, F. V., *Help Them Learn a Language Deeply: Deep Approach to World Languages and Cultures*, Blue Mounds, Wisconsin: Deep University Press, 2015, p.200.

[②] Dolence, M. G., *The Curriculum-centered Strategic Planning Model*, Educause Center for Applied Research, 10. Boulder, CO: ECAR, 2004.

[③] 迈克尔·拜拉姆（Byram, M.）：《跨文化交际能力的教学与评估》，上海外语教育出版社2014年版，第79—81页。

双方条件进行制定和调整。

　　总的来说，制定开放式的、整合的跨文化能力培训方案可以有效地促进学生的思维能力，包括创新能力、批判性思维以及应对复杂跨文化事件的分析处理能力。培训的成果是中外合作办学学生借助教师的协助与支持而自主完成的一项任务，这种任务相较于被动式的知识灌输更具意义和实用价值。此外，由于受培训客观条件的限制，光靠正式培训课程的设置与实施，从时间和空间上讲，为学生提供的培训机会都是相当有限的。要更好地促进学生跨文化能力的提高，尤其是在养成自主学习习惯与反思意识方面，构建自我学习环境与体系能够帮助学生在非课堂或正规培训的环境下逐渐形成对跨文化交流各因素的敏感性，在更宽泛更自然的学习环境下达成训练自我跨文化意识与沟通技能的目的。[1]

二　以过程为导向，重视发展学生的内在动机与自主学习意识，鼓励个性化的学习方式与同伴合作

　　跨文化能力的培养是一个动态、复杂的过程，且具有跨学科性质。单纯以结果为导向的教学设计与标准化要求由于没有考虑到学习情境的复杂性，提前设定了认知过程而限制了创造力，因此容易忽视学生在学习过程中体现出的个体差异，不利于学生真实地了解自身能力水平的变化情况，难以调动学生的积极性。与之相对的，以过程为导向的深度跨文化能力培养模式摒弃封闭式目标原则，强调在重视基本教学目标的前提下关注学生的主观需求和课程设置的客观条件，激励学生在学习过程中采取主动，并进行阶段性反馈。在深度跨文化能力培养模式下的教育项目中，

---

[1] Tochon, F. V. (ed.), *The Deep Approch to Teaching and Learning World Languages and Cultures: Research on Turkish*, Madison: Deep University Press, 2017.

学生是主要的设计者与组织者，他们参与项目构思、设计、决策、调查以及报告陈述的全部过程，选择关注与自身兴趣和现实体验息息相关的跨文化沟通问题，与学习同伴一起分享经验、合作探索，也因此更能激发自身的内部学习动机和自主意识。同时也有助于学生了解自身的学习状态和进度，并据此做出自我调整。

（一）注重培养学生的内在学习动机，加强自主性

涂尚及其同事在数年的研究中发现学生的学习与能力呈渐进性发展的趋势，他们有潜力选择自己的下一个兴趣点，判断自身在下一阶段的发展可能性以及需要面对的一系列挑战。[1] 在跨文化培训过程中，培训教师应"放权"给学生，给予他们足够的空间进行知识的探索和挖掘，促使其对自身认知水平、兴趣和实际需要进行判断、思考和评估，在此基础上利用以往的经验和知识，获取新知，掌握和创造更多的学习策略。这种学习模式具有显著的主动学习[2]与沉浸式学习（flow learning）[3]的特点。探索、享受学习过程也是组织跨文化能力培训需要重点考虑的因素和目的，内在动机和随之而来的自发性努力能够有效地加速外语语言及文化的学习。[4]

---

[1] Tochon, F. V., Dionne, J. P., "Discourse Analysis and Instructional Flexibility: A Pragmatic Grammar", *Pragmatics and Language Learning*, Monograph Series, Vol. 5, 1994, pp. 64-87; Tochon, F. V., "Effectiveness of Deep, Blended Language Learning as Measured by Oral Proficiency and Course Evaluation", *Journal of the National Council of Less Commonly Taught Languages*, Vol. 14, 2013, pp. 51-86; Tochon, F. V., *Help Them Learn a Language Deeply: Deep Approach to World Languages and Cultures*, Blue Mounds, WI: Deep University Press, 2015.

[2] Piaget, J., *Adaptation and Intelligence: Organic Selection and Phenocopy*, Chicago: University of Chicago Press, 1974.

[3] Csíkszentmihályi, M., & Selega-Csíkszentmihályi, *Optimal Experience: Psychological Studies of Flow in Consciousness*, New York: Cambridge University Press, 1990.

[4] Kroll, B. (ed.), *Exploring the Dynamics of Second Language Writing*, Cambridge, UK: Cambridge University Press, 2003.

维果斯基提出，教师应该选择那些处于学生最近发展区的文本材料开展阅读和分析，学生在学习略高于其现有水平的材料时能够获得较明显的进步，这一学生尚未达到但基于现有水平有潜力达到的更高的学习水平即是学生的最近发展区，并可以通过广泛的练习进一步拓宽。但问题在于，教师往往会面对具有不同生活体验、专业背景且个性各异的数名学生，要在教学过程中充分了解每个学生的能力水平、发展潜力，是一件相当困难几乎不可完成的任务。[①] 对于参加跨文化培训的中外合作办学学生而言，他们来自不同的专业背景，在语言水平和学习体验上都有较大的差异，这进一步增加了培训教师深入了解每个学生最近发展区的难度。那么谁才能真正做到这一点呢。我们往往说"自己才是最了解自己的人"，学生自己才是有可能真正了解自己的人，因此培养学生的自主学习意识和反思能力就显得尤为重要了，这是帮助其提高自我认知能力并形成终身自主学习能力的重要环节。

所谓"自主性"，即自我调控，指一系列自我指导和内在动机推动的策略的表现形式，以增加个人的成功潜力为目标，与动机紧密相连。[②] 根据自主学习理论，学生具有追求成功的天性与内在动力，自主意识和自信心有益于学习者在接触新知、与他人交流的过程中保持自己的自主决定权和自我调节的能力[③]，因此培训教学应建立在促进学生自主发展学习技能的基础认知上，而非采用单一、

[①] Tochon, F. V., *Help Them Learn a Language Deeply: Deep Approach to World Languages and Cultures*, Blue Mounds, WI: Deep University Press, 2015, pp. 69 - 71.

[②] Dornyei, Z., "Attitudes, Orientations, and Motivations in Languauge Learning: Advances in Theory", *Research, and Applications, Language Learning*, Vol. 53, 2003.

[③] Tsai, Y., Kunter, M., Ludtke, O., Trautwein, U., & Ryan, R. M., "What Makes Lessons Interesting? The Role of Situational and Individual Factors in Three School Subjects", *Journal of Educational Psychology*, Vol. 100, 2008.

指令性的知识灌输。① 同时，根据自我效能理论②和自我决定论③，学习者相信自己有能力实现特定的学习目标，且清楚地知道自己对成功的决定性因素的掌控力，并能向有成功经验的同龄人学习，进而制订自己的学习规划和实践方法，发展自我认知和元认知的自主性学习策略。同时，归因理论④中强调教师在教学中的重要作用，强调学习不仅要强调目标和结果，更重要的是重视并厘清学生在整个学习过程中的表现以及取得最后学习成果的深层原因。另外，对学业成就的相关研究也表明成就的关键源自内因而非内因，学业成功的根本要素在于自身的持续努力和不断追求，而非外在的刺激。⑤从本质上讲，自主学习是一种学习者自己负责学习计划及其实施的学习形式。⑥ 因此，针对中外合作办学学生设计的跨文化能力培训应该且能够提供有效的方案与实施方法，提高学生的内在学习动力和自主调控能力。

以过程为导向的、以项目为主要操作方式的跨文化能力培训有益于激发学生的内在动机，其关键在于理解并遵循深度世界语

---

① Cohen, A. D., *Language Learner Strategies: 30 Years of Research and Practice*, Oxford, UK: Oxford University Press, 2007; Jang, H., Reeve, J., Ryan, R. M., & Kim, A., "Can Self-determination Theory Explain What Underlies the Productive, Satisfying Learning Experiences of Collectivistically Oriented Korean Students?", *Journal of Educational Psychology*, Vol. 101, 2009; Tochon, F. V., *Help Them Learn a Language Deeply: Deep Approach to World Languages and Cultures*, Blue Mounds, WI: Deep University Press, 2015, p. 203.

② Bandura, A., *Social Foundations of Thoughtand Action: A Social Cognitive Theory*, Englewood Cliffs, NJ: Prentice-Hall, 1986.

③ Deci, E. L., Vallerand, R., Pelletier, L., & Ryan, R., Motivation and Education: The Self Determination Perspective, *Educational Psychologist*, Vol. 26, 1991.

④ Weiner, B., *An Attribution Theory of Motivation and Emotion*, New York, NY: Springer-Verlag, 1986.

⑤ Tochon, F. V., *Help Them Learn a Language Deeply: Deep Approach to World Languages and Cultures*, Blue Mounds, WI: Deep University Press, 2015, pp. 203 – 205.

⑥ Šliogerienė, J., "Learning Contracts in Second Language Acquistion", *Santalka. Filologija. Edukologija*, Vol. 14, 2006, pp. 110 – 115, http://elibrary.lt/resursai/Mokslai/VGTU/Santalka/2006/2/18.pdf, 2017 – 07 – 10.

言文化教育法的基本原理①，使学生意识到对自己成功要素的关键控制力能够促使其在培训学习中产生主人翁意识。因此，中外合作办学学生跨文化能力培训需要结合个人、同伴和小组合作等不同类型的项目，引导学生根据自己的学习特点与目标在独立思考、组织讨论和互动协商中不断创新。跨文化培训中关注的问题与学生的现实生活息息相关，因而更能激发起内在动机，培训课程中，学生在培训课程中被赋予尽可能大的自由进行课堂组织和实践练习，教师在整个过程中提供资源、信息以及技能上的支持和协助。学生们通过分工合作、共同体验和分享所得经验，并就阐述方式、生活背景、学习类型等进行小组协商。他们从构思设计到确定主题、数据收集，再到任务的具体实施、成果展示等一系列活动中不断发挥主观能动性进行知识的挖掘和探索。例如，学生在深入学习民族文化或外语阅读中从自我偏好的文本类型、写作风格以及词汇的掌握情况等出发，收集并选择阅读材料，确定学习项目主题，规划学习进程，如此其学习的内在动机相对也会更强。②

另外，强大的内在动机往往是获得最佳学习效果的重要条件。学生在面对某项任务时，知道为什么做，怎么做，做了会有些什么样的潜在收获，才会有动力去做，才会以认真的态度去做。因此，首先，培训教师需要在培训初期对学生清晰地阐明这种跨文化培训模式的基本理念、特点、实施方法及其有效性，让学生明确自己在培训中作为知识的主要投入者、决策者与实践操作者的角色与任务，促成其在跨文化培训过程中积极体验、行动和创新的内在动力。其次，培训教师也应在开课之初，对所教培训课程

---

① Katz, L. G., & Chard, S. C., *Engaging Children's Minds: The Project Approach*, Stamford, CT: Ablex, 2000.

② Madrid, D., "The Power of the FL teacher's Motivational Strategeis", *CAUCE*, Vol. 25, 2002.

的目标、具体内容及操作方法进行说明，培训教师在民族志方法训练的首次课中，可通过讨论的形式让学生意识到对东道国社会文化各个方面的深入了解对于他们的跨文化学习会有些什么正面作用，对自己的未来发展和当前的生活有些什么积极影响。如此，他们才能够有更强的内在动机，拓宽个人兴趣，有更强的求知欲和兴趣去观察身边的各种文化现象，积极地参与各类跨文化互动活动，从而更敏锐地发掘所在国社会的具体文化现象、象征意义和表现形式，从中理解和分析其背后的核心价值和意义建构模式。为自身的自我认知、文化身份认同和个人综合专业素质的提高提供良好的机会和锻炼。

（二）重视学习过程、自我反思与自主学习

实际问题的解决需要经历一个不断修正、反馈和核实的过程。基于实证主义下的探索与求知必然要求个体具备反思的态度与习惯。在语言和文化的学习中，重视学习过程、以项目为核心的跨文化能力培训着眼的是培养一种真实生活语言运用能力、提高跨文化综合素养的能力。因此，教师必须要重视学生在培训过程中的表现与变化。注重过程的培训可以促进教师尊重创造性学习过程中学生表现出的不同特点。在深度教育法中，学生贡献大量的知识输入内容，以自主学习的形式进行知识的探索与技能的发展。学生在自主培训过程中逐渐加深对自我的认识，并可基于这些新的认识进一步优化自己的学习过程、方法与策略。

自主学习即个体控制和管理自己学习的能力，包括对学习管理、认知过程以及学习内容的掌握[①]，具体来讲个体需要负责学习目的的确定、学习内容和学习进度的安排，学习方法和策略的选择，学习过程的跟踪监控以及学习效果的评估等多方面任务的设定

---

① Benson, P., *Teaching and Researching Autonomy in Language Learning*, Harlow, England: Pearson Education Limited, 2001, p. 50.

与执行。① 培养学习者自主学习能力可采用多种途径，如促进学习者独立运用学习资料和教育技术资源的能力，促进学习者心理和行为上的发展变化，激励学习者在课堂上的投入程度与参与度以及教师通过发挥资源提供者和学习协助者的作用优化学生的自主学习过程。②

据此，笔者提出，中外合作办学学生在跨文化能力培训中进行自主学习应包括：①理解自主学习的重要性和意义，提高自主学习意识，促进自我探索与创新的主观能动性；②在教师的协助下，根据对自身的了解确定具体的培训学习目标，做出学习规划、整体流程与预期效果；③运用教师提供及自己收集的丰富学习资源，通过大量阅读和分析，确定核心文献，进一步聚焦主题；④在学习实践与反思中，逐渐建立和发展一系列个性化学习策略、技能与方法。这些内容包含了情感、知识、方法与实践运用多个层面，能够切实有效地帮助学生实现自主跨文化能力培训目标。

三 对学生和教师的角色和任务提出了新的要求

（一）学生作为培训课程内容及方法的主要建构者

以自主学习为导向的跨文化培训模式强调为学生创建有利于互动与实践的培训情境，将学生视为培训主题项目的主要构建者和决策者，通过让学生自由选择与开发跨文化主题项目内容、规划项目进度与实施策略来加深学生对所学知识的理解和技能的实际掌握程度。为了促进学生参与培训的内在动机与兴趣，首先需要使他们了解这种自主性跨文化培训模式的基本理念与运作原理，对其有效性和可行性形成一个清晰的认识。

---

① Holec, H., *Autonomy in Foreign Language Learning*, Oxford: Pergamon, 1981, p. 3. 张红玲:《跨文化外语教学》，上海外语教育出版社2007年版，第337页。

② Benson, P., *Teaching and Researching Autonomy in Language Learning*, Harlow, England: Pearson Education Limited, 2001, p. 111.

同时，学生在培训课程的构建中拥有主动权，基于内在动力的学习能够促进学生投入更多的精力和时间参与培训。教师协助学生在培训初期通过协商自主制定个人或团队的学习原则、目标与要求是保证开放性、自我指导型跨文化培训项目成功实施的重要前提条件，主要作用在于：通过对个人及团队需求的分析做出判断，确定重点；鼓励独立的、探索式的学习；协助学生构建学习信息、监控学习进程、反思学习目标和调整学习步调；指导学生如何综合运用元认知技巧。基于阿德琳（Daudelin）提出的自主学习教学协议[①]及涂尚（Tochon）的深度学习法原则[②]，学生与教师协商制定的学习原则和要求可概述为：

・我/我们将要学习 X（项目主题），我/我们的目标是 Y（学习目标）。

・我/我们将使用以下策略和资源进行学习（列出学习资源与学习策略）。

・我/我们将负责以下任务（包括主任务域与具体活动任务）。

・我的/我们的项目将按照以下程序实施和推进（项目流程及其意义）。

・我的/我们可以通过以下标准对每一项任务活动进行评估（自评）。

・我/我们计划在 Z（时间）之前完成任务（培训计划时长）。

（二）教师角色与任务

跨文化能力培训中教师所扮演的角色与传统教学中的教师角色不同，他们不是知识的被动灌输者和课堂控制者，而是作为资源的提供者与协助指导者在整个跨文化培训过程中发挥着重要

[①] Daudelin, M. W., Learning from Experience Through Reflection, *Organizational Dynamis*, Vol. 24, No. 3, 1996.

[②] Tochon, F. V., *Help Them Learn a Language Deeply*: *Deep Approach to World Languages and Cultures*, Blue Mounds, WI: Deep University Press, 2015, pp. 273 – 274.

作用。

　　培训教师作为学生学习的协助指导与顾问，为学生提供大量的学习资源和建设性的反馈意见，并运用恰当的方式激励和促进学生的自主学习和实践探索，从而促进其语言知识、跨文化交际能力及专业知识技能的提高。在基于项目的跨文化培训中，教师跟踪了解学生的学习行为，帮助其构建有意义的个性化跨文化学习主题项目。培训教师可以在培训方案中给出一个大纲模板或参考教材，但需在设计大纲时留出让学生自由发挥的空间，包括让学生选择学习主题、进度规划以及策略方法。[1] 教师需要思考包括"什么类型的培训组织要素能够引导学生将文化、知识与专业技能知识相关联，并将内容转换成主题式项目、技能或行为"或"围绕特定培训主题展开的各类训练活动如何相互转换、相互促进"等重要的问题，因此教师必须保持较高的灵活性。

　　教师在培训中给予学生尽可能宽泛的学习选择范围和自主决定权，并非意味着让学生"放任自流"，相反，培训教师的任务和面临的挑战可能会更多。首先，学习者对概念的学习往往开始于模糊的先期印象，后经过各种不同阶段和形式的认识、比较与分析，而使概念逐渐清晰与具体化。[2] 在跨文化能力培训活动中教师会引导学生将所学概念与学生的个人经历联系起来，促使他们在自主思考的过程中逐步意识到自己的学习风格以及对事物的理解方式。从而掌握新概念、新理论的意涵。其次，教师要根据培训实际情况顺应学生的节奏，调整培训进度，自身需要具备高度的灵活性与渊博的专业知识，对培训内容、参训学生的背景情况及其学习特点了解到位，对于培训项目实施中出现的突发情况能够随机应变。更具体地

---

[1] Tochon, F. V., *Help Them Learn a Language Deeply: Deep Approach to World Languages and Cultures*, Blue Mounds, WI: Deep University Press, 2015, pp. 216 – 217.

[2] Ibid., p. 261.

讲，教师需要在培训开始前深入地思考和了解学生的整体状况（包括专业背景组成、留学国别、语言水平及跨文化能力水平），除了设计好课堂主要活动计划，还要考虑如何应对培训过程中出现的变动和突发事件，并为学习小组留取足够的自我调适空间。深度教育中教师可以改变课堂互动的方式和策略，但同时要充分尊重双方协商确定的课程。从课程一开始便要训练学生成为培训课程的建设者。教师为学生提供样板，研究学习资源，组织教学材料。教学材料所提供的广博知识以及对知识的深度理解使教学、评价和学习融为一体，是师生和谐构建学习项目的基础。教学培训计划阐明完成项目的步骤。比如，教师集思广益，示范学生如何用不同的方法构建项目以达到鼓励学生各抒己见、相互交流、独立思考与深入探索的目的。[1]

学习资源及其获取途径多种多样，且随着新技术的快速发展而不断更新，为了给学生提供即时的、丰富的学习资源，教师必须不断加强对信息技术的了解和运用技能实践[2]，例如，设计电子文档、网页、PPT、Zoom 线上会议、群组共享等，这些资源能够为学生提供多样化的学习途径与实践方法，在促进学生自我指导式学习与实践等方面能够起到积极的作用。

就目前中外合作办学学生的学习特点和学习习惯而言，教师的支持与协助作用非常重要。要在整个项目开展的过程中，适时地为其提供建议，帮助拓展思维，比如拓宽任务范围或方式，运用不同策略，做出不同的尝试，为自己设定挑战性的任务，从而帮助其逐渐形成独立思考、团队合作和自主学习的能力。因此，教师的角色

---

[1] ［美］弗朗索瓦·维克多·涂尚：《世界语言与文化深度教育法》，龙翔、肖建芳等译，德普大学出版社 2016 年版，第 162 页。

[2] Boss, S., Krauss, J., & Conery, L., *Reinventing Project-based Learning: Your Field Guide to Real-world Projects in the Digital Age*, Eugene, OR: International Society for Technology in Education, 2008.

是提供资料、激励学习、循循善诱和及时反馈，但不是代替学生做决定。①

总的来说，教师的主要职责在于为学生提供必要的理论支持与核心学习资源，在教学活动中引导学生将新的概念知识与个人跨文化体验联系起来，促进学生的自主思考并做好及时反馈，通过讨论、协商的方式为学生创造更多的机会，使学生能够在尽可能广泛和开放的空间里自主选择和规划他们的跨文化学习框架和项目开展方式。深度培养模式中教师角色的这一转变与跨文化交际的复杂性、动态性与互动性相符，学生与教师的讨论协商过程本身就是一个寻求沟通、协调合作、不断反思的过程，这不仅有助于学生更透彻地理解跨文化教育的意义所在，同时能够加深学生对自我及对事物理解方式的认知，这对于他们文化自觉意识及高水平思维能力的锻炼不无裨益。当然，这种开放式的教育培养方式对于习惯于指令式教学和教师主导的学生们来说，可能需要一定的时间来适应，但从学生长期发展来看，这一过程是非常有价值的。关键在于教师需要向学生解释清楚跨文化培训模式下教育培训方案的基本理论和要求，学生理解并遵循深度教育法的基本原理。整体跨文化培训方案和价值创造型教育的成功实施需要教师和学生从理念上以及实践中共同努力，在协作中不断深化学习过程。

第三节　跨文化能力培训主题项目构建的核心问题

中外合作办学学生跨文化能力培训模式是以项目为中心，以

---

① Tochon, F. V., *Help Them Learn a Language Deeply: Deep Approach to World Languages and Cultures*, Blue Mounds, WI: Deep University Press, 2015, pp. 206–208.

过程为导向的教育培养模式。所谓培训项目，是指各个相对独立的培训事项，它包括相应的培训内容、培训方式和培训环节等。自主指导型跨文化主题学习项目的建构是该培训模式实施的核心途径，在框架设计、内容编排、学习策略以及评估反馈等各个环节都需遵循关注学生内在动机与真实需求，通过师生、生生互动协商的方式实现跨文化相关知识整合与实践运用的基本原则，以开放性、创造性与反思性为主要特点。该类培训项目可以作为专门开设的跨文化能力培训课程的主体，也可以灵活应用于外语语言课程、文化课程以及专业课程（尤其是双语专业课）中，以国内学习准备阶段为主。

项目是有关新知识的应用，并在付诸行动时具有实用性、功能性和相关性，因此对于个体的认知发展和组织决策能力的提高具有重要影响。项目的目的在于创造一个既能满足自我意愿又能满足社会需求的以个人、同伴合作或小组形式进行的活动。构建项目能够将碎片化的学习内容进一步整合，将不同学科（如文化、语言和专业知识）知识关联起来，并通过执行一系列教学任务模块来解决现实中复杂的跨文化相关难题，实现个体综合能力的提高。[1] 基于自我指导型学习项目的跨文化培训较之其他方法更能提高学生的学习质量，批判性思考与合作学习在此过程中占有重要地位，学习项目本身并不能激发动机，真正起作用的是靠互相交流、协商以及深刻反思而实现超个人目标的教学培训环境。[2] 跨文化能力培训模式下的学习项目具有自我指导性、整体性与反思性的显著特征。

---

[1] Tochon, F. V., *Help Them Learn a Language Deeply: Deep Approach to World Languages and Cultures*, Blue Mounds, WI: Deep University Press, 2015, pp. 201–206.

[2] Yu, L., *Cultural Variance of Reflection in Action Learning*, Geneva, Switzerland: University of Geneva, Centre for Socio-Economic Development, 2006; Wu, Z., "Interpretation, Autonomy, and Transformation: Chinese Pedagogic Discourse in a Cross-cultural Perspective", *Journal of Curriculum Studies*, Vol. 43, No. 5, 2011.

首先，自我指导型项目有助于缓解学生在面对指令性学习任务时产生的心理压力和焦虑情绪，帮助学生以一种相对轻松、积极的学习态度和参与态度，培训中开放式的主题项目系统给予学生自主选择和设计具体任务活动的自由，从而有利于提高学生的内在积极性和发挥潜在创造力。

其次，跨文化能力培训中学生自主建构的项目也具有整合性、跨学科性的特征，融入了文化比较、语言学习与交际实践任务。中外合作办学生通过一定的方式将不同学科领域的主题内容结合起来，并将所学知识与亟待解决的现实跨文化沟通问题或互动情境相关联，从而使语言学习、文化学习或专业知识技能的学习被放在一个更大的、隐含社会意义（如世界和平、社会公正，多元文化共处）的框架[①]内考虑，学生在自主设计与实施跨文化主题项目的过程中能够逐渐发现所学知识的实践价值。

最后，反思性的跨文化学习项目能够促进学生的自主学习能力和身份构建。在跨文化学习项目的设计与实施过程中，学生会批判性的反思他们自主制订的项目行动方案的连贯性、各种任务的有效性以及他们对项目本身的直观感受，并据此在实施过程中不断调整进度。可见，跨文化学习项目的构建能够引导学生去主动思考他们要做什么、为什么做和怎么做等基本问题，从而完成对自我的深入探究和身份的构建。当学生真正认识到成功源于自身努力与内部激励，便会形成更高的自我效能感，对自身完成项目任务的能力充满信心，并能将所学知识和技能付诸实践，从而获得更加有价值的项目成果。[②]

[①] Osborn, T. A., *Teaching World Languages for Social Justice*, *A Sourcebook of Principles and Practices*, Mahwah, NJ: Lawrence Erlbaum, 2005.

[②] Tochon, F. V., *Help Them Learn a Language Deeply: Deep Approach to World Languages and Cultures*, Blue Mounds, WI: Deep University Press, 2015, pp. 275–276.

一 项目框架设计与内容编排

项目的规划与设计阶段对于激发学生的内在动机与身份认知非常重要，是成功构建自主性学习项目的首要步骤。为了避免过多的标准化要求与内容让学生形成机械性的条件反射，从而弱化学习主动性与内在动机，我们遵循开放式项目设计原则，主张在项目目标与内容的制定阶段由教师提供给学生丰富的各类学习资源及交流平台，并帮助学生以他们选择的材料为重点，进一步挖掘新的相关资源，而最后使用哪些材料和确定什么样的主题内容则由学生做决定。这种要求学生从广泛的资源（包括文本及视听材料）收集、观看与阅读开始，在教师的帮助下将语言、文化以及自己的专业知识联系起来，按主题把符合个人兴趣与需求的具体材料编纂在一起，逐渐聚焦、确定重点的过程，是建立自主跨文化主题学习项目的核心内容，有助于解决在现实生活和未来工作中可能遇到的复杂问题。例如，商务专业的学生可以选择为某公司的新产品制定国际营销计划或组织一场目标明确的模拟国际商务谈判；对语言学习尤为感兴趣的学生可以就某种目标外语的文化意涵或语用意义进行比较研究；热爱教育事业的学生可以选择对某个国家的大学教育体系及现状进行综述与分析，也可以从更微观的角度探讨有关多元文化课堂的组织原则与教学策略问题。可以看出，由学生自主选择设计的项目，内容丰富多样，因其具体目标与关注主题的不同决定了项目的具体实施方式以及最后成果的呈现形式多样化。书面及口头报告、模拟会议、PPT 演示及视频制作、论坛交流、剧本演出等各种项目成果形式由学生与小组同伴共同协商决定，可以单独使用，也可以混合使用。

成功完成项目整体规划与内容编排的难点还在于教师需要在一开始就对自主性项目的重要意义以及实施原则加以详细的说明与强

调，并在尊重学生选择的基础上，为其在自主探索、学习的过程中所遇到的问题提出建设性意见和及时反馈。就目前高校学生的整体学习状态而言，他们在课前往往对自己的学习目标与任务并没有太多的想法，倾向于习惯性地、被动地接受由老师完全计划安排好的课程内容及任务。由被动到主动学习的心理转变需要一个过程，部分学生在自主学习项目启动的初期可能会感到迷茫与抵触，这也使教师作为咨询专家与协调者的职责显得尤为重要。另外，鉴于外语语言综合应用能力在跨文化能力培养中的重要地位，我们建议并鼓励学生在完成跨文化项目下的各项具体任务时运用目标外语或双语，但同样，这并不是一项强制要求，学生拥有选择项目任务语言种类的权利。他们可以根据对自身能力水平的评估以及与同伴的协商结果做出不同的选择。培训中给予学生语言选择权的理由在于，创造性的学习过程产生于相对愉悦且富有弹性的智力发展空间，母语与目标外语之间的语码转换有助于减缓学生的紧张情绪，使其在一个相对真实自然的对话环境下[1]，以思想表达与意义分享作为核心关注点，语言作为沟通工具，构建符合自己内心的、能与现实体验产生共鸣的学习主题。

在跨文化能力培训中实现好的培训效果，合作办学学生需要在整个培训项目的设计、实施与评估过程中积极参与各项活动，并进行不断反思，具体来讲，参与培训的学生需要做到：积极地参与查阅和探究相关知识（包括数据资料收集、整理与分析）；将相关理论与文化知识与现实生活相联系并加以理解（理论联系实践，对现实问题做出描述和解释）；应用、调整和整合所学内容（寻找文化、语言与专业知识方面的内在联系，将其放在一个更宽泛、整合的框架下进行组织、思考和分析）；对所学内容进行综合和概念化提升，

---

[1] Tochon, F. V., *Deep Approach to World Languages and Cultures*, Blue Mounds, WI: Deep University Press, 2015, p. 70.

包括对自身在整个学习过程中的自我认知和身份认同的反思（包括对知识内容及自我学习过程的规划、策略选择、实际操作和效果评测）；对自身的学习认知过程、组织协调效果、互动和行动方案以及阶段性、最终性成果做出评估（如对文档资料、信息、同伴交流、小组合作以及其他内外结合的评估方式）。尤其是在实施自主指导性项目时，学生得以在实践中对所学多学科知识与技能进行探究、理解、综合、应用、分析、总结和评估。[①]

二 跨文化主题项目基本维度与构建模板

基于中外合作办学学生的跨文化能力培训目标及学生特点，参考涂尚教授构建的外语语言教育项目 IAPI 组织模板[②]，笔者提出一个适用于自主性跨文化培训项目构建的参考框架："跨文化主题项目构建模板"（见图 5—2），培训教师可在培训之初将该参考框架介绍给学生，帮助其构建个人的、同伴的或小组的跨文化主题项目。如图 5—2 所示，笔者以"跨文化情境下的沟通难题"为例构建跨文化主题项目，该项目模板基于灵活的、易调整的"反思—行动"方法[③]，将跨文化学习项目分为知识输入与知识输出两个维度，知识输入包括诠释与分析两个任务域，知识输出包括呈现与互动两个任务域。每个任务域下面可根据特定的项目主题制定多样多层次的训练活动，内容涵盖阅读、观影、写作、录音以及口头陈述等多个方面。同时，学生还可以在项目实施过程中根据实际需求对这些具体活动内容进行灵活调整，交替使用。[④]

[①] Tochon, F. V., *Help Them Learn a Language Deeply: Deep Approach to World Languages and Cultures*, Blue Mounds, WI: Deep University Press, 2015, pp. 282-283.
[②] Ibid., pp. 77-79.
[③] Schön, D. A., *Educating the Reflective Practitioner*, San Francisco, Jossey-Bass, 1987.
[④] Tochon, F. V., Dionne, J. P., "Discourse Analysis and Instructional Flexibility: A Pragmatic Grammar", *Pragmatics and Language Learning*, *Monograph Series*, Vol. 5, 1994.

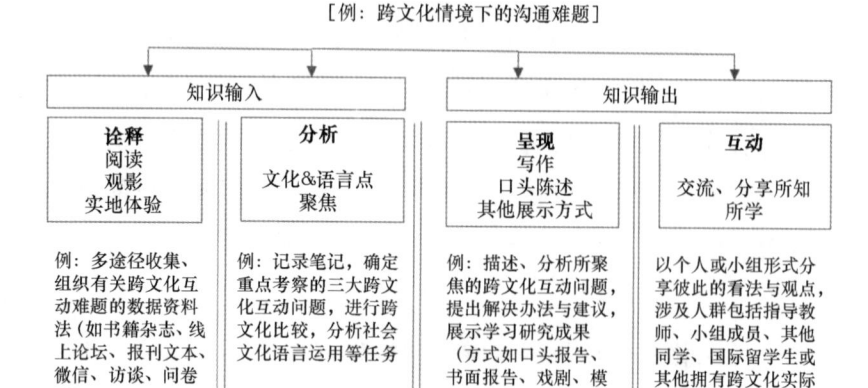

跨文化培训主题项目
[例：跨文化情境下的沟通难题]

知识输入

诠释	分析
阅读 观影 实地体验	文化&语言点聚焦
例：多途径收集、组织有关跨文化互动难题的数据资料法（如书籍杂志、线上论坛、报刊文本、微信、访谈、问卷等）	例：记录笔记，确定重点考察的三大跨文化互动问题，进行跨文化比较，分析社会文化语言运用等任务

知识输出

呈现	互动
写作 口头陈述 其他展示方式	交流、分享所知所学
例：描述、分析所聚焦的跨文化互动问题，提出解决办法与建议，展示学习研究成果（方式如口头报告、书面报告、戏剧、模拟练习等）	以个人或小组形式分享彼此的看法与观点，涉及人群包括指导教师、小组成员、其他同学、国际留学生或其他拥有跨文化实际经历的人等

图5—2 跨文化培训主题项目模板及实例

例如，学生在"跨文化互动难题"的项目中，可能会发现互动任务域下的"跨文化经验交流会"与诠释任务域下的"数据收集活动"存在交集，可以混合使用，互为补充，互相促进。与他人的信息分享与经验交流是学生收集一手跨文化相关数据与资料的重要方法，而学生收集整理而成的文献资料包也可用于小组讨论与合作学习中。又如学生可能在培训项目的制作过程中发现对项目成果既可以用写作报告形式呈现，也可以选择口头展示与实践运用进行呈现。每种形式都有其优势所在，学生根据自身的思维方式和行动风格将这些不同任务域的具体活动联系起来，灵活互换、交叉使用，从而在把活动内容从一个任务域向另一个任务域迁移的动态过程中锻炼思辨能力和灵活性，提高自身知识索引和学习迁移的能力。该项目模板既可以用于个人主题项目，又可用于双人或小组主题项目的设计与实施中。

总的来说，跨文化主题项目构建模板是可以帮助学生基于自身兴趣与需求规划和支撑项目的整体框架，强调将社会文化、政治、语言学以及专业知识等多方面因素综合考虑，创造动态的、互动式的培训环境。该模板的运用给予学生很大的自由空间去设定明确的目标，探索和创造适合自己或团队的执行策略和学习方法，并在自主协商过程中完成跨文化主题项目的知识探究、能力训练以及自我身份的构建。这种学习方法与反思习惯也会使他们的未来人生受益。

由此可见，中外合作办学学生自主设计的跨文化主题项目包括知识输入与输出维度下的动态多层任务域组成，重视在过程中的实践与反思，同时应具备跨学科性和整体性特征。为实现提高跨文化交际能力的主要目标，跨文化主题项目应将文化（包括本国文化与目标国文化）、语言（包括口头交流、写作、阅读与语言点聚焦）以及专业知识技能有机结合，从社会文化、语言学以及学术专业的多层次维度综合考虑，探寻整体项目下的不同任务域。具体见图5—3。据此，跨文化主题项目设计与实施应遵循以下几个基本步骤：

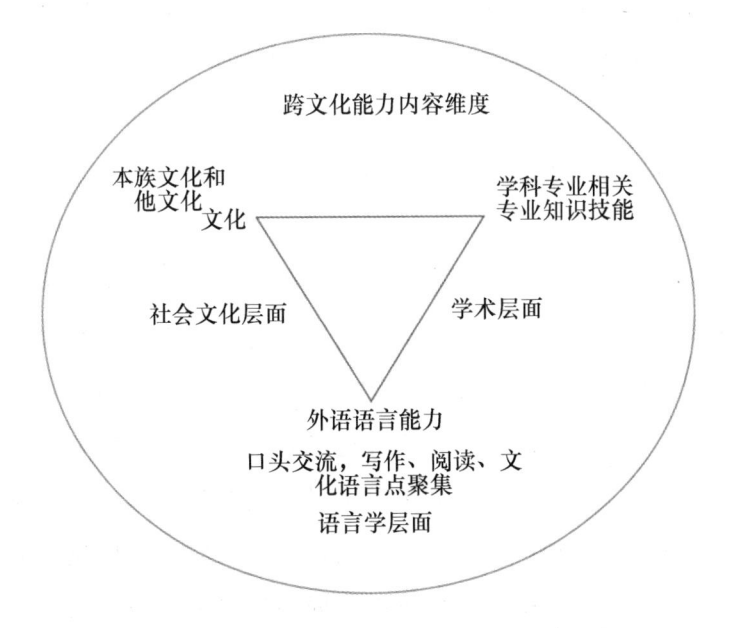

图5—3 中外合作办学学生跨文化培训内容维度

步骤一：了解项目构建的原理与方法："绘制个性化跨文化学习项目地图"。

教师在培训伊始，要首先让中外合作办学学生理解跨文化能力培训模式的核心理念和运行方式，并提供跨文化主题项目构建模板与丰富的学习资源，从而提高学生的积极参与性与自主性。同时，该阶段要求学生通过独立思考和讨论（如头脑风暴）确定自己的学习意图、感兴趣的学习内容、偏好的学习策略和方法以及对跨文化互动相关主题的思索、罗列、整理和综合。在此基础上尝试设计出个性化的培训项目大纲，该大纲应是开放的、可调节的和易于反思的。学生需要开始第一次学习日志的记录。

步骤二：组建项目团队，确定项目主题内容。

在这一阶段，教师鼓励学生在课前搜集和阅读相关材料（内容如真实互动情境下的跨文化冲突、文化差异引起的学术上的困难、对本国文化与目标国文化因素的了解等），为课上讨论做好准备。在讨论式培训课堂中（如习明纳或工作坊），学生在与同伴的交流中，获知必要的信息与更丰富的资源，并据此找到研究兴趣相合，且有意愿合作的同伴进行项目团队的组建。学生需要详细记录讨论的要点和心得，明确项目主题与团队成员，完成最终项目团队的组建任务。

上述两个步骤作为主题项目的计划阶段，对于激发学生内在动机与身份投入（identity investment）非常重要，教师为学生提供丰富的学习资源并帮助他们在聚焦项目主题内容的过程中进一步挖掘新的资源，学生通过泛读与视听等途径确定与项目主题有关的核心资料，并以此为中心开始规划主题项目的实施过程，并以解决现实的复杂的跨文化互动相关问题为基点，拟定相应的多样化任务与具体活动。在小组项目中，学生可以依据各自水平与擅长的方面进行分工合作，如数据收集、报告写作、成果演示等。

步骤三：项目具体实施，重在过程与反思。

在项目实施过程中需要特别强调教师与学生各自的角色和任务。培训教师需根据需要进一步对"跨文化主题项目构建模板"进行解释和说明，并根据学生的具体问题提出建设性意见和反馈。教师需要关注每个项目组的操作进程与表现，并在理论上、技术上和信息上适时地提供相应的帮助和支持。受训学生在教师的协助下，选择自身感兴趣的主题内容和实施策略，建立规划、实施与评估自己团队项目的整体流程，并付诸实践。反思、经验分享和互动协商在这一阶段显得尤为重要。需要强调的是，受训学生需要在项目实施过程中坚持记录项目进程情况与自身的变化与发展，从而逐渐清晰自我认知，调整项目内容与进度，以取得最优的培训效果。

同时，学生应该明确地认识到即使是对同一项目主题的探究，也可以采用不同的方法和途径，得出不同的结论。例如，文献查找与整理须围绕主题展开，但反映这一主题内容的文献资料形式却可以是多种多样的，包括书本报刊、法律文本、生活体验、多媒体资源等。这些不同的资料文献的思想深度、行文视角与语言难度各不相同。教师在培训过程中鼓励学生基于自我认知挑选不同层次的文献材料，并不断挑战自己目前的语言水平和文化素养，同时协助学生选择合适的多种形式的文献材料与数据来支撑观点，探讨其设定的项目主题。

步骤四：项目成果展示与评估。

以过程为导向的跨文化培训项目的评估应具备开放性、反思性、形成性与多层次性。自我评估（个人及团队 SWOT 分析）、同伴评价、教师对于学生在项目实施过程中的表现以及他们在语言、文化和学术层面的知识技能发展情况进行注释性评价和反馈。同时，还可以提供跨文化能力水平相关测评问卷作为参考。

下面笔者基于以上步骤列出部分跨文化主题项目的设计实例：

项目实例一：以专业知识技能为主题，兼顾语言与文化学习（学术层面、文化层面与语言层面结合）。

1. 侧重跨文化商务沟通能力的项目（商科专业的合作办学学生）

（1）主题：以针对某公司新产品海外市场推广的国际商务谈判主题为例。

（2）项目涉及的主要内容：

——本地商务礼仪、法律、社会习俗、思维方式以及行为规范等。

——正式商务沟通环境下的语言应用方式与特点。

——商务沟通技能的运用。

——模拟商务谈判会议，撰写会议记录等。

（3）可能涉及的跨文化技能与素质提升：商务写作能力，情境表现力，文化知识与跨文化意识，跨文化沟通技能，外语语言水平。

2. 侧重学术写作和演说展示能力的项目

（1）主题：以针对某本地食品集团制定海外市场营销计划为例。

（2）项目涉及的主要内容：

——英文报告写作风格、文献格式与专业词汇的运用。

——与主题相关的专业知识（如 SWOT 分析，"4P"理论等）。

——数据收集和整理技能（包括一手和二手资料的收集途径与文献来源）。

——口头表达和成果展示（小组英文报告陈述）。

（3）可涉及的跨文化相关技能与素质提升：数据收集，泛读与写作，独立思考，组织分工与互动协商，口头表达，文化意识，商务沟通技能，外语语言水平等。

项目实例二：以文化比较为主题，兼顾外语语言练习（侧重文化层面与语言层面）。

（1）主题：本国文化对于跨文化沟通过程的潜在影响。

（2）项目涉及的主要内容：中国文化深层结构及其对跨文化沟通过程与结果的影响；根植于中国传统文化的跨文化相关概念与思想。

（3）可涉及的跨文化相关技能与素质提升：数据收集，泛读与写作，独立思考，组织分工与互动协商，口头表达，文化意识，商务沟通技能，外语语言水平等。

项目实例三：以跨文化互动为主题，兼顾外语语言练习（侧重文化层面与语言层面）。

（1）主题：探讨中外合作办学学生在跨文化情境下可能遇到的沟通问题（调查与分析）。

（2）项目涉及的主要内容：

——多途径数据收集（包括书本、杂志、报纸、线上资源、网络工具，问卷与访谈）。

——选择三个最关注的问题。

——确定、描述、分析与归因（可参考 IAPI 模板进行项目任务域的构建）。

最后，应该再次强调的是培训教师在跨文化主题项目的构建过程中具有重要的支持和促进作用。为了有针对性地为学生提供帮助，优化项目实施过程，教师需要先对受训学生的整体情况有一定的了解，包括他们的专业背景、兴趣、培训期望与需求，并通过组织讨论与演说促进学生彼此了解。培训教师需要向学生介绍跨文化能力培训的运行原理及方法，帮助其树立作为培训项目主要构建者的"主人翁"意识，并以讨论、协商的方式与学生共同制订培训目标、方法及评估形式，缓解其参与培训过程中可能产生的焦虑情绪和心理压力。教师还需要为学生提供丰富的学习资源和积极的实时反馈,激励学生以积极、自信的态度参与自主性跨文化主题项目的设计与实施,帮助其有效地运用跨文化主题项目构建模板,制定不同规模、不同时长、内容各异的自我指导型学习项目,并依据学生的项目实际进度,灵活调整具体的培训计划。例如,培训教师可以通过以下步骤激励学生在主题项目的设计与实施过程中自主探索和创新:[1]

(1) 头脑风暴,教师与学生通过协商共同规划、构建项目基本框架。包括项目小组的组建以及各小组成员在项目实施过程中所应担任的角色与任务。每个小组可根据自身兴趣与需求设计出不同的主题。

(2) 项目小组对主题项目的整体流程与可能出现的各种问题与情境做出预测和设想。

(3) 利用网络和其他途径搜索资源、浏览材料,据此提出问题,写出概要。需要进行实证调查(如访谈、问卷、参与观察)的项目,学生可在事先与小组同伴进行模拟练习和准备。

(4) 调整、修订主题项目(包括内容、结构、任务活动与时间安排等),准备后期报告和成果展示。

(5) 进行口头报告(如 PPT 陈述)或其他形式的成果展示,并进行自我评估、同伴评估与反馈。

(6) 对整个主题项目的实施过程进行反思,包括对所习得的知识与技能,自身思想上和行为上的内在变化,与他人的合作协商过程等方面。

---

[1] Heilman, J., & Stout, M., Putting Projects into Practice, In Bradford-Watts, K., Ikeguchi, C., & Swanson, M. (eds.), *JALT 2004 Conference Proceedings*, Tokyo: JALT, 2005, pp. 587–591; Tochon, F. V., *Help Them Learn a Language Deeply: Deep Approach to World Languages and Cultures*, Blue Mounds, WI: Deep University Press, 2015, p. 205.

三　项目实施方法与学习策略

学生在教师的协助下选择不同的项目主题、目标和任务活动，并尽可能地将其与自身兴趣与偏好相结合。

与开放性跨文化培训项目设计相对应的是多样化、创造性的项目实施方法与学习策略的运用。学生依据自己选择的项目主题和协商制定的项目计划进一步细化和分配各项任务，如调查、记录、整理、讨论分析、综合报告、表演排练、视频录制等。学生在执行各种项目任务的过程中需要保持足够的灵活性与机动性，能够根据实际需要与情境的变化制定出一套行之有效的方法并对其进行必要的调整。在大多数情况下，项目实施过程中学生都可能或多或少会遇到一些计划之外的问题，或有意料之外的收获，而这些令人"惊讶"的发现以及随之而来的思考与行动是学生进行自我探索，拓展思维的重要途径，是一种基于自我概念建构的方法，有助于学生保持活跃的学习状态。此外，自主性跨文化项目的一个重要优点就在于它与学生的现实体验与未来人生规划密切相关，他们所关注的项目问题以及在项目执行过程中形成的一系列策略与方法能够有效地帮助他们解决目前或未来遇到的实际问题。因此，学生参与项目的内在动机与兴趣也会更高，从而帮助他们保持求知的热情。当然，我们讲赋予学生项目执行过程的决定权与调控权，让他们能够有机会进行元认知与反思，且有足够的自由空间来发挥学习潜能，同时还需要强调教师在项目实施过程中的重要作用。事实上，教师作为咨询专家与协调者，要针对不同的项目主题为学生提供资源支持，并对其项目进展提供及时的反馈与必要的指导，这不仅需要广泛的多学科知识背景与较高水平的外语语言能力，还需要高水平的课堂组织能力与协调能力。

以世界语言文化深度教育法为基础的跨文化教育项目不要求学

生遵循过多标准化、同一性的要求与限制，教师并不会提出详细的学习策略清单，而是强调学习策略的多样性与情境性，使学生认识到学习策略的选择关键取决于学生对自我能力水平的认知以及任务内容的需要。学生在项目实施的每一个阶段都会进行协商与合作，从而批判性地反思他们行动方案的逻辑性、连贯性与有效性，以及他们对项目本身的感受。在这个过程中，学生会越来越清楚地认识自我，思考要做什么，为什么要做以及怎么做。如果学生能够认识到成功源于自主学习，并对自身完成任务的能力充满信心，且意识到他们已经掌握了在某个方向取得进步的必要技巧，那么这样的项目效果就会更加显著。① 在这里，还需要具体说明两点：一是文本在深度跨文化教育项目中的重要性，其核心是研究日志（journal entries）或项目文件包（portfolio）的写作。文本是记录分析和思考过程的重要途径，学生对个人或团队项目研究进展及心得进行详细、清晰的记录，是他们能够进行阶段性反馈与深度反思的基础与保证，这一点是口头交流所无法取代的。因此，虽然具体记录方式与风格可以多样化，但学生有必要在教师的提醒与帮助下，自项目启动初期就开始有意识地建立文本记录的习惯，并在不断地练习过程中提高包括叙述、分析、归纳、总结等多方面的写作表达能力；二是需要再次强调，教师应将民族志方法作为构建跨文化学习项目的重要理论基础与参考方法介绍给学生。"民族志式的学习"是以一种自然、通识的方式学习某种文化模式下的意义构建、风俗习惯和行为规范等。② 从这个意义上讲，参与跨文化教育项目的学生本人就具备"民族志研究者"的身份。因此，对民族志式的观察和学习方法的了解与运用有助于学生对自身的跨文化体验进行更好的叙

---

① Tochon, F. V., *Deep Approach to World Languages and Cultures*, Blue Mounds, WI: Deep University Press, 2015, p. 276.

② Hymes, D., *Language in Education: Ethnolinguistic Essays*, Washington: Centre for Applied Linguistic, 1980.

述、分析和归纳,从而将其纳入自身的认知体系中,形成新的自我认同与文化认同。

在这里,笔者要再次强调阅读与写作在语言文化学习中的重要作用。跨文化能力培训中,无论是民族志方法训练还是自主性语言文化主题项目的构建,都包含有大量的写作任务。写作和阅读是认知的基础和核心要素[1],对于高阶语言能力与文化素养的提高具有关键性作用。[2] 语言文化的学习离不开大量的阅读和写作练习。

在为跨文化项目实施收集数据资料和民族志写作准备时,都需要大量的、快速的阅读,在泛读的基础上,慢慢聚焦,挑选核心材料。阅读分为泛读与精读,包括默读、大声朗读与交互性阅读[3]等多种方式。中外合作办学学生可以根据文献收集的具体情况以及自主跨文化主题项目构建的需要,选择合适的阅读类型与阅读方式,其中,对于自由选择的文献资料进行广泛而复杂的阅读能够有效地促进中外合作办学学生的理解水平与表达能力。他们在阅读中可以基于几个步骤来促进理解,形成个性化阅读策略:①确定阅读主题目标,通过回顾已有知识,预测需了解的新知识,设定恰当的阅读目标与文献资料种类,做好阅读计划;②分析在阅读材料过程中出现的问题,提出质疑、讨论分享,加深理解;③思考阅读文本与阅读目标的关联性,运用有效的策略优化阅读过程;④ 对所阅读内容进行阐释与总结,将其归入相应的学习任务和活动分类中,并尝试绘出自己的阅读思维导图与概念关联图,用以更直观、抽象、精炼地呈现思考过的阅读成果;⑤厘清可能产生误解的文本内容,与

---

[1] Kern, R. G., "Students' and Teachers' Beliefs about Language Learning", *Foreign Language Annals*, Vol. 28, 2000.

[2] Tochon, F. V., *Help Them Learn a Language Deeply: Deep Approach to World Languages and Cultures*, Blue Mounds, WI: Deep University Press, 2015, p. 85.

[3] Palincsar, A. S., & Brown, A., "Reciprocal Teaching of Comprehension-fostering and Comprehension Monitoring Activities", *Cognition and Instruction*, Vol. 1, No. 2, 1984.

同伴合作，共同讨论阅读中的重难点，分析文本中最复杂的部分；⑥对阅读过程进行自我反思，对特定文本在阅读任务以及整个主题项目构建中的价值和意义做出判断和评估。①

　　文本，即以任何形式书写或记录下来的语言，是深度语言发展的基础和源泉。深入而有效的人际交往需要人们了解真实而复杂的文献资料，并通过对语用特征的深度分析领会和理解个人及社会类文本，而该类文本的语言特征往往会随情境、语境和时间的变化而变化。② 因此，我们在培养中外合作办学学生的跨文化交际能力过程中，必须注重文本中所蕴含的深层文化意义，将语言情境化。写作作为语言输出的一种主要形式，是帮助学生阐明观点、表达想法的重要工具，能够加深学生对自我认知和表达能力的认识。写作过程本身即是整理思维、记录自我思考与分析的动态变化的过程，体现了自我认知、学习意识以及相关技能的变化与发展。尤其是自发的、持续性的写作行为，学生在写作过程中以自己的方式呈现文化理解，重点不在于语法的精确度与句子是否华丽，而在于对内容意义的建构、阐释与分析，关注点从语言形式逐渐向内涵意义转变。跨文化培训中的写作任务是一个持续性的、涉及多学科的过程，需要学生们在老师的指导和帮助下反复地揣摩，对写作思想和形式加以完善，同时可以通过经验分享和同伴讨论，进一步修改写作文本。

　　中外合作办学学生在跨文化培训中的写作任务应视为一种自我探索的行为，必须建立在促进学生学习兴趣和内在动机的基础上。学生需要首先明确自己关注的主题、语言学习的具体目标以及基于自身体验和知识背景的个人学习条件，从而在相对自主的环境下确

---

① Tochon, F. V., *Help Them Learn a Language Deeply: Deep Approach to World Languages and Cultures*, Blue Mounds, WI: Deep University Press, 2015, pp. 228 – 229.

② Ibid., pp. 84 – 85.

定文本写作的表达风格。写作是一个动态过程，不仅意味着有意义的语言输出，也是一个塑造自我性格和建构世界的过程。[①] 在跨文化培训中进行自主写作训练有利于学生建构跨文化身份，拓展社会自我与多语自我的视野，激发陈述性、过程性和语境化的表达。

此外，值得一提的是，由于中外合作办学学生跨文化能力培训贯穿整个合作项目过程中，包括国内学习阶段、海外留学阶段以及回国阶段。为了能够在海外留学期间为学生提供即时的、有效的帮助与支持，并更好地掌握跨文化学习情况与进度，各种互动技术的支持与运用尤为重要。构建在线培训互动平台，并利用各种线上沟通工具，如 Skype、YY、MSN、微信等网络通信工具，能够有效地拓宽合作办学学生接触跨文化情境的途径，提供师生、生生线上交流与讨论的便利。

四 形成性、反思性项目评估

总体上讲，中外合作办学学生跨文化培训项目的评估方式以关注实用性与有效性为主，旨在为参训学生提供建设性的反馈、促进其经验与资料共享、激发内在动机。院校应赋予培训教师足够的自由和权限用以制定特定跨文化培训课程及具体主题学习项目的评估方式，应根据具体培训课程的性质及主题项目特点，综合使用多样化、多层次的评估方式，包括自我评估、同伴评估、小组评估，教师评注性反馈与等级评定。教师应通过与学生讨论、协商的方式确定应采用的几种评估方式及其在整个评估体系中应占的比重，以尽可能地满足学生不断增长、变化的广泛需求。

开放式、自我指导型的跨文化主题项目的一个重要特点在于尊重学生的自我选择与个体差异，重视过程与反思，认可由于知识输

---

① Bruner, J., *Actual Minds, Possible Worlds*, Cambridge, MA: Harvard University Press, 1986.

入内容的不同而产生的各种不同的输出,是一种能够激发学生内在学习动机和自我决策能力的培训方法①,需要有灵活的、多层次的评估方式作为支撑。因此,与之相匹配的项目评估方式应同样能够反映出对学生自主选择的尊重与认可,支持学生自主能力的发展,且可以满足参训学生身份构建以及跨文化综合素养提升的需求。

单纯的知识型测试虽有助于加强学生对知识点的记忆(尤其是短期记忆),但在促进知识的深入理解、实际操作技能以及批判性反思能力的提高方面效果甚微,容易导致学生形成浅层次的学习习惯。② 简单的从知识获取或行为观察的层面上考察很难对学生在项目规划与实施过程中取得的进步、成就与个人发展做出有效评价。相较于形式,跨文化培训项目评估应更注重各种项目活动和任务在内在意义上的关联性,以及学生在此过程中形成的解决问题和情境交际方面的能力。

同时,反思能力的培养作为批判性思维教育的核心目标,是连接学科知识和现实生活实践的重要工具③,因此在自主指导型跨文化主题项目评估中具有相当的比重,是制定评估指标的基础和重要内容,反思性评估能够考虑到学生自主学习能力的形成和真正意义上的创新,包括对学生的知识习得、自我调控和学习过程的监控和评估,是一种能较好地激发学生学习动机的评估方法。以反思性自我评估方式为例,原则上讲,反思性自我评估应包含三个基本层次的内容:一是通过关联各学科知识内容构建整合型跨文化主题项目过程中对相关概念的理解、分析和应用能力;二是在项目实施过程

---

① Liu, W. C., Wang, C. K., Tan, O. S., Ee, J., & Koh, C., "A Self-determination Approach to Understanding Students' Motivation in Project Work", *Learning and Individual Differences*, Vol. 19, 2009.

② Newstead, S. E., & Findlay, K., "Some Problems with Using Examination Performance As a Measure of Teaching Ability", *Psychology Teaching Review*, Vol. 6, 1997.

③ Tochon, F. V., *Help Them Learn a Language Deeply: Deep Approach to World Languages and Cultures*, Blue Mounds, WI: Deep University Press, 2015, pp. 288–289.

中通过阶段性反思而实现的身份构建；三是通过多层次多样化项目任务与活动的设计与执行，提升自我实际操作技能的程度。学生可以在项目设计之初与老师商讨确定总体的自我评估方案，并在后期根据项目的实际开展状况做出相应的调整。

跨文化培训评估的目的不在于依据统一的简单标准与最终分数对参训学生的能力提高与进步程度进行评判，而是要以激励的态度，用客观的、多方位的评述帮助学生更好地了解自身在培训过程中的表现与成就，总结进步与不足，从而实现发现内在自我、超越自我的目标。同时，要做出评注性的、建设性的评估，培训教师需要在整个培训过程中密切跟踪学生的行为表现，并通过建立个人培训档案、培训日志等保持信息的连贯性与真实性。学生在培训过程中坚持撰写的学习记录、阶段性心得体会以及取得的成果展示（如民族志文本）既是被评估的重要内容，也能够为教师做出客观评述提供信息支撑与参考。以"跨文化主题学习项目"评估为例，笔者在下面列出了一些可用于"跨文化主题学习项目"评估的参考指标：

·交际过程及效果：培训过程中的师生、生生交流、协商与互动方法与策略的有效性与成功度。

·学科知识整合与运用：主题项目中文化、语言及专业知识技能的关联与运用。

·跨文化素养：深层跨文化理解力与自觉意识的培养。

·自我身份构建：通过对项目构建过程中的个人经验及表现的阶段性反思实现。

·组内、组间协同合作（针对小组项目而言）：小组成员间及不同小组间的互动、组织、协商状况及效果。

·学术技能：阅读与诠释，写作与口头报告。

·技术工具的运用：多媒体及线上交流工具（邮件、网页、

Skype、博客等）在项目构建过程中的运用情况及效果。

依据这些指标所做出的评估需以评注性的详细分析为主，而非简单的分级评分。教师根据培训项目的内容性质、执行策略及规模时长，与学生通过协商共同制定项目评估方案，项目任务与活动应在具体评估指标中得到体现，占有特定比重。这种形成性评估注重学习的过程，在参考一定的标准和指标的基础上同时保留了灵活修正或增补的空间。[①]

总的来说，对于以过程为导向的开放式跨文化能力培训项目而言，如何有效地评估项目效果是关注和讨论的重点和难点。评估方式的灵活使用在于让学生能够看到他们在具体项目中的努力和最后评估结果之间的联系。学生自主选择的内容主题及实施过程决定了项目的阶段性成果及最后成果的呈现形式存在多样性与个性化特征。单一、标准化的知识测试无法起到有效评估学生学习状况及能力水平的作用。基于深度世界语言文化教育法理论，自主跨文化培训模式鼓励学生与教师通过协商制定适合自己项目的综合性评估方式及标准，其中以形成性评估与反思性评估为中心：形成性评估的运用意在注重学生在参与项目过程中实现的价值创造，包括跨学科知识、跨文化意识与技能、自主学习态度、批判性思维能力、叙述以及口头沟通能力等多个方面，对这些因素的有效考察是体现学生学习项目成就与发展潜力的关键。在具体方法的选择上，教师宜使用评注文字而非简单评分的方式对每个项目的阶段性成果以及最终报告做出差异性评估；同时，学生作为项目的主要设计者与组织者，需要基于自身的知识储备以及能力水平制订项目规划，并在执行各项具体任务的过程中进行多次讨论与反思，以便更好地监控项目进度并进行实时调整。学生在跨文化培训主题项目中的反思行为

---

① Tochon, F. V., *Help Them Learn a Language Deeply: Deep Approach to World Languages and Cultures*, Blue Mounds, WI: Deep University Press, 2015, p. 264.

既有利于促进学生对相关理论及跨文化体验的深度理解，也是学生进行元认知与自我身份构建的重要途径，是激发学生学习动机的评估方法。反思性评估的主要形式包括自我评估、同伴评估以及教师评估，上文提到的培训学习日志与项目文件包的撰写与制作可以为反思性评估提供强有力的参考数据与资料。可以说，形成性评估与反思性评估的综合运用有助于激发参训学生的内在学习动机，能够帮助学生更深入地了解自我，且尽可能真实、准确地把握自身的学习状况与跨文化综合能力水平。

本章小结

为中外合作办学学生提供跨文化能力培训的目的主要在于帮助其拓展文化视野、提高跨文化敏感性，积累跨文化知识并形成有效的跨文化技能，从而具备在多元文化背景下开展有效跨文化沟通与交流的能力。这其中必然会涉及学生自身原有价值体系、文化观念和行为规范的调整与重构。对自身跨文化体验及多学科知识的理解与真正内化吸收是学生实现自我发展与形成正面跨文化认同的基础条件。基于这一跨文化教育理念，笔者在本章中对跨文化培训课程的核心内容、原则与特点，以及主题跨文化项目的设计与构建等问题进行了详述，跨文化自主培训模式下的课程构建具有跨学科性、开放性与反思性，培训课程及训练的设计与实施注重激发学生的内在学习动机，通过构建整体教育行动方案引导学生将语言、文化与专业知识有机整合，创造个性化的跨文化教育项目并对其进行综合性评估。培训教师在整个培训过程中的角色由单纯的知识灌输者转变为帮助学生答疑解惑、提供资源支持的语言文化专家。这需要教师具备更广泛的学科知识、更灵活的课堂管理与组织能力。

第 六 章

中外合作办学学生跨文化能力
培训模式建构

在本章中,笔者将依据前几章对中外合作办学学生跨文化能力现状需求以及跨文化培训理念、内容与特点的分析与论述,以跨文化交际理论与世界语言文化深度教育法为理论基础,并参考中外合作办学的学生特点与管理模式进行中外合作办学学生跨文化能力自主培训模式理论框架的构建。

第一节 跨文化能力自主培训模式构建

根据前文所述,中外合作办学学生对自身目前的跨文化能力水平不够满意,他们既有进一步提高自身跨文化能力水平的愿望,也有这方面的实际需要。跨文化能力的提升目标是多层面多角度的,包括尊重、欣赏与开放的跨文化态度以及丰富、实用的跨文化知识与互动技能的培养,自身文化底蕴与文化积淀的加强,在跨文化情境下开展平等对话、信息共享以及文化对外传播的自觉意识与能力以及目标外语的综合应用水平能力。跨文化能力培训着眼于中外合作办学学生能力与素养的培训,而非简单的知识的全面灌输。"授人以鱼,不如授人以渔",有效的跨文化能力培训方法必然是能够促进学生内在学习动机与自主学习意识的方法,是其能够在教师的协助下通过自主探索、创新的方式进行理论学习与技能训练,从而提高自身跨文化综合能力以及规范的学术研究素养,对学业上的成功以及未来事业上的发展做出有益贡献。据此,笔者总结出构建中外合作办学学生跨文化能力培训模式的四个基本原则:

(1)中外合作办学学生跨文化能力培训模式重视中华民族认同与爱国主义教育,兼顾外语语言文化综合能力的提升,通过对多种实践方式方法的有机整合,实现中外合作办学学生跨文化培训的良性、可持续发展。这一理念揭示了我国当下中外合作办学跨文化培训存在的问题,也进一步明确了中外合作办学学生跨文化能力培训的内在要求。

(2)中外合作办学学生跨文化能力培训模式强调"以学生为中心,以过程为导向"的培训理念,在培训课程中最大限度地给予学生自主思考与操作的空间,鼓励学生在教师的指导下,以自身兴趣与专业需求为导向,理论联系实际,创建与实施整合型跨文化主题项目,达到跨文化技能训练的目标。

(3)民族志方法训练是中外合作办学学生跨文化能力培训模式的核心内容与重要环节,学生运用习得的民族志方法对自身的跨文化体验进行连贯的深度描述、科学分析与反思,从而提高分析与解决问题、学术写作与跨文化比较等一系列技能。

(4)中外合作办学学生通过跨文化能力培训应在这几个方面获得长足的进步:跨文化态度、跨文化知识与技能、中国文化对外传播意识、目标外语综合运用能力以及规范的学术研究素养。

据此,中外合作办学学生跨文化能力自主培训模式可以表述为:是以过程为导向,以民族志方法训练为主导,以自我指导型跨文化主题项目设计实施为主要方法的开放式教育培训模式。以过程为导向意味着在重视培训过程中学生的行为表现与自我认知的变化，通过阶段性反思促使学生在培训过程中持续受益；以民族志训练方法为主导意味着帮助学生养成民族志学习方法和反思习惯，以一种自然与通识的方式进行跨文化学习和文化身份的构建。构建自我指导型跨文化主题项目意味着承认学生个体学习风格与生活经验上的差异，鼓励学生在教师的协助下寻找多学科间知识间内部关联性，并将其与自身兴趣与生活实际需求结合，创建个性化的整合型学习项目，从而完成自我身份的构建。

基于这四点基本原则，笔者将这些论述和模式各要素之间的关系以及其运行机制用一个逻辑框架表达出来，构建出中外合作办学学生跨文化能力培训模式的总体框架（见图6—1）。

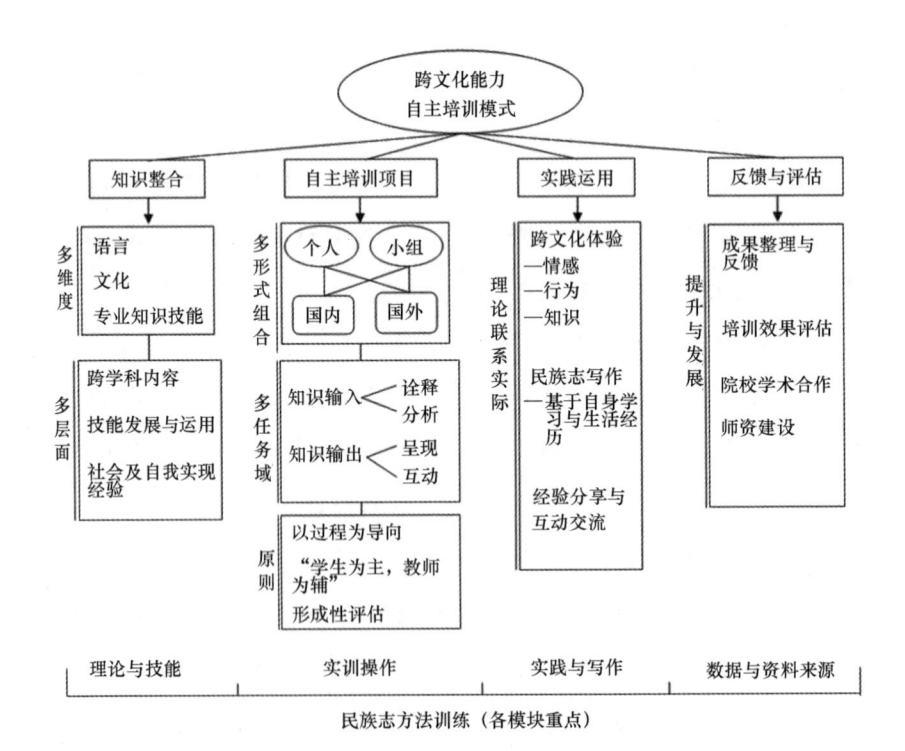

图6—1 中外合作办学学生跨文化能力自主培训模式

如图6—1所示，中外合作办学学生跨文化能力自主培训模式可分为四个大的模块，包括知识整合、自主培训项目、实践运用以及反思与评估。各模块紧密联系、互为依托、相互促进。民族志方法作为培训的重要内容与方法贯穿整个培训过程，运用于各个模块当中，共同构成系统性的、有利于中外合作办学可持续发展的跨文化培训模式。

一　模块一

对跨文化相关理论、基础知识与技能的学习是有效开展跨文化模拟训练与实践的前提，是跨文化培训的基础模块。跨文化能力自主培训模式以整体教育培训方案为指导，注重从多维度、多层面进行知识整合。该模块的培训内容包括语言（中文与目标外语）、文化（本国文化与他文化）与专业知识技能三个基础维度，侧重学生在跨文化情境下运用外语语言进行学术交流与日常沟通所需要具备的知识与技能，其中专业知识技能需根据合作办学学生专业需求的不同进行相应的内容编排。从知识层面上讲，该模块可分为跨学科内容、技能发展与运用、社会及自我实现经验三个层面，培训教师有针对性地指导学生习得跨学科基础知识（如核心理论、思维方法、字词句法），并据此引导学生尝试结合实际社会情境与语言情境对相关问题作出独立思考与自主探索，同时督促学生对自身认知体系的变化与自我发展情况进行有意识的记录与反思。为下一步开展自主跨文化主题项目打下扎实基础。需要强调的是，民族志方法训练起始于该模块，训练重点为理解民族志核心概念与技能方法（如"深描""参与观察""写作规范"等），并了解其在跨文化学习与实践中的重要作用，以此提高学生的内在学习动机与主动意识。

二　模块二

自我指导型跨文化主题项目（或称自主培训项目）是指中外合

作办学学生在教师的协助与指导下，基于习得的知识技能与自身实际需求，确定并实施个性化项目主题、项目目标及具体任务活动。该模块是跨文化能力自主培训模式的一个重要特色与创新之处，也是培训的关键环节之一。跨文化主题项目构建框架采用双维度形式，其中第一维度"知识输入"由诠释与分析两个任务域组成，具体任务活动如阅读、观影、多模态记录、聚焦分析等。第二维度"知识输出"由呈现与互动两个任务域组成，具体任务活动如书面或口头展示、交流与共享等。该框架的优点在于比较灵活，各任务域下的具体任务活动可在项目实施过程中根据实际情况进行调整，从而形成一个动态的、不断完善的项目环境。

通常，学生在确定项目具体实施方案时需要首先考虑三个方面的因素：①项目形式，如采用个人项目或是小组合作；②项目实施的地点与时间段，如国内学习阶段或是海外学习阶段；③项目主题内容，跨文化培训中的"文化"概念为泛义上的文化，包含国别文化、国内亚文化或其他子文化类型，学生可根据客观条件与研究兴趣自行选择，进一步聚焦与细化主题。据此，学生可以灵活组建"个人项目（国内）""小组项目（国内）""个人项目（国外）""小组项目（国内）"等多种形式。这种自主指导型主题项目遵循以"学生为中心，教师为辅助"的教学组织原则，坚持过程导向，强调形成性评估，其好处在于能够给予学生较大的自由空间，促使其在项目推进的过程中充分发挥主观能动性，以一种热情与积极创新的状态参与到信息挖掘与辨别、问题理解、组织与讨论、成果呈现与共享等各个任务环节中。需要注意的是，自我指导型跨文化主题项目与传统的被动式项目构建方式不同，对学生的参与度提出了更好的要求，因此培训教师需在项目启动前先向学生清晰地阐明构建跨文化主题项目的意义、基本原则、参考框架和操作方法，以便学生更好地做好准备。

设计和实施跨文化主题项目的难点在于如果找到语言、文化和专业知识技能的内在关联，如何从一个聚焦的跨文化主题出发，通过多层次、多阶段的任务活动将内容发散延伸，涉及尽可能全面的知识点和技能。在这一点上，具有丰富学术与实践经验的教师所起到的协助与支持作用就显得尤为重要了。教师通过了解学生个体、跟踪项目状况，为其提供实时的建设性意见和心理上、资源上的支持，保证项目的顺利进行。另外，考虑到不同专业的受训学生所选择的跨文化主题项目可能涉及不同专业的知识与技能，为了能更有效地为学生提供帮助，主培训教师可根据实际情况邀请相应专业的教师、专家学者为学生提供专题辅导。就民族志方法训练而言，该模块的训练重点在于运用掌握的基础理论与方法进行实训操作，如以"民族文化或其他子文化"为范围对选定的调查对象进行数据收集、分析与归纳，并最后成文。最终成果的展示可结合多种形式，如多媒体演示、书面或口头陈述等，语言使用建议以英文或其他目标外语为主。

三　模块三

跨文化能力培训的第三大模块为实践运用，注重指导学生理论联系实际，将所学知识与技能运用于解决实际情境下的跨文化问题、冲突与关键性事件。真实跨文化体验包括情感、行为与知识等多个方面，是身处跨文化教育环境下的中外合作办学学生进行跨文化学习与实践的重要内容，尤其是对双校园合作办学模式的学生群体而言，他们的留学经历对其学业成就与个人发展都有着重要影响。该模块重点在于鼓励学生采用多种形式（如图片、文字日志、视音频、共享平台等）记录与呈现自己的跨文化学习与生活，并对印象深刻的跨文化事件或问题进行"深描"，对遭遇的文化冲突的具体表现及其原因进行分析，或是对成功的、愉快的跨文化交际活动进行经验总结。培训教师需在此过程中引导学生借助在培训中习得的人类学思维和民族志观察方法，对记录内容进行合理的整合与更深层次的分析归纳，并据此对自身在跨文化体验过程中的成长和身心变化做出思考和评估。可见，民族志方法在该模板中的运用是非常重要的，其优点在于能够帮助学生形成客观、公正的跨文化态度，积累丰富的知识资源，以更系统、规范的方式进行叙事写作，探索社会文化与自我发展之间的关系。另外，中外合作院校应在此过程中通过建立教师、学生交流与管理平台，尽可能地为学生在信息、知识和技术上提供及时、有力的支持，保证培训教师能够通过线上线下各种交流媒介与学生保持联系，了解现状并提供必要的支持与帮助。

四 模块四

跨文化培训的第四模块任务主要为评估与反馈工作，涉及参与项目的学生、培训教师以及相关管理人员，具体内容包括：①对中外合作办学学生培训成果给出形成性评估、总结与反馈，以注释性评价而非分数评价为主，包括学生自评与教师评价；②对整体培训效果进行测评，内容涉及跨文化能力培训及合作办学项目的满意度及改进建议（包括培训理念、课程设计、项目实施与管理等多个环节），采用学生评价、培训教师自评与互评、管理人员自评与互评等方式，同时测评内容还包括学生跨文化能力水平问卷；③院校对相关数据与资料进行整理，将其合理运用于有关跨文化能力培训与中外合作办学项目建设的学术研究中；④跨文化能力自主培训模式对教师能力与综合素养提出了更高的要求，院校应基于培训的实际状况与效果对教师开展有针对性的岗前培训与在岗培训，加强师资队伍的建设。这一点将在下一节中做具体论述。

第二节　跨文化能力培训模式运行机制探索

针对中外合作办学学生群体设计这一跨文化培训模式具备持续性、阶段性和灵活性等特征。鉴于中外合作办学的办学特点和管理模式，合作院校双方在监控学生的跨文化体验状况以及跨文化培训的实施过程和效果方面具备一定的优势：首先，统一的学生教学与管理（尤其是中方院校），能够为系统实施跨文化培训及评估培训效果提供可能和便利；其次，院校具备专门的教学与科研队伍，能够开展对合作办学学生跨文化能力培训和跨文化适应等方面的学术研究和教学实践。中外双方院校的合作关系与共同利益也为彼此进行学术合作提供了良好的沟通平台。总的来讲，合作院校必须加大力度在师资水平、教师合作、学术研究以及学生支持平台建设等方面做出更多的工作，以保障跨文化培训的有效、正常运行。

从跨文化能力培训的运行实践来看，在各种跨文化培训模式中教师在跨文化外语教学以及教师协助和指导方面都具有基础性重要作用。所以，建设一支高水平、高素质的跨文化培训教师队伍十分重要。跨文化自主培训模式对教师的跨文化能力、教学技能与同行合作能力提出了更高的要求。合作院校应根据跨文化培训对教师的能力要求，为教师提供相应的、有效的教师培训，加强跨文化培训师资队伍建设。

首先，对于教师个人来说，要有效地开展自主性跨文化能力培训，需要深刻理解文化异同、语言和文化人权，将学生自主能力的培养视为培训的重要目标，通过创造更多的自由学习空间和提供多方面的协助与支持，帮助学生实现个性化的、深度的跨文化学习和能力培养。① 总的来说，中外合作办学学生跨文化自主培训模式的实施对教师在跨文化素养、教育教学理论水平、培训与教学实践能力等多方面的能力提出了以下要求：

1. 跨文化素养方面

要能够为中外合作办学学生在跨文化能力提升方面做出正确的指导，首先教师自身需要具备较高的跨文化能力水平，包括跨文化知识、态度、技能以及文化自觉意识多个层面。具体讲，培训教师需要：深刻理解文化、语言、社会等基本概念及概念间的关系，具有丰富的文化背景知识，包括宏观层面上与微观层面上的文化因素，尤其是对中国深层次文化结构因素的掌握，以及对外国文化中涉及价值观、思维方式及行为规范等深层社会文化因素的了解；培训教师需要抱持开放、宽容、平等的基本跨文化态度，并掌握一系列的跨文化沟通技能；要格外强调的是教师自身需要具备深厚的中华民族文化底蕴与文化积淀，这是进行跨文化比较与分析的关键，是能够在培训过程中切实帮助学生加强文化自信与文化自觉意识，加强中华民族文化对外传播的责任感的重要前提。对于实施有效的跨文化培训有着深远的影响。具有良好的跨文化素养是跨文化能力培训教师有效开展培训工作的必要前提条件。

2. 教育教学理论与培训方法方面

跨文化能力培训本身就具备跨学科的性质，因此也涉及多方面的教育教学理论与方法的运用。培训教师需要掌握与跨文化能力培训相关的前沿教育教学原理与具体操作方法，包括跨文化外语教学、跨文化心理与教育理论、人类学民族志理论以及世界语言与文化深度教育法等相关理论的原理、意义及实践方法。这些

---

① Tochon, F. V., *Help Them Learn a Language Deeply: Deep Approach to World Languages and Cultures*, Blue Mounds, WI: Deep University Press, 2015, p. 337.

理论从不同侧面探究了跨文化能力培养的目标、任务与实践途径，可以为教师提供理论与方法论上的有利参考。尤其是世界语言文化深度教育法中促进学生动机，制订整体培训方案，应用形成性、反思性评估等理论是学生跨文化自主培训模式的构建基础。同时，教师还需要具备所授学科领域的深厚知识根基，并掌握培训教学组织的三个基本层面，包括语言、文化及专业知识有机结合的主题内容层面，创造性、策略性的跨文化实践技能发展层面以及强调知识技能对个体生活体验作用的社会与自我实现体验层面。这三个层面互为依托、互相促进，教师需要在培训中考虑并融合这三个层面的内容。把知识学习转变为体验叙事，把技能培养转变为可操作性任务，把自我身份构建转变为社会与人际间体验。只有对相关前沿理论深刻的了解和把握，教师才能有效地展开培训工作，达到预期的培训效果。

3. 培训与教学实践能力方面

首先，教师需要转变观念，放弃难度小、易执行的指令性教学和完全由教师主导控制的教学培训方式，他们需要适应和接受来自学生的自下而上的推动力，这需要给予教师与学生足够的讨论时间和空间以及真正意义上的培训课程协商。教师需要跟学生讨论培训目标、内容、项目构建的过程和方法，指出培训项目在提高其跨文化综合素养和个人问题解决能力上的重要作用，并为其提供外语语言学习的重要跨文化环境 。

从培训实践技能上讲，以学生为中心，促进其内在动机与自主性的跨文化能力培训在设计上灵活多样，教师需要储备大量的教学策略、信息技术和学习资源，并能够在培训过程中根据实际情况调整培训内容、项目进度与互动方式，比如，由于中外合作办学学生所选择的跨文化主题项目丰富多样、各不相同，教师无法在培训前拟好需要涉及的详细知识内容和严格的时间表，因而需要保持相当的教学灵活性，能对学生的问题与反馈做出适当的回应。同时，每一期培训学生学习特点的不同及实际培训教学情境的变化也要求教师能够适当地调整整体培训方案与具体实施方法。培训教师应懂得在重视基本教学目标的前提下如何自我调整和激发学生的学习动机。培训方案与教学计划需要考虑合作办学学生的个体差异。教师的创新能力与灵活协调能力对整体培训方案的实施有非常重要的影响。教育培训是一个社会性教育活动，其核心在于知识学习、经验分享和自我认知。因此，中外合作办学学生跨文化培训的整体行动方案应包括不同的层次，如认知、元认知、情感、社会和人际互动层面。具体培训项目主题及任务活动的选择与实施会在很大程度上受到宏观意义上的环境资源以及微观意义上的实际情境影响，计划、实践与生态情境是动态的，处于不断变化、相互影响的状态中。[1]

　　教师在跨文化培训中的角色并不是简单的知识灌输者，而是促进学生内在动机，引导学生自主学习和探索的指导者、协助者和资源提供者。这就要求教师不仅要掌握具备良好的外语语言水平，语言文化教学方法等方面的知识和技能，具备良好的跨文化素养，还需要有一定的信息技术运用能力。互动式自主培训模式中，教师的一大任务就是为学生提供构建项目可能需要的丰富学习资源和搜索途径、交流平台，这是设置培训大纲与整体行动方案的关键环节，因此需要教师在挑选各种各样的学习资源时视野开阔、思维发散，具有想象力和积极的情感，这些学习资源包括文本的、数字的和视听的，甚至会考虑到课堂座位的灵活安排与活动场合的转换。[2] 此外，为了能够快速、高效地掌握大量的资源材料，教师自身需要对

---

[1] Tochon, F. V., *Help Them Learn a Language Deeply: Deep Approach to World Languages and Cultures*, Blue Mounds, WI: Deep University Press, 2015, pp. 255–256.

[2] Tochon, F. V., *Help Them Learn a Language Deeply: Deep Approach to World Languages and Cultures*, Blue Mounds, WI: Deep University Press, 2015, p. 216.

资料收集、数据分析、项目管理等相关的信息技术有一定的掌握，能够根据学生的具体需要为其提供相应的资源数据材料以及收集途径与方法，也便于建立中外合作办学学生档案、追踪培训进度与效果，记录自身反思和经验总结，在培训学习与实践的同时开展教学行动研究，为进一步发展和完善适合中外合作办学学生跨文化能力培训体系提供依据和参考。

当然，每一个个体的经验与技能都存在一定的局限性，教师也不例外，作为学生学习的指导者与协助者，教师最重要的是具备开放、灵活的教学态度，快速学习与有效组织协调的能力，他们在培训和教学的过程中不断地积累经验，加深自身文化修养与教学实践能力，通过不断的反思、总结和经验分享，与学生一同成长，一同进步。教师也可以在培训教学的过程中收集数据，开展教育培训行动研究。

中外合作办学学生不是单纯的语言学习者，他们来自不同专业，与不同国家合作的办学项目，因此具有学科知识学习的任务，因此他们对于参与跨文化能力培训的期望、需求与目标也存在差异，跨文化自主培训模式在考虑到这一点的基础上提出学生以自我指导形式设计和实施个性化跨文化主题项目，这些主题项目往往与他们的专业、个人生活经验与学习习惯有很大关系。比如，商科专业的合作办学学生可能希望更多地了解国际营销策划以及国际商务谈判中需要注意的跨文化冲突问题，工程专业的合作办学学生可能更关注如何运用专业学术语言进行符合外文语用习惯和风格的口头陈述与书面报告，文学专业的合作办学学生可能对中外文学作品中体现出的深层文化差异比较感兴趣，希望从文化比较的角度进行项目设计。可以看出，鼓励学生基于自身兴趣和实际需求而构建的跨文化培训主题项目从形式、内容到方法、规模各不相同，培训教师很难在一开始就对培训方案做出准确的预判和知识技能上的全面储备。这类培训课程不仅对教师的跨文化能力与教学水平提出了更高的要求，也对其专业学科知识的广度与深度有较高的要求。理想意义上，作为为学生答惑解疑的语言文化专家，培训教师需具备全面的社会文化与学科专业知识（包括文化、历史、地理、语言、学科专业知识等多方面的知识技能），并为学生提供丰富的学习资源，引导他们探讨问题和解决问题，并及时提出反馈意见。学生有权利掌控自己的学习进度与学习重点，这意味着教师的任务更加艰巨了，因为他们需要为项目实施中的每一个环节提供及时的指导。[①]

从目前的实际情况与实践条件来看，要由一个老师达到以上所有要求，负责完成整个培训的计划，并为学生提供涉及不同专业内容的跨文化主题项目所需的帮助与指导以及在培训各阶段做出反馈与建议，难度相当之大，教师在多方面的知识和能力上可能无法兼顾。为了保障跨文化自主培训模式的实践运作，笔者提出，"一主多辅"的教师合作方式，即由一个主要的培训教师作为整个培训课程的组织协调者和主要指导者，同时，主培训教师会根据参训学生的实际情况，在培训的不同阶段邀请其他专业教师、专家学者为学生提供相应的专题指导，保证整个跨文化培训的顺利进行和学生的学习质量。

具体来讲，主培训教师的职责包括介绍整个跨文化培训模式的原理、意义和方法，帮助学生树立自信心与积极性，以促进自主思考与互动讨论的形式帮助学生掌握相关的跨文化知识与技能、提高跨文化意识，在此基础上组织开展跨文化主题项目的设计设施以及民族志方法的训练与实践，并建立学生培训档案，进行培训效能的总评估等。为胜任以上工作任务，主培

---

① ［美］弗朗索瓦·维克多·涂尚:《世界语言与文化深度教育法》，龙翔、肖建芳等译，德普大学出版社2016年版，第170页。

训师需具备深厚的民族文化底蕴，具有良好的外语语言教学能力与跨文化素养，熟悉语言文化教育教学理论及运用策略，了解人类学民族志方法，具有开放、灵活的教学态度以及丰富的培训实践经验。

培训过程中的辅助教师的构成更加灵活。由主培训教师根据实际培训状况，在听取学生的需求与问题的基础上，计划邀请相关的专业教师与学者专家为参训学生进行专题辅导，例如，针对商科学生设计的"国际商务谈判中的跨文化冲突"主题项目，可以邀请商学院的双语教师来就相关内容进行辅导，提供更丰富的学习资源。又如，为了让参训学生更深刻地理解本民族文化，可以邀请国学方面的专家进行专题讲座，从而深化与优化合作办学学生的跨文化学习过程与学习质量。不同专业的教师合作是跨文化培训项目切实可行的重要条件。合作院校，尤其是国内院校应为跨文化培训的师资建设（包括教师培训以及教师合作）提供有力的支持和便利。

实施和发展中外合作办学学生跨文化能力培训模式需要强有力的师资队伍作为支撑。合作院校，尤其是国内院校应根据培训实际需要开展跨文化培训教师队伍的建设，包括提供实用、有效的教师培训，提供更多教师参与真实跨文化实践的机会，并充分利用院校与社会资源，从教学、行政、教师人员配备等各个方面提供政策上的支持与实践中的帮助。同时，国内院校在中外合作办学学生跨文化能力培训中能够获取丰富的、真实的、有价值的跨文化培训相关数据资料（包括项目管理、培训理论与方法、培训效果与学生质量、教师行动研究等各个方面），这些资源可用于就跨文化能力培训的相关课题与外方合作院校开展多层次学术研究合作，从而有效促进中外合作办学学生跨文化能力培训体系的建设与完善。

总的来说，中外合作办学学生跨文化能力培训应作为中外合作办学项目的重要内容，与其他专业课程相比，要形成相对独立的培训运行体系。为了保证跨文化自主培训的有效运行和可持续发展，院校应将加强培训师资建设，促进院校内多部门合作，并支持互动跨文化交流平台的建设。

本章小结

本章在上述章节基础上建构出中外合作办学学生跨文化能力自主培训模式的整体框架。该培训模式以四个基本原则为支撑：重视中华民族文化的深入学习与反思，充分运用本土跨文化相关学术思想与理论，同时兼顾外语语言应用能力的提升及外国社会文化因素的习得。具有跨学科性、开放性与反思性，注重学生的内在学习动机与自主学习能力，鼓励学生在教师的协助与指导下将语言、文化与学科专业知识技能学习相结合，进行自主指导型跨文化主题项目的设计、实施与评估。重视培养中外合作办学学生的民族志式学习方法与反思习惯，民族志方法训练及实践贯穿整个跨文化培训过程，具有阶段性、创新性、持续性与连贯性特征。中外合作办学学生跨文化自主培训旨在培养学生：具有相互尊重、相互欣赏的跨文化态度及丰富的跨文化知识与技能；熟知中华民族优秀传统文化并能用目标外语对其进行阐释与讨论；能够在跨文化情境下坚持平等对话、信息共享和对外文化传播；具备必要的目标外语表达能力以及规范的学术研究素养。

中外合作办学学生跨文化能力培训应作为中外合作办学的重要内容，有必要且能够形成相对独立的培训运行体系。根据中外合作办学学生的学习阶段，以提升中外合作办学学生跨文化能力为目标的自主培训模式可分为准备、实践与反馈三大模块。这三大模块紧密联系、互为依托，相互促进。同时，为了保证跨文化培训项目的有效、正常运行和可持续发展，院校需要在师资水平、教师合作、学术研究以及学生支持平台建设等方面进一步加大工作力度。

结　语

研究结论、贡献及前景展望

　　本书从多学科视角，在对现有跨文化教育教学理论、人类学民族志理论、跨文化培训理论及其相关实证研究文献资料的回顾与分析的基础上，以中外合作办学学生为研究对象，运用文献分析法、调查法、比较法与多学科综合分析法对目前中外合作办学学生的跨文化能力培训现状与需求进行了考察，并在此基础上详细探讨了中外合作办学学生跨文化能力培训模式的新理念、课程建设与培训方法等问题，并最终构建出"中外合作办学学生跨文化能力自主培训模式"整体框架，该理论框架具有规范性、体系性与自主性特征，是迄今针对中外合作办学学生跨文化能力培训理论构建的一次有效的探索，对促进合作办学学生培养质量提高和合作办学项目的持续健康发展具有一定的理论价值和实践意义，同时实现了本书研究的核心目标。本书的主要内容与所取得的成果如下：

　　1. 提出了中外合作办学学生跨文化培训新理念

　　本书从多学科理论视角，基于中外合作办学学生的跨文化能力现状与实际需求，提出并阐释了中外合作办学学生跨文化能力培训的新理念，

　　第一，构建中外合作办学学生跨文化能力培训模式应重视中华民族文化的深入学习与反思，充分运用本土跨文化相关学术思想与理论，从根本上加强文化自信，真正提高文化自觉意识。同时兼顾

外语语言应用能力的提升及外国社会文化因素的习得。

第二，构建以跨学科性、开放性与反思性为主要特征的中外合作办学学生跨文化培训模式应注重学生的内在学习动机，要在充分考虑个体学习与生活体验差异的基础上，鼓励学生在教师指导下将语言、文化学习与学科专业知识技能相结合，创造个性化的自主指导型跨文化学习项目并对其进行综合性评估，从而帮助学生更深入地了解自我，并逐步提高自身跨文化能力，实现自我概念及社会文化身份的构建。

第三，有必要在中外合作办学学生跨文化能力培训中进行基本的民族志方法训练，这是构建有效、科学的中外合作办学学生跨文化培训模式的重要途径和基本内容。中外合作办学学生的跨文化体验与民族志式参与观察与实践同为一系，民族志式的思考方式和观察方法可以有效地帮助他们对自身跨文化体验有意识地进行整理、分析和归纳，从而将其纳入自身的认知体系中并形成新的自我认同和文化认同。同时，民族志方法的训练能够有效地加强合作办学学生的学术研究能力，对其学术逻辑思维与创新能力、理论联系实际的分析能力、学术写作规范以及中外语言表达能力都有长足的正面影响，是促进其成为高素质国际化专业型人才的重要途径。

第四，跨文化自主培训模式培养的中外合作办学学生应该：具备相互尊重、相互欣赏的跨文化态度及丰富的跨文化知识与技能；熟知中华民族优秀传统文化并能用目标外语对其进行阐释与讨论；能够在跨文化情境下坚持平等对话、信息共享和对外文化传播；具备必要的目标外语表达能力以及规范的学术研究素养。

2. 提出并构建了"中外合作办学学生跨文化能力自主培训模式"

中外合作办学学生跨文化能力自主培训模式有两大特色，一是以民族志方法训练为重点，兼顾语言、文化知识与技能的学习；二是以自主性跨文化能力培训课程建设为核心，强调将社会文化层面、学术层面与语言层面有机整合，构建整体教育培训方案的培训理念。

（1）民族志方法训练旨在通过科学、合理的课程设置与实践训练指导学生掌握基本的民族志理论与运用方法，将其运用于解释自身跨文化体验。民族志方法训练贯穿整个跨文化培训过程中，具有阶段性、创新性、持续性与连贯性特征。基于中外合作办学的办学特点和管理模式，民族志方法训练可分为三个阶段，不同培训阶段分别设置有重点明确、突出的训练内容及多样化的训练方式。第一阶段重在基础理论学习、学术写作与沟通技能训练。第二阶段为学生运用习得的知识与技能对自身跨文化体验进行阐释、分析与归纳。该训练鼓励学生参考人类学"深描法"，体现出真实跨文化互动的行为过程与心理变化，并据此对个人发展与成长做出深刻反思。第三阶段主要为评估和反馈工作，是对中外合作办学学生培训成果的形成性评估、总结与反馈，主要方式包括成果自评、教师评注、经验分享以及相关科学研究。

（2）自主性跨文化能力培训课程建设。

第一，自主性跨文化能力培训课程建设需要构建整体教育行动方案，通过自我指导型教育项目的设计与实施，引导学生将不同学科间的知识内容关联起来，并进行整合与运用。跨文化培训教学包括三方面核心要素：一是主题内容要素，注重将文化、语言及专业知识等不同学科内容统筹整合，引导学生在教师的指导下通过讨论协商确定个性化学习主题；二是技能发展要素，核心为发展创造性、策略性的跨文化互动技能、分析与解决问题的能力以及语言应用能力；三是社会及自我实现经验要素，强调学生将所习得的知识与技能与社会现实相联系，在探究文化差异背后影响因素的过程中不断调整和拓展个人文化价值观念。

第二，跨文化自主培训课程建设要以过程为导向，重视发展学生的内在动机与自主学习意识，鼓励个性化的学习方式与同伴合作。跨文化能力的培养是一个循序渐进的过程，具有跨学科性、动态性与反思性。跨文化自主培训模式强调在客观条件允许的情况下，最大限度地给予学生自由思考与组织创新的机会，使他们能够运用习得的理论知识对自身跨文化学习与生活经历做出正确分析与反思，从而更好地指导自身价值观念与行为。

第三，建设整合型跨文化自主培训课程体系对教师的角色和任务提出了新的要求。教师由纯粹的知识灌输者转变为协助指导者。教师在培训过程中引导学生自主规划跨文化学习框架与实践方式方法，并提供有用的学习资源。学生在一个相对自由与开放的教学空间中探索新知，寻求沟通与合作，在实际操作的过程中不断思考、调整与反思，从而达到锻炼批判性思维与主观能动性的目的。应该说，这一培训模式是具有相当挑战性的，尤其是对习惯于单向授课、被动接受的教师与学生而言，难度较大，是促使他们走出舒适区，应对挑战的良好平台，有利于实现更好的个人发展与飞跃。

第四，跨文化自主培训课程建设的核心在于"自我指导型跨文化主题项目"的设计与实施。自我指导型跨文化主题项目基于涂尚教授提出的IAPI教学组织模板，关注学生的内在动机与实际需求，以知识输入（包括诠释与分析任务域）与知识输出（包括呈现与互动任务域）为基本维度组织教学与训练活动。该项目是一种完整的、多维度的、开放式的跨文化培训项目，其特点在于内容选择多样、操作方式灵活，既可以作为专门课程开设，也可以适当调整运用于其他语言、文化或双语专业类课程中。

自我指导型跨文化自主主题项目包括项目框架设计与内容编排、项目实施与学习策略、评估与反馈等多个环节。就基本操作流程来讲，学生由老师引导根据自身专业与兴趣制定项目主题，组建团队，分配具体任务，开展团队活动，并以多种形式呈现阶段性成果（如书面报告、口头演示、视频制作、线上交流、剧本演出等）与最终成果（以项目文件包 Portfolio 制作为主）。教师在此过程中为学生答疑解惑，提供优质的学习资源，对各个任务环节做出及时反馈与评估。评估主要采用形成性与反思性评估，指标包括学科知识整合与运用、交际过程及效果、组内（组间）协作、学术技能、跨文化素养、技术工具运用等多类别指标。此外，考虑到受训学生的专业领域、语言水平各不相同，培训通常会有一名主培训师整体协调、组织学生活动，并根据学生实际需求，在项目实施的不同阶段请相关领域的教师、专家为其提供相应的指导，这种"一主多辅"的教师团队合作形式为保证学生学习质量与培训效果提供了强有力的保障。总的来讲，这一训练模式为学生提供了一个相对开放与有趣的学习空间，有利于激发学生潜在的创造力、思考力与表现力，促使他们更好地将个人体验与训练内容相结合，并根据自身学习状态与需求做出相应调整。同时，在项目实施过程中，学生运用目标外语沟通时会更加注重思想内容的表达分享，而非单纯的语法与句式结构，这对于学生语言综合应用能力的提高非常有益。

总的来讲，培养中外合作办学学生跨文化能力旨在帮助他们拓展文化视野，提高跨文化敏感性，积累跨文化知识并形成有效的跨文化技能，使其具备在不同或多元文化背景下开展有效跨文化互动与交流的能力。这其中必然会涉及学生自身原有价值体系、文化观念和行为规范的调整与重构。学生只有通过对于自身跨文化体验相关的多学科知识进行真正的内化吸收与深入思考才可能引导这一自我概念与文化身份的构建过程往好的方向发展。基于这一跨文化教育理念，笔者提出构建自主跨文化能力培训模式，该模式注重激发学生的内在学习动机，通过构建整体教育行动方案引导学生将语言、文化与专业知识有机结合，创造个性化的跨文化主题项目，帮助学生更深入地了解自我，并逐步提高自身跨文化综合能力，实现自我概念与社会文化身份的构建。需要强调的是，该模式对于教师的跨文化素养、专业学科知识、教育教学理论水平、课堂组织管理与教研实践能力等方面提出了更高的要求。提供职前或在职教师教育培训以及建立多学科教师合作交流平台可能是解决这一问题的有效途径。如何加强跨文化培训师资队伍建设是尚需进一步研究的问题。

在跨文化能力培训的运行实践方面，本书提出在科学系统分析的基础上构建与实施跨文化能力培训模式能够在提高中外合作办学学生质量，促进中外合作办学可持续发展中发挥重要作用。高校应该建立起系统完善的跨文化能力培训模式，以促进高校教育国际化的实现。

中外合作办学是教育体制内的一种特殊办学模式。办学院校配备有专业教学、科研与管理团队，能够对中外合作办学学生群体进行统一的行政管理、教学安排与质量监控，从而为系统推进跨文化培训及评估工作、促进学术合作、开展教研实践提供了强有力的支持和良好的平台。基于此，本书对跨文化相关理论和研究成果进行了整理与分析，并结合我国中外合作办学学生跨文化能力培训现状与问题，从理论提升与实际操作双方面对构建我国中外合作办学学生跨文化能力培训模式进行了深入探讨，构建出以文化自信为核心要素，民族志方法训练为重要方法的自主跨文化培训模式。该模式虽然具有较为可靠的理论基础与数据支持，但仍需要在更大范围内的、长时间的实践中得到检验和进一步的完善。同时，在院校层面如何为实施跨文化培训提供多方位的协助与支持，是后续研究中需要重点关注的课题之一。

附　　录

附录一　中外合作办学学生跨文化能力自评量表

中外合作办学学生跨文化能力自评量表

亲爱的同学：

　　您好！本项调查旨在了解中外合作办学学生的跨文化能力水平现状并将研究结果用于构建和发展中外合作办学学生跨文化能力培训模式。本问卷结果只用于学术研究，采用匿名形式，您的一切信息将被严格保密。请您放心填写下列问卷内容，并将问卷交（寄）回指定地址。非常感谢您真诚的参与和支持！衷心祝您学业有成、前途似锦！

第一部分　请您在选项上填空、打钩或填色

1. 您的性别　①男　　②女

2. 您的年龄（周岁）_____

3. 您的专业是_____

4. 您已经在（或曾在）国外留学多长时间？
①无　②1—6个月（含6个月）　③7—12个月（含12个月）　④12个月以上

5. 您参加的合作办学项目模式：

① 2+2　② 3+2　③ 3+1　④ 其他_____

6. 您目前就读的是：

① 本科　② 硕士

7. 您留学的国家是：

① 美国　② 英国　③ 法国　④ 澳大利亚　⑤ 加拿大　⑥ 其他_____

诚挚邀请您参加后续访谈，如您愿意，请留下一个联系方式（如邮箱、QQ、MSN、微信、电话等）_____，在此致以我最诚挚的感谢！

第二部分　开展跨文化互动的目的与动机

请根据以下选项对您的重要程度在句子右边的相应数字上打钩（√）

（1=完全不重要；2=不重要；3=一般；4=重要；5=非常重要）

	1 完全不重要	2 不重要	3 一般	4 重要	5 非常重要
提高自身外语水平	1	2	3	4	5
与来自不同文化背景的老师进行学术交流，完成课业要求	1	2	3	4	5
与来自不同文化背景的同学进行学术交流，完成课业要求	1	2	3	4	5
了解不同社会文化风俗习惯、宗教信仰	1	2	3	4	5
锻炼自己应对不同社会文化情境的能力	1	2	3	4	5
了解不同文化价值观、思维方式与人际交往模式	1	2	3	4	5

续表

	1 完全不重要	2 不重要	3 一般	4 重要	5 非常重要
积累人脉，为以后的深造或工作提供便利	1	2	3	4	5
交流、分享、对外传播中国文化	1	2	3	4	5
与来自不同文化背景的人交朋友	1	2	3	4	5
日常生活交流需要（如开户、购物、食宿等）	1	2	3	4	5

还有别的动机和目的吗？请说明＿＿＿＿＿＿＿＿＿＿＿＿＿＿
＿＿＿＿＿＿＿＿＿＿＿＿＿＿＿＿＿＿＿＿＿＿＿＿＿＿＿＿

第三部分 请根据您的实际情况进行自我评分，并在下列句子右边的选项上打钩（√）。

（1＝完全不同意；2＝基本不同意；3＝不确定/无所谓；4＝比较同意；5＝非常同意）

	1 完全不同意	2 基本不同意	3 不确定/无所谓	4 比较同意	5 非常同意
1. 了解本国的历史、地理和社会政治知识	1	2	3	4	5
2. 了解进行跨文化交流的有效策略和技能	1	2	3	4	5
3. 我能够通过与对方协商、解释本国文化的方式来化解跨文化冲突	1	2	3	4	5
4. 了解本国的生活方式和文化价值观	1	2	3	4	5
5. 了解外国的生活方式和文化价值观	1	2	3	4	5

续表

	1 完全不同意	2 基本不同意	3 不确定/无所谓	4 比较同意	5 非常同意
6. 我能够使用目标外语与来自不同社会文化背景的人进行有效的沟通	1	2	3	4	5
7. 了解本国的社交礼仪和宗教文化	1	2	3	4	5
8. 我会在跨文化沟通中尽量避免刻板印象和偏见歧视	1	2	3	4	5
9. 了解外国的历史、地理和社会政治	1	2	3	4	5
10. 我能够对跨文化互动过程进行分析和反思	1	2	3	4	5
11. 我能够借助肢体语言和其他非言语方式进行跨文化沟通	1	2	3	4	5
12. 我能够意识到文化模式及语言差异对跨文化沟通的潜在影响	1	2	3	4	5
13. 我愿意了解异文化，进行跨文化比较	1	2	3	4	5
14. 了解中外文化的基本社会行为规范	1	2	3	4	5
15. 我愿意以宽容、开放的态度面对异文化的价值观、交际模式与行为规范	1	2	3	4	5
16. 我具有较高的跨文化敏感度和文化自觉意识	1	2	3	4	5
17. 我能够在跨文化沟通指意识到双方文化的异同	1	2	3	4	5
18. 了解外国的社交礼仪和宗教文化	1	2	3	4	5
19. 了解外国的历史、地理和社会政治	1	2	3	4	5
20. 我在跨文化沟通中秉持礼貌、平等的态度对待对方	1	2	3	4	5
21. 我愿意和来自不同文化的人接触、交流和沟通	1	2	3	4	5

第四部分 请根据您对项目期间接受的跨文化相关培训的满意程度在句子右边的数字上打钩（√）或填色

（1 = 非常不满意；2 = 不满意；3 = 不确定/无所谓；4 = 满意；5 = 非常同意）

	1 非常不满意	2 不满意	3 一般	4 满意	5 非常满意
1. 双语专业课程	1	2	3	4	5
2. 外语语言强化训练	1	2	3	4	5
3. 中外文化概论及跨文化交际课程	1	2	3	4	5
4. 跨文化模拟训练	1	2	3	4	5
5. 其他跨文化活动（如校内国际文化节、国际学生社团等）	1	2	3	4	5
6. 院校部门支持（如选课、学分、办签及其他信息方面提供的帮助）	1	2	3	4	5
7. 学生心理咨询	1	2	3	4	5

任何其他信息，请说明＿＿＿＿＿＿＿＿＿＿＿＿＿＿＿

＿＿＿＿＿＿＿＿＿＿＿＿＿＿＿＿＿＿＿＿＿＿＿＿＿＿

＿＿＿＿＿＿＿＿＿＿

再次衷心感谢您的参与与支持！祝您学业有成、心情愉快！

附录二　访谈提纲

访谈提纲一

（中外合作办学学生访谈）

访谈提纲仅为大致参考。具体访谈问题经过多次调整和拓宽，根据学生的实际情况与所处阶段，进行适当的拓展与修改。

1. 您认为什么叫作有效的跨文化沟通（文化互动）？具备哪些因素？您更看重哪些方面？（如情绪上、信息交换上、长期关系建设上，或是跨文化意识及技能提升等方面的感受、体验与提升）

2. 您目前参与的跨文化能力培养相关的课程、培训、活动有哪些？您觉得效果如何？还存在哪些问题？请具体说明。

3. 您对中外合作办学学生跨文化能力培训课程与训练的建设有什么看法和建议吗？请详细讨论。

4. 您觉得您在参加合作办学项目学习的过程中，哪个阶段是跨文化能力提升最快的阶段？为什么？

5. 您了解什么是民族志方法吗？您觉得民族志方法对于跨文化学习有什么重要作用吗？请详细说明。

6. 您觉得为中外合作办学学生提供的跨文化培训最应该注重的是哪几点？请具体阐述。

7. 您觉得您的自主学习能力如何？您认为内在学习动机和自主学习能力对于提升跨文化能力重要吗？

8. 您觉得有哪些有效的方法可以用以提高自主学习意识和能力？

访谈提纲二

（中外合作办学项目相关教师、专家访谈）

访谈提纲仅为大致参考。具体访谈问题根据实际的访谈情况进行调整和拓展。

1. 您认为中外合作办学学生的跨文化能力水平现状如何？存在哪些问题？

2. 您认为中外合作办学学生跨文化能力提升应注意哪些方面的因素？请具体阐述。

3. 您目前教授的跨文化能力培养相关的课程、培训、活动有哪些？您觉得效果如何？还存在哪些问题？请具体说明。

4. 您对中外合作办学学生跨文化能力培训课程与训练的建设有什么看法和建议吗？请详细讨论。

5. 您觉得中外合作办学学生在参加合作办学项目学习过程中的哪个阶段（如国内学习阶段、留学阶段、回国阶段）是跨文化能力提升最快的阶段？请详细说明。

6. 您对人类学民族志方法有多少了解？您认为民族志方法可用于中外合作办学学生跨文化能力培训吗？它对跨文化学习有哪些潜在的作用与价值？

7. 您觉得为中外合作办学学生提供的跨文化培训最应该注重的是哪几点？请详细说明。

8. 根据您的经验，您所了解的中外合作办学学生的自主学习能力如何？他们在内在学习动机和自主学习能力方面需要如何进一步提高？

9. 您觉得有哪些有效的方法可以用以提高中外合作办学学生的自主学习意识和能力？

参考文献

外文参考文献

著作类

Alred, G., Byram, M. & Fleming, M. (eds.), *Intercultural Experience and Education*, Clevedon, UK: Multilingual Matters, 2003.

Alvesson, M., & Skoldberg, K., *Reflexive Methodologies: Interpretation and Research*, London: Sage, 2000.

Arnd Witte, A., *Blending Spaces: Mediating and Assessing Intercultural Competence in the L2 Classroom*, Walter De Gruyter Mouton, 2014.

Bash, L., & Coulby, D. (eds.), *Establishing a Culture of Intercultural Education: Essays and Papers in Honour of Jagdish Gundara*, UK: Cambridge Scholars Publishing, 2016.

Bennett, M. J. "Towards Ethno-relativism: A Developmental Model of Intercultural Sensitivity (Revised)", in R. M. Paige (ed.), *Education for the Intercultural Experience*, Yarmouth, ME: Intercultural Press, 1993.

Benson, P., *Teaching and Researching Autonomy in Language Learning*, Harlow, England: Pearson Education Limited, 2001.

Berry, J. W., "Conceptual Approaches to Acculturation", in Chun,

K., P. B. Organista, P. G. & Marin, G. (eds.), *Acculturation: Advances in Theory, Measurement, and Applied Research*, Washington, D. C.: American Psychological Association, 2003.

Berry, J. W., "Psychology of Acculturation: Understanding Individuals Moving between Cultures", in Brislin, R. (eds.), *Applied Cross-Cultural Psychology*, Newbury Park, CA: Sage, 1990.

Berry, J. W., Poortinga, Y. H., Segall, M. H., etc., *Cross-cultural Psychology: Research and Applications* (2nd ed.), UK: Cambridge University Press, 2002.

Boss, S., Krauss, J., & Conery, L., *Reinventing Project-based Learning: Your Field Guide to Real-world Projects in the Digital Age*, Eugene, OR: International Society for Technology in Education, 2008.

Brislin R., Cushner K., Cherrie C., etc., *Intercultural Interactions: A Practical Guide*, CA: Sage publications, 1986.

Brislin, R. W., & Yoshida, T., *Intercultural Communication Training: An Introduction*, California: Sage Publications, 1994.

Bussey, M., Inayatullah, S., & Milojević, I., *Alternative Educational Futures: Pedagogies for Emergent Worlds*, Rotterdam: Sense Publishers, 2008.

Byram, M., *From Foreign Language Education to Education for Intercultural Citizenship: Essays and Reflections*, Clevedon, UK: Multilingual Matters, 2008.

Byram, M., *Teaching and Assessing Intercultural Communicative Competence*, Clevedon: Multilingual Matters, 1997.

Byram, M., *Teaching-and-learning Language-and-culture*, Philadelphia, PA: Multilingual Matters, 1994.

Byram, M., & Esarte-Sarries, V., *Investigating Cultural Studies in Foreign Language Teaching*, Philadelphia: Multilingual Matters, 1991.

Byram, M., & Fleming, M. (eds.), *Language Learning in Intercultural Perspective: Approaches through Drama and Ethnography*, Cambridge: Cambridge University Press, 1998.

Byram, M., Gribkova, B., & Starkey H., *Developing the Intercultural Dimension in Language Teaching: A Practical Introduction for Teachers*, Council of Europe, 2002.

Byram, M., Nichols, A., & Stevens D., *Developing Intercultural Competence in Practice*, Clevedon, Multilingual Matters, 2001.

Canagarajah, S., "Ethnographic Methods in Language Policy", in Ricento, T. (ed.), *An Introduction to Language Policy: Theory and Method*, Malden, MA: Blackwell, 2006.

Carel, S., "Students as Virtual Ethnographers: Exploring the Language Culture Connection", in Byram, M., Nichols, A., & Stevens, D. (eds.), *Developing Intercultural Competence in Practice*, Clevedon: Multilingual Matters, 2001.

Castro, V. S., *Acculturation and Psychological Adaptation*, Westport, CT: Greenwood Press, 2003.

Chris Barker, *Cultural Studies: Theory and Practice*, Sage Publications, 2003.

Clifford Mayes, RamonaMaile Cutri, P. Clint Rogers, etc., *Understanding the Whole Student: Holistic Multicultural Education*, Plymounth, UK: Rowman & Littlefield Education, 2007.

Cushner, K., & Brislin, R. W., *Intercultural Interactions: A Practical Guide* (2nd ed.), Sage Publications, 1996.

Csíkszentmihályi, M., *Flow: The Psychology of Optional Experience*, New York, NY: Harper Perennial, 2008.

Dai X. D., & Chen, G. M. (eds.), *Intercultural Communication Competence: Conceptualization and its Development in Cultural Contexts and Interactions*, Cambridge Scholars Publishing, 2014.

Deardorff, D. K., Berardo, K., & Trompenaars, F., *Building Cultural Competence: Innovative Activities and Models*, Stylus Publishing, 2012.

Denzin, N., & Lincoln, Y. (eds.), *Handbook of Qualitative Research* (2nd ed.), Thousand Oaks, CA: Sage, 2000,

Doughty C. J., & Long M. H. (eds.), *The Handbook of Second Language Acquisition*, Malden, MA and Oxford, UK: Blackwell, 2003.

Edward Hall., *The Silent Language*, Anchor Books, 1973.

Ellis, C., "Evocative Autoethnography: Writing Emotionally about Our Lives", in Tierney W., & Lincoln Y. (eds.), *Representation and The Text: Re-framing the Narrative Voice*, Albany: State University of New York Press, 1997.

Ellis, C., *The Ethnographic I: A Methodological Novel about Autoethnography*, Walnut Creek, CA: AltaMira Press, 2004.

Ellis, C., & Bochner, A., "Autoethnography, Personal Narrative, Reflexivity: Researcher As Subject", in Denzin, N., & Lincoln, Y. (eds.), *Handbook of Qualitative Research* (2nd ed.), Thousand Oaks, CA: Sage, 2000.

Ellis, R., *Second Language Acquisition and Language Pedagogy*, Clevedon: Multilingual Matters, 1991.

Ellis, R., *Task-based Language Learning and Teaching*, Oxford, UK:

Oxford University Press, 2003.

Fantini, A. E., *Assessing Intercultural Competence: A YOGA form*, Brattleboro, VT: School for International Training, 2000.

Fantini, A. E., *Assessment Tools of Intercultural Communicative Competence*, Brattleboro, VT, 2006.

Fantini, A. E. (ed.), *New Ways in Teaching Culture*, Arlington, VA: TESOL, 1997, pp. 3 – 15.

Fontaine, G., "Social Support and the Challenge of International Assignments: Implications for Training", in D. Landis & R. Bhagat (ed.), *Handbook of Intercultural Training* (2nd ed.), Thousand Oaks, CA: Sage, 1996.

Furnham, A., & Bochner, S., *Culture Shock: Psychological Reactions to Unfamiliar Environment*, Routledge: London, 1989.

Geertz, Clifford, *The Interpretation of Cultures: Selected Essays*, New York: Basic Book, 1973.

Gudykunst, W. B., & Kim, Y. Y., *Communicating with Strangers: An Approach to Intercultural Communication*, New York: Random, 1984.

Gudykunst, W. B. (ed.), *Cross-cultural and Intercultural Communication*, London: Sage Publications, 2003.

Hall, A., & Wellman, B., "Social Networks and Social Support", in Cohen S. & Syme, S. L. (ed.), *Social Support and Health*, New York: Academic Press, 1985.

Hammersley, M. & Atkinson, P., *Ethnography*, London: Routledge, 1995.

Hammersley, M. & Atkinson, P., *Ethnography: Principles in Practice*, NY: Routledge, 1989.

Harklau L., "Ethnography and Ethnographic Research on Second Language Teaching and Learning", in Hinkel, E. (ed.), *Handbook of Research in Second Language Teaching and Learning*, New Jersey: Lawrence Erlbaum Associates, 2005.

Hinkel, E. (ed.), *Culture in Second Language Teaching and Learning*, New York: Cambridge, 1999.

Hofstede, G., *Cultures and Organizations: Software of the Mind*, London: McGraw-Hill, 1991.

Hofstede, G., *Culture's Consequences: Comparing Values, Behaviors, Institutions, and Organizations Across Nations* (2nd ed.), Thousand Oaks, CA: Sage, 2001.

Hofstede, G., *Culture's Consequences: International Differences in Work-related Values*, Beverly Hills, 1980.

Holmes, P., & O'Neill, G., "Autoethnography and Self-reflection: Tools for Self-assessing Intercultural Competence", in Tsai, Y., & Houghton, S. (eds.), *Becoming Intercultural: Inside and Outside the Classroom*, Newcastle upon Tyne: Cambridge Scholars Publishing, 2010.

Huang, Futao, *Transnational Higher Education in Asia and the Pacific Region*, Hiroshima: Hiroshima University, 2006.

Huber, J. (ed.), *Intercultural Competence for All: Preparation for Living in a Heterogeneous World*, Council of Europe, 2012.

Kemaloglu, E., *Project-based Foreign Language Learning: Theory and Research*, New York: Lambert Academic Publishing, 2010.

Kelley, C., & Meyers, J. E., *The Cross-cultural Adaptability Inventory*, Minneapolis, MN: National Computer Systems, 1989.

Kim, Y. Y., *Becoming Intercultural: An Integrative Theory of Commu-

nication and Cross-cultural Adaptation, Thousand Oaks: Sage, 2001.

Kolb, D. A., *Experiential Learning*, Englewood Cliffs, NJ: Prentice Hall, 1984.

Kolb, D. A., & Lewis, L. H., "Facilitating Experiential Learning: Observations andReflections", in Lewis, L. H. (ed.), *Experiential and Simulation Techniques for Teaching Adults*, San Francisco: Jossey-Bass, 1986.

Kramsch, C., *Context and Culture in Language Teaching*, NY: Oxford University Press, 1993.

Landis, D., J., Bennett, M. (eds.), *Handbook of Intercultural Training*, 2003.

Long M. H. (eds.), *The Handbook of Second Language Acquisition*, Malden, MA and Oxford, UK: Blackwell, 2003

Masgoret, A., & Ward, C., "Culture Learning Approach to Acculturation", in Sam, D. L., & Berry, J. W. (eds.), *The Cambridge Handbook of Acculturation Psychology*, New York, NY: Cambridge University Press, 2006.

Norton, B., *Identity and Language Learning: Gender, Ethnicity and Educational Change*, Harlow, English: Longman/Pearson Education, 2000.

Norton, B. & Toohey, K., "Identity and Language Learning", in Kaplan R. B. (ed.), *The Oxford Handbook of Applied Linguistics*, New York, NY: Oxford University Press, 2002.

Paige, R. M. (ed.), *Education for the Intercultural Experience*, Yarmouth, ME: Intercultural Press, 1993.

Raya, M. J., & Sercu, L. (eds.), *Challenges in Teacher Develop-*

ment: *Learner Autonomy and Intercultural Competence*, Peter Lang Pub Inc., 2007.

Reed-Danahay, D. E. (eds.), *Auto/Ethnography: Rewriting the Self and the Social*, UK: Berg., Oxford, 1997.

Roberts, C., Byram, M., Barro, A., Jordan, S., & Street, B., *Language Learners as Ethnographers*, Clevedon, UK: Multilingual Matters, 2001.

Sam, D. L., "Acculturation and Health", in D. L. Sam, & J. W. Berry, eds., *The Cambridge Handbook of Acculturation Psychology*, New York, NY: Cambridge University Press, 2006, pp. 452 – 468.

Samovar, L. A., Porter, R. E., & Jain, N. C., *Understanding Intercultural Communication*, Belmont, CA: Wandsworth, 1981.

Samovar, L. A., Porter R. E., & Stefani, L. A., *Communication Between Cultures*, Beijing, China: Foreign Language Teaching and Research Press.

Sandhu, D. S., & Asrabadi, B. R., "An Acculturative Stress Scale for International Students: A Practical Approach to Stress Measurement", in C. P. Zalaquett & R. J. Wood, eds., *Evaluating Stress: A Book of Resources* (Vol. 2), Lanham, MD: Scarecrow Press 1998.

Seelye, H. N., *Teaching Culture: Strategies for Intercultural Communication* (3rd ed.), Chicago: National Textbook Company, 1997.

Smart, D. F., Volet, S., & Ang, G., *Fostering Social Cohesion in Universities: Bridging the Cultural Divide*, Canberra: Australian Education International Department of Education, Training and Youth Affairs, 2000.

Spradley, J. P., *Participate Observation*, New York: Holt, Rinehart and Winston, 1980.

Stringer D. M., & Cassiday, P. A., *52 Activities for Improving Cross-Cultural Communication*, Nicholas Brealey, 2009.

Tajfel, H. (ed.), *Differentiation between Social Groups: Studies in the Psychology of Intergroup Relations*, London: Academic Press, 1987.

Ting-Toomey, S., *Communicating Across Cultures*, New York: The Guilford Press.

Tochon, F. V., & Hanson, D. M. (eds.), *The Deep Approach: Second Languages for Community Building*, Madison, WI: Atwood Publishing, 2003.

Tochon, F. V., *Help Them Learn a Language Deeply: Deep Approach to World Languages and Cultures*, Blue Mounds, WI: Deep University Press, 2015.

Triandis, H. C., *Individualism and Collectivism*, Boulder Oxford: Westview Press, 1995.

Triandis, H. C., *The Analysis of Subjective Culture*, New York: John Wiley, 1972.

UNESCO/IAU, *Globalization and the Market in Higher Education-Quality, Accreditation and Qualifications*, London: UNESCO Publishing, 2002.

Tylor, E. B., *The Origins of Culture*, New York: Haper and Row Publishers, 1958.

UNESCO, *Intercultural Competences: Conceptual and Operational Framework*, Paris: UNESCO, 2013, http://unesdoc.unesco.org/images/0021/002197/219768e.pdf.

Wagner, K., & Magistrale, T., *Writing across Culture: An Introduction to Study Abroad and the Writing Process*, New York: Peter Lang, 1997.

Ward, C. , "The ABCs of Acculturation", in Matsumoto, D. (ed.), *The Handbook of Culture and Psychology*, New York: Oxford University Press, 2001.

Ward, C. , Bochner, S. & Furnham, A. , *The Psychology of Culture Shock* (2nd edition), Routledge: London, 2001.

Wolcott, H. , "Ethnographic Research in Education", in R. Jaeger (ed.), *Complementary Methods for Research in Education* (2nd edition), Washington, D. C. : American Educational Research Association, 1997.

Wood, J. T. , *Interpersonal Communication: Everyday Encounters* (4th ed.), Belmont, CA: Wadsworth/Thomson Learning, 2004.

论文类:

Abe, J. , Talbot, D. M. & Geelhoed, R. J. , "Effects of a Peer Program on International Student Adjustment", *Journal of College Student Development*, Vol. 39, No. 6, 1998.

Adair Linn Nagata, "Promoting Self-Reflexivity in Intercultural Education", *Journal of Intercultural Communication*, No. 8, 2004.

Adler, P. S. , "The Transitional Experience: An Alternative View of Culture Shock", *Journal of Humanistic Psychology*, Vol. 15, 1975.

Altbach, P. G. , "Chinese Education in an Open-Door Era", *International Higher Education*, Vol. 45, 2006.

Altbach, P. G. , "Impact and Adjustment: Foreign Students in Comparative Perspective", *Higher Education*, Vol. 21, 1991.

Alred, G. , Byram, M. , "Becoming an Intercultural Mediator: A Longitudinal Study of Residence Abroad", *Journal of Multilingual and Multicultural Development*, Vol. 23, No. 5, 2002.

Anderson, L. , "Analyzing Autoethnography", *Journal of Contempora-*

ry *Ethnography*, Vol. 35, 2006.

Andrade, M. S., "International Students in English-speaking Universities: Adjustment Factors", *Journal of Research in International Education*, Vol. 5, No. 2, 2006.

Bandura, A., "Self-Efficacy: Toward a Unifying Theory of Behavioral Change", *Psychological Review*, Vol. 84, No. 2, 1977.

Bennett, R., Aston, A., & Colquhoun, T., "Cross-Cultural Training: A Critical Step in Ensuring the Success of International Assignments", *Human Resource Management*, Vol. 39, Nog. 2 – 3, 2000.

Berry, J. W., Phinney, J. S., Sam, D. L., etc., "Immigrant Youth: Acculturation, Identity, and adaptation", *Applied Psychology: An International Review*, Vol. 55, No. 3, 2006.

Berry, J. W., & Sabatier, C., "Variations in the Assessment of Acculturation Attitudes: Their Relationships with Psychological Wellbeing", *International Journal of Intercultural Relations*, Vol. 35, No. 5, 2011.

Bhawuk, D. P. S., & Brislin, R. W., "The Measurement of Intercultural Sensitivity Using the Concepts of Individualsm and Collectivism", *International Journal of Intercultural Relations*, Vol. 16, No. 4, 1992.

Bhawuk, D. P. S., & Richard W. Brislin, R. W., "Cross-cultural Training: A Review", *Applied Psychology: An International Review*, Vol. 49, No. 1, 2000.

Black, J. S., & Mendenhall, M., "Cross-Cultural Training Effectiveness: A Review and a Theoretical Framework for Future Research", *Academy of Management Review*, Vol. 15, No. 1, 1990.

Blumenfeld, P. C., "Classroom Learning and Motivation: Clarifying and Expanding Goal Theory", *Journal of Educational Psychology*,

Vol. 84, No. 3, 1992.

Boaler, J., "Learning from Teaching: Exploring the Relationship between Reform Curriculum and Equity", *Journal of Research in Mathematics Education*, Vol. 33, No. 4, 2002.

Bochner S., Hutnik, N., and Furnham, A., "The Friendship Patterns of Overseas and Host Students in an Oxford Student Residence", *The Journal of Social Psychology*, Vol. 125, No. 6, 1985.

Bourdieu, P., "Intellectual Field and the Creative Project", *Social Science Information*, Vol. 8, 1969.

Brown, L., "An Ethnographic Study of the Friendship Patterns of International Students in England: An Attempt to Recreate Home through Conational Interaction", *Intercultural Journal of Educational Research*, Vol. 48, No. 1, 2009.

Byram, M., "On Being Bicultural and Intercultural", in Alred, G., Byram, M., & Fleming, M. (eds.), *Intercultural Experience and Education*, Clevedon, UK: Multilingual Matters, 2003.

Byram, M., *Teaching and Assessing Intercultural Communicative Competence*, Clevedon, UK: Multilingual Matters, 1997.

Chapman, M., Gajewska-De Mattos, H., Clegg, J., etc., "Close Neighbours and Distant Friends: Perceptions of Cultural Distance", *International Business Review*, Vol. 17, No. 3, 2008.

Chen, G. M., "A Model of Global Communication Competence", *China Media Research*, Vol. 1, 2005.

Chen, G. M, Starosta, W. J., "Intercultural Communication Competence: A Synthesis", *Communication Yearbook*, Vol. 19, 1996.

Chataway, C. J., & Berry, J. W., "Acculturation Experiences, Appraisal, Coping and Adaptation: A Comparison of Hong Kong Chinese, French and English Students in Canada", *Canadian Journal of Behavioral Science*, Vol. 21, No. 3, 1989.

Cheng, R., & Erben, A., "Language Anxiety: Experiences of Chinese Graduate Students at U. S. ", *Higher Institutions*, Vol. 16, 2012.

Coleman, J. A., "Residence Abroad within Language Study", *Language Teaching*, Vol. 30, No. 1, 1997.

Corbeil A., "The Experiences of International Students in Transnational Higher Education Programs in Singapore", University of Toronto, 2006.

Cross, S. E., "Self-construals, Coping, and Stress in Cross-cultural Adaptation", *Journal of Cross-cultural Psychology*, Vol. 26, No. 6, 1995.

Dargent-Wallace, A., "Teaching American Culture in France: Language Assistants' Identity Construction and Interculturality", *Doctoral Dissertation*, University of Wisconsin-Madison, 2013.

Daudelin, M. W., "Learning from Experience Through Reflection", *Organizational Dynamics*, Vol. 24, No. 3, 1996.

Deardorff, D. K., "Identification and Assessment of Intercultural Competence As a Student Outcome of Internationalization", *Journal of Studies in International Education*, Vol. 10, 2006.

Deardorff, D. K., "Implementing Intercultural Competence Assessment", *The SAGE Handbook of Intercultural Competence*, 2009.

Deci, E. L., Vallerand, R., Pelletier, L., & Ryan, R., "Motivation and Education: The Self-determination Perspective", *Educational Psychologist*, Vol. 26, 1991.

Ellis, C., "Jumping on and Off the Runaway Train of Success: Stress and Committed Intensity in an Academic Life", *Symbolic Interaction*,

Vol. 34, No. 2, 2011.

Elola, I., & Oskoz, A., Blogging: Fostering Intercultural Competence Development in Foreign Language and Study Abroad Contexts, Foreign Language Annuals, Vol. 41, 2008.

Fantini, A. E., "Exploring Intercultural Competence: Developing, Measuring & Monitoring", NAFSA, 2009, https://www.nafsa.org/_/File/_/exploring_ intercultural_ competed_ developing.pdf, 2017-09-01.

Fantini, A., & Tirmizi, A., "Exploring and Assessing Intercultural Competence", *World Learning Publications*, Paper 1, 2006, http://digitalcollections.sit.edu/worldlearning_ publications/1, 2017-06-02.

Fontaine, G., "Roles of Social Support in Overseas Relocation: Implications for Intercultural Training", *International Journal of Intercultural Relations*, Vol. 10, No. 3, 1986.

Fritz, M. V., Chin, D., & DeMarinis, V., "Stressors, Anxiety, Acculturation and Adjustment among International and North American Students", *International Journal of Intercultural Relations*, Vol. 32, 2008.

Furnham, A., & Alibhai, N., "The Friendship Networks of Foreign Students: A Replication and Extension of the Functional Model", *International Journal of Psychology*, Vol. 20, 1985.

Ginsberg, M. B., "Cultural Diversity, Motivation and Differentiation", *Theory into Practice*, Vol. 44, No. 3, 2005.

Gonzales, J. T., "The Acculturation Experience of International Graduate Students: A Qualitative Investigation", *Unpublished Doctoral Dissertation*, Indiana: University of Notre Dame, 2006.

Gudykunst, W. B. , " Applying Anxiety/Uncertainty Management (AUM) Theory to Intercultural Adjustment Training", *International Journal of Intercultural Relations*, Vol. 22, 1998.

Hansen, H. M. , "Defining International Education", *New Directions for Higher Education*, Wiley Periodicals, Inc. , 2002.

Hayano, D. M. , "Auto-ethnography: Paradigms, Problems and Prospects", *Human Organization*, Vol. 38, No. 1, 1979.

Hendrickson, B. , Rosen, D. , & Aune, R. K. , "An Analysis of Friendship Networks, Social Connectedness, Homesickness, and Satisfaction Levels of International Students", *International Journal of Intercultural Relations*, Vol. 35, 2011.

Hammer, M. R. , Bennet, M. J. , & Wiseman, R. , "Measuring Intercultural Sensitivity: The Intercultural Development Inventory", *International Journal of Intercultural Relations*, Vol. 27, 2003.

Hoecherl-Alden, G. , Turning Professional: Content-based Communication and the Evolution of a Cross-cultural Language Curriculum", *Foreign Language Annals*, Vol. 33, 2000.

Holmes, P. , & O'Neill, Gillian, "Developing and Evaluating Intercultural Competence: Ethnographies of Intercultural Encounters", *International Journal of Intercultural Relations*, Vol. 36, 2012.

Hou, Xinmin, "An Empirical Study of Chinese Learners' Intercultural Sensitivity", *Journal of Language Teaching and Research*, Vol. 1, No. 3, 2010.

Hymes, D. , " Introduction: Toward Ethnographies of Communication", *American Anthropologist*, Vol. 66, 1964.

Jackson, J. , "Ethnographic Preparation for Short-term Study and Residence in the Target Culture", *International Journal of Intercultural*

Relations, Vol. 30, 2006.

Jackson, J., "The Transcultural Self: Autoethnographic Accounts of Chinese Sojourners", in Paper Presented at the Fourth International Auto/biography Association (IABA) Conference, March 2004, The Chinese University of Hong Kong, 2004.

Johnson, D. C., "Ethnography of Language Policy", *Language Policy*, Vol. 8, 2009.

Jordan, S., "Writing the Other, Writing the Self: Transforming Consciousness through Ethnographic Writing", *Language and Intercultural Communication*, Vol. 1, 2001.

Lacina, J. G., "Preparing International Students for a Successful Social Experience in Higher Education", *New Directions for Higher Education*, Wiley Periodicals, Inc., 2002.

Lakey, P. N., "Acculturation: A Review of the Literature", *Intercultural Communication Studies* Vol. XII - 2, 2003.

Lee, J., "Stress and Coping Experiences of International Students with Language Barriers During the Acculturation Process", Florida: University of Florida, 2008.

Lian, Y., & Tsang, Kwok-kuen, The Impact of Acculturation Strategies and Social Support on the Cross-Cultural Adaptation of Mainland Chinese Students in Hong Kong", *Educational Research Journal*, Vol. 25, No. 1, 2010.

Markus, H. R., & Kitayama, S., "Culture and the Self: Implication for Cognition, Emotion, and Motivation", *Psychological Review*, Vol. 98, 1991.

Mcburnie, G., & Ziguras, C., "The Regulation of Transnational Higher Education in Southeast Asia: Case Studies of Hong Kong, Malaysia and Australia", *Higher Education*, Vol. 42, 2001.

Mok, K. H., & Xu, Xiaozhou, "When China Opens to the World: A Study of Transnational Higher Education in Zhejiang, China", *Asia Pacific Education Review*, Vol. 9, No. 4, 2008.

Kappler, B., "Lessons from Ba' Fa Ba' Fa", Informal Training Presentation at the Center for Advanced Research on Language Acquisition, July 2000, University of Minnesota, Minneapolis, 1997.

Kingston, E., & Forland, H., "Bridging the Gap in Expectations between International Students and Academic Staff", *Journal of Studies in International Education*, Vol. 20, No. 5, 2008.

Kuo, B. C. H., "Culture's Consequences on Coping: Theories, Evidences, and Dimensionalities", *Journal of Cross-cultural Psychology*, Vol. 42, 2011.

McKinlay, N. J., Pattison, H. M., & Gross, H., "An Exploratory Investigation of the Effects of a Cultural Orientation Program on the Psychological Well-being of International University Students", *Higher Education*, Vol. 31, No. 3, 1996.

Oatey, H. S., & Xiong, Zhaoning, "Chinese Students' Psychological and Sociocultural Adjustments to Britain: An Empirical Study", *Language, Culture and Curriculum*, Vol. 19, No. 1, 2006.

Oberg, K., "Culture Shock Adjustment to New Cultural Environments", *Practical Anthropology*, Vol. 7, 1960.

Olebe, M., & Koester, J., "Exploring the Cross-cultural Equivalence of the Behavioral Assessment Scale for Intercultural Communication", *International Journal of Intercultural Relations*, Vol. 13, 1989.

Padilla, A. M., & Perez, W., "Acculturation, Social Identity, and Social Cognition: A New Perspective", *Hispanic Journal of Behavior-*

al Sciences, Vol. 25, No. 1, 2003.

Pan, Jia-yan, "A Resilience-based and Meaning-oriented Model of Acculturation: A Sample of Mainland Chinese Postgraduate Students in Hong Kong", *International Journal of Intercultural Relations*, Vol. 35, 2011.

Pedersen, P. B., "Counseling International Students", *The Counseling Psychologist*, Vol. 19, 1991.

Popov, V., Brinkman, D., Biemans, H. J. A., et al., "Multicultural Student Group Work in Higher Education: An Explorative Case Study on Challenges as Perceived by Students", *International Journal of Intercultural Relations*, Vol. 36, 2012.

Pruegger, V. J., & Rogers, T. B., "Development of a Scale to Measure Cross-cultural Sensitivity in the Canadian Context", Canadian Journal of Behavioral Science, Vol. 25, No. 4, 1993.

Quintrell, N., & Westwood, M., "The Influence of a Peer-Pairing Program on International Students' First Year Experience and the Use of Student Services", *Higher Education Research and Development*, Vol. 13, No. 1, 1994.

Roberts, C., "Language and Cultural Learning: An Ethnographic Approach", in A. Jensen, et al. (eds.), *Intercultural Competence: The Adult Learner*, Aalborg: Aalborg University Press, Vol. 2, 1995.

Robinson-Stuart, G. & Nocon, H., "Second Culture Acquisition: Ethnography in the Foreign Language Classroom", *Modern Language Journal*, Vol. 80, 1996.

Russell, J., Rosenthal, D., & Thomson, G., "The International Student Experience: Three Styles of Adaptation", *High Education*,

Vol. 60, 2010.

Sandu, D. S. , "An Examination of the Psychological Needs of the International Students: Implications for Counseling and Psychotherapy", *International Journal for the Advancement of Counseling*, Vol. 17, 1995.

Sano, H. , "Research on Social Difficulties in Cross-cultural Adjustment: Social Situational Analysis", *Japanese Journal of Behavioral Therapy*, Vol. 16, 1990.

Searle, W. , & Ward, C. , The Prediction of Psychological and Sociocultural Adjustment during Cross-cultural Transitions", *International Journal of Intercultural Relations*, Vol. 14, No. 4, 1990.

Sherry, M. , Thomas, P. , & Chui, W. H. , "International Students: A Vulnerable Student Population", *High Education*, Vol. 60, 2010.

Smith, A. N. , "Prerequisites to Teaching and Learning Culture", in G. K. Crouse (ed.), *Broadening the Frontier of Foreign Language Education*, Lincolnwood, IL: National Textbook Company, 1995.

Smith, R. A. , & Khawaja, N. G. , "A Review of the Acculturation Experiences of International Students", *International Journal of Intercultural Relations*, Vol. 35, 2011.

Tan, J. K. L. , & Goh, J. W. P. , "Why Do They Not Talk? Towards an Understanding of Students' Cross-cultural Encounters from an Individualism/Collectivism Perspective", *International Education Journal*, Vol. 7, No. 5, 2006.

Tochon, F. V. , Dionne, J. P. , "Discourse Analysis and Instructional Flexibility: A Pragmatic Grammar", *Pragmatics and Language Learning, Monograph Series*, Vol. 5, 1994.

Tochon, F. V. , "Effectiveness of Deep, Blended Language Learning as

Measured by Oral Proficiency and Course Evaluation", *Journal of the National Council of Less Commonly Taught Languages*, Vol. 14, 2013.

Volet, S., & Ang, G., "Culturally Mixed Groups on International Campuses: An Opportunity for Intercultural Learning", *Higher Education Research and Development*, Vol. 17, No. 1, 1998.

Walton, S., "Stress Management Training for Overseas Effectiveness", *International Journal of Intercultural Relations*, Vol. 14, No. 4, 1990.

Wang, Jianglong, "Communication and Cultural Competence: The Acquisition of Cultural Knowledge and Behavior", *Online Readings in Psychology and Culture*, Vol. 7, No. 1, 2011. http://scholarworks.gvsu.edu/orpc/vol7/iss1/3, 2017-08-07.

Ward, C., & Kennedy, A., "Coping with Cross-cultural Transition", *Journal of Cross-Cultural Psychology*, Vol. 32, 2001.

Ward, C., & Kennedy, A., "Where's the 'Culture' in Cross-cultural Transition? Comparative Studies of Sojourner Adjustment", *Journal of Cross-cultural Psychology*, Vol. 24, 1993.

Ward, C., & Kus, L., "Back to and beyond Berry's Basics: The Conceptualization, Operationalization and Classification of Acculturation", *International Journal of Intercultural Relations*, Vol. 36, 2012.

Ward C., Rana-Deuba, A., "Acculturation and Adaptation Revisited", *Journal of Cross-Cultural Psychology*, Vol. 30, 1999.

Ward, C., & Searle, W., "The Impact of Value Discrepancies and Cultural Identity on Psychological and Sociocultural Adjustment of Sojourners", *International Journal of Intercultural Relations*, Vol. 15,

No. 2, 1991.

Westwood, M., & Barker, M., "Academic Achievement and Social Adaptation among International Students: A Comparison Groups Study of the Peer-pairing Program", *International Journal of Intercultural Relations*, Vol. 14, No. 3, 1990.

Wright, D. A., Culture As Information and Culture As Affective Process: A Comparative Study. *Foreign Language Annals*, Vol. 33, 2000.

Yang, Y. Y., "Guanxilization or Categorization: Psychological Mechanisms Contributing to the Formation of the Chinese Concept of 'Us'", *Social Sciences in China*, Vol. xxx, No. 2, 2009.

Yu, Baohua, & Shen, Huizhong, Predicting Roles of Linguistic Confidence, Integrative Motivation and Second Language Proficiency on Cross-cultural Adaptation, *International Journal of Intercultural Relations*, Vol. 36, 2012.

Yuan, Wenli, "Academic and Cultural Experiences of Chinese Students at an American University: A Qualitative Study", *Intercultural Communication Studies*, Vol. 1, 2011.

Zhang, J., & Goodson, P., "Acculturation and Psychosocial Adjustment of Chinese International Students: Examining Medication and Moderation Effects", *International Journal of Intercultural Relations*, Vol. 35, 2011.

Zhang, J., & Goodson, P., "Predictors of International Students' Psychosocial Adjustment to Life in the United States: A Systematic Review", *International Journal of Intercultural Relations*, Vol. 35, 2011.

Zhou, Yuefang, & Todman, J., "Patterns of Adaptation of Chinese

Postgraduate Students in the United Kingdom", *Journal of Studies in International Education*, Vol. 13, 2009.

中文参考文献

著作类

［德］尤尔根·哈贝马斯：《包容他者》，曹卫东译，上海人民出版社2002年版。

［美］丹·兰迪斯、珍妮特·M.贝内特、米尔顿·J.贝内特编：《跨文化培训指南》，关世杰等译，北京大学出版社2009年版。

［美］多德：《跨文化交际动力》，上海外语教育出版社2006年版。

［美］古迪昆斯特（William B. Gudykunst）：《跨文化与不同文化之间的交际》，上海外语教育出版社2007年版。

［美］古迪昆斯特（William B. Gudykunst）：《跨文化交际理论建构》，上海外语教育出版社2014年版。

［美］古迪昆斯特、金荣渊（William B. Gudykunst & Young Yun Kim）：《与陌生人交际：文化交流方法》，上海外语教育出版社2007年版。

［美］曼纽尔·卡斯特：《认同的力量》，夏铸久等译，社会科学文献出版社2003年版。

［美］劳伦斯·纽曼：《社会研究方法：定性和定量的取向》，郝大海译，中国人民大学出版社2007年版。

［美］萨莫瓦（Samovar, L. A.）等：《跨文化交际》，外语教学与研究出版社2000年版。

［美］迈克尔·E.罗洛夫：《人际传播社会交换论》，王江龙译，上海译文出版社1891年版。

［美］米尔顿·J.贝内特编：《跨文化交流的建构与实践》，关世杰、何惺译，北京大学出版社2012年版。

[美]萨莫瓦、波特（Larry A. Samovar & Richard E. Porter）编：《跨文化交际读本》（第十版），上海外语教育出版社2007年版。

[英]阿尔里德、拜拉姆、弗莱明（Alred, G., Byram, B., & Fleming, M.）编：《跨文化经历与教育》，上海外语教育出版社2014年版。

[英]拜拉姆（Byram, M.）：《跨文化交际能力的教学与评估》，上海外语教育出版社2014年版。

[英]彼得·史密斯、[加拿大]彭迈克、[土耳其]齐丹·库查巴莎：《跨文化社会心理学》，严文华等译，人民邮电出版社2009年版。

[英]乔纳森·弗里德曼：《文化认同与全球性过程》，郭建如译，商务印书馆2003年版。

[英]理查德·D. 刘易斯：《文化的冲突与共融》，关世杰译，新华出版社2002年版。

[英]马凌诺斯基：《文化论》，费孝通译，华夏出版社2002年版。

[英]马凌诺斯基：《西太平洋的航海者》，梁永佳、李绍明译，华夏出版社2002出版。

[英]彭迈克：《中国人的心理》，邹海燕等译，新华出版社1990年版。

[英]奥梯、富兰克林（Oatey, H. S. & Franklin, P.）：《跨文化互动：跨文化交际的多学科研究》，外语教学与研究出版社2010年版。

陈伯璋：《教育研究方法的新取向——质的研究方法》（增订版），南宏出版社1990年版。

陈申：《外语教育中的文化教学》，北京语言文化大学出版社1999年版。

陈向明：《旅居者和"外国人"：留美中国学生跨文化人际交往研

究》，教育科学出版社 2004 年版。

陈向明：《质的研究方法与社会科学研究》，教育科学出版社 2000 年版。

陈贤忠：《世界贸易组织与高等教育》，安徽大学出版社 2002 年版。

戴晓东：《跨文化交际理论》，上海外语教育出版社 2011 年版。

费孝通：《费孝通在 2003：世纪学人遗稿》，中国社会科学出版社 2005 年版。

费孝通：《文化与文化自觉》，群言出版社 2010 年版。

费孝通：《乡土中国》，人民出版社 2008 年版。

费孝通：《中华民族多元一体格局》，中央民族大学出版社 1999 年版。

[美] 弗朗索瓦·维克多·涂尚（Francois, F.V.）：《世界语言与文化深度教育法》，龙翔、肖建芳等译，德普大学出版社 2016 年版。

高丙中：《中国人的生活世界》，北京大学出版社 2010 年版。

关世杰：《跨文化交流学》，北京大学出版社 1995 年版。

顾力行、戴晓东主编：《跨文化交际与传播中的身份认同（二）：原理的运用与实践》，上海外语教育出版社 2012 年版。

顾力行、Michael H. Prosser 主编：《跨文化视角下的中国人：交际与传播》，上海外语教育出版社 2007 年版。

胡文仲：《跨文化交际学概论》，外语教学与研究出版社 1999 年版。

胡文仲、高一红：《外语教学与文化》，湖南教育出版社 1997 年版。

黄光国、胡先缙等：《人情与面子：中国人的权力游戏》，中国人民大学出版社 2010 年版。

姬建国：《跨文化教学意识与国际汉语师资培训》，北京师范大学出版社 2011 年版。

贾玉新：《跨文化交际学》，上海外语教育出版社 1997 年版。

克利福德·格尔兹：《文化的解释》，纳日碧力戈等译，上海人民出版社 1999 年版。

克利福德·格尔茨:《地方性知识——阐释人类学论文集》,王海龙、张家瑄译,中央编译出版社 2000 年版。

赖红玲、王电建:《中美跨文化教育适应与培训》,中国社会科学出版社 2013 年版。

梁漱溟:《中国文化要义》,上海人民出版社 2005 年版。

林大津:《跨文化交际研究与英美人交往指南》,福建人民出版社 1999 年版。

林大津:《跨文化交际学:理论与实践》,福建人民出版社 2005 年版。

林金辉主编:《中外合作办学质量建设研究》,厦门大学出版社 2017 年版。

林金辉主编:《中外合作办学发展报告（2010—2015）》,厦门大学出版社 2016 年版。

林金辉主编:《中外合作办学规模、质量、效益研究》,厦门大学出版社 2016 年版。

林金辉主编:《中外合作办学与国际化人才培养》,厦门大学出版社 2015 年版。

林金辉、刘志平:《高等教育中外合作办学研究》,广东高等教育出版社 2010 年版。

刘重霄:《提高英语应用能力,提升跨文化人文素质:教学改革论文集》,首都经济贸易大学出版社 2017 年版。

刘海平主编:《文化自觉与文化认同:东亚视角》,上海外语教育出版社 2008 年版。

刘仲冬:《民族志研究法及实例》,载胡幼慧主编《质性研究:理论、方法及本土女性研究实例》,台北巨流出版社 1996 年版。

李盛兵:《跨国高等教育人才培养模式研究》,人民出版社 2010 年版。

陆建非、戴晓东主编：《跨文化交际研究新动态》，上海三联书店2016年版。

潘亚玲：《跨文化能力内涵与培养：以高校外语专业大学生为例》，对外经济贸易大学出版社2016年版。

彭凯平、王伊兰：《跨文化沟通心理学》，北京师范大学出版社2009年版。

秦希贞：《中美跨文化交际误解分析与体演文化教学法》，外语教学与研究出版社2017年版。

吴卫平：《跨文化能力综合评价：理论与实践》，中国社会科学出版社2015年版。

沙莲香：《社会心理学》（第三版），中国人民大学出版社2011年版。

沈青松主编：《中国人的价值观：人文学观点》，桂冠图书股份有限公司1994年版。

史笑艳：《留学与跨文化能力：跨文化学习过程实例分析》，外语教学与研究出版社2015年版。

宋鸿立：《中外合作办学研究与实务：基于中外双向互动教学的英语语言实践和跨文化元素研究》，知识产权出版社2010年版。

孙隆基：《中国文化的深层结构》，广西师范大学出版社2011年版。

谭瑜：《高校中外合作办学项目学生跨文化适应研究》，中国社会科学出版社2014年版。

谭志松：《多民族国家大学的使命：中国大学的功能及其实现研究》，民族出版社2008年版。

滕星：《文化变迁与双语教育》，教育科学出版社2001年版。

滕星：《族群、文化与教育》，民族出版社2002年版。

王剑波：《跨国高等教育与中外合作办学》，山东教育出版社2005年版。

王宁主编:《全球化与文化:西方与中国》,北京大学出版社 2002年版。

王铭铭:《溪村家族:社区史、仪式与地方政治》,贵州人民出版社 2004年版。

汪凤炎、郑红:《中国文化心理学》,暨南大学出版社 2008年版。

席酉民、郭菊娥、李怀祖:《中国大学国际化发展特色与策略研究》,中国人民大学出版社 2010年版。

许力生:《跨语言研究的跨文化视野》,上海外语教育出版社 2006年版。

严明:《跨文化交际理论研究》,黑龙江大学出版社 2009年版。

杨国枢、陆洛:《中国人的自我:心理学的分析》,重庆大学出版社 2009年版。

张红玲:《跨文化外语教学》,上海外语教育出版社 2007年版。

张民选:《中外合作办学认证体系的构建与运作》,高等教育出版社 2010年版。

杨建培:《跨文化能力培养论:以德语教学为例》,同济大学出版社 2012年版。

姚亚平:《文化的撞击:语言交往》,吉林教育出版社 1990年版。

叶澜:《教育研究方法初探》,上海教育出版社 1999年版。

于增富、江波、朱小玉:《教育国际交流与合作史(中华人民共和国专题丛书)》,海南出版社 2001年版。

翟学伟:《中国人的关系原理:时空秩序、生活欲念及其流变》,北京大学出版社 2011年版。

中国现代文化学会主编:《东西方文化交融的道路和选择》,四川人民出版社 1993年版。

论文类

常燕荣、蔡骐:《民族志方法与传播研究》,载《湖南大众传媒职业技术学院学报》2005年第2期。

常永才、John W. Berry:《从文化认同与涵化视角看民族团结教育研究的深化:基于文化互动心理研究的初步分析》,载《民族教育研究》2010年第6期。

常永才:《心理咨询与辅导的一种新趋势:对文化因素的日益重视》,载《民族教育研究》2000年第4期。

陈海芹、丁亚周、毛海峡等:《浅谈中外合作办学模式下学生心理压力的疏导策略》,载《科技风》2009年第10期。

陈慧、车宏生、朱敏:《跨文化适应影响因素研究述评》,载《心理科学进展》2003年第6期。

寸红彬:《人际距离行为的文化差异:近体学初探》,载《昆明理工大学学报》(社会科学版)2004年第2期。

戴炜栋、张红玲:《外语交际中的文化迁移及其对外语教学改革的启示》,载《外语界》2000年第2期。

丁建略、田浩:《文化心理学中的文化概念辨析》,载《学术论坛》2007年第12期。

范可:《全球化语境下的文化认同与文化自觉》,载《世界民族》2008年第2期。

高丙中:《海外民族志:发展中国社会科学的一个路径》,载《西北民族研究》2010年第1期。

高丙中:《海外民族志与世界性社会》,载《世界民族》2014年第1期。

高嘉勇、吴丹:《西方跨文化培训设计研究评介》,载《外国经济与管理》2007年第10期。

郭建斌:《民族志方法:一种值得提倡的传播学研究方法》,载《新闻大学》2003年第2期。

郭建斌、张薇:《"民族志"与"网络民族志":变与不变》,载

《南京社会科学》2017 年第 5 期。

何星亮、郭宏珍：《略论人类学民族志方法的创新》，载《思想战线》2014 年第 5 期。

洪晓楠、梁丹：《论费孝通的文化观》，载《文化学刊》2011 年第 3 期。

侯玉波、朱滢：《文化对中国人思维方式的影响》，载《心理学报》2002 年第 1 期。

姜永志、张海钟：《中国人自我的区域文化心理学探析：双文化自我与文化适应》，载《江汉大学学报》（人文科学版）2010 年第 29 卷第 3 期。

蒋晓萍、韩东：《跨文化交际能力超越式培养模式构建》，载《广州大学学报》（社会科学版）2011 年第 9 期。

蒋逸民：《自我民族志：质性研究方法的新探索》，载《浙江社会科学》2011 年第 4 期。

李昊书、许婕：《浅析中外合作办学学生的心理问题及对策》，载《学理论》2011 年第 10 期。

李炯英：《中国跨文化交际学研究 20 年评述》，载《解放军外国语学院学报》2002 年第 6 期。

李清华：《深描民族志方法的现象学基础》，载《贵州社会科学》2014 年第 2 期。

李伟民：《论人情：关于中国人社会交往的分析和探讨》，载《中山大学学报》（社会科学版）1996 年第 2 期。

李一松：《民族志及其实验趣向》，载《学术探索》2000 年第 1 期。

李英姿：《语言政策研究中的民族志方法及启示》，载《民族教育研究》2016 年第 5 期。

李智超、罗家德：《中国人的社会行为与关系网络特质》，载《社会科学战线》2012 年第 1 期。

林大津：《美国跨文化交际研究的历史发展及其启示》，载《福建师范大学学报》1999年第2期。

林金辉：《构建中外合作办学评估制度的基本依据与原则》，载《教育研究》2015年第11期。

林金辉：《教学与科研相结合：培养中外合作办学研究生的重要途径》，载《教学研究》2011年第5期。

林金辉、刘梦今：《第四届全国中外合作办学年会综述》，载《教育研究》2014年第4期。

林金辉、刘梦今：《高校中外合作办学项目内部教学质量保障基本要素及路径》，载《中国大学教学》2014年第5期。

林金辉、刘梦今：《论中外合作办学的质量建设》，载《教育研究》2013年第10期。

林金辉：《论中外合作办学的可持续发展》，载《教育研究》2011年第6期。

林金辉、莫玉婉：《推进中外合作办学质量保障体系建设："中外合作办学与高水平大学建设国际学术研讨会"综述》，载《教育研究》2013年第2期。

林金辉：《中外合作办学的规模、质量、效益及其相互关系》，载《教育研究》2016年第7期。

林金辉：《中外合作办学基本规律及其运用》，载《江苏高教》2012年第1期。

林金辉：《中外合作办学中引进优质教育资源问题研究》，载《教育研究》2012年第10期。

刘敏：《海外民族志：反思、对话与文化自觉》，载《民族论坛》2015年第6期。

刘炜：《中国留英高校生跨文化适应、社会支持与生活满意度的相关研究》，硕士学位论文，福建师范大学，2008年。

刘毅、王婷婷：《英国学者对中国留学生的现状研究要点》，载《华中科技大学学报》（社会科学版）2003年第3期。

卢葳诩：《以安顿生命为目标的研究方法——卡洛琳·艾理斯的情感唤起式自传民族志》，载《社会学研究》2014年第6期。

罗刚、刘象愚主编：《文化研究读本》，中国社会科学出版社2000年版，第25页。

马戎：《"差序格局"：中国传统社会结构和中国人行为的解读》，载《北京大学学报》（哲学社会科学版）2007年第2期。

彭士勇：《中国跨文化交际研究的现状、问题与建议》，载《湖南大学学报》2005年第4期。

沈毅：《"差序格局"的不同阐释与再定位："义"、"利"混合之"人情"实践》，载《开放时代》2007年第4期。

沈毅：《"仁"、"义"、"礼"的日常实践："关系"、"人情"与"面子"：从差序格局看儒家"大传统"在日常"小传统"中的现实定位》，载《开放时代》2007年第4期。

苏晓棠：《中俄合作办学模式中跨文化教育问题研究》，载《理论观察》2010年第3期。

覃美琼：《中外合作办学现状分析与对策建议》，载《高等教育研究》2006年第5期。

谭瑜、弗朗索瓦·维克多·涂尚：《深度教育法视角下高校学生跨文化能力自主培养模式探究》，载《湖北民族学院学报》2018年第3期。

谭瑜：《高校跨文化外语教学目标及实践对策探究》，载《湖北民族学院学报》（哲学社会科学版）2015年第6期。

谭瑜：《高校学生跨文化能力培训理念及策略探究：以文化自觉与跨文化沟通为视角》，载《当代教育与文化》2015年第6期。

谭瑜：《民族志方法在中国留学生跨文化学习与实践中的运用》，载

《民族教育研究》2018年第6期。

谭瑜：《中国留学生自我概念与文化身份重构问题研究》，载《当代教育与文化》2014年第3期。

王敏丽：《再论中外合作办学与教育全球化》，载《中国成人教育》2004年第3期。

王铭铭：《所谓"海外民族志"》，载《西北民族研究》2011年第2期。

王晓江：《民族志方法科学性阐释——兼论中国跨文化传播研究方法移植的可能》，载《求索》2010年第11期。

王延中：《海外民族志研究大有可为》，载《世界民族》2014年第1期。

文秋芳：《英语国际语的教学框架》，载《课程教材教法》2012年第1期。

吴明海、马钟范：《"大学之道"与当代大学生的价值取向》，载《内蒙古师范大学学报》（教育科学版）2005年第3期。

吴卫平：《中国大学生跨文化能力综合评价研究》，博士学位论文，华中科技大学，2013年。

肖地生：《全球化视野下的中外合作办学》，载《黑龙江高教研究》2003年第5期。

肖地生：《一个独特的中外合作办学模式：南京大学约翰逊—霍普金斯大学中美文化研究中心》，载《复旦大学论坛》2004年第3期。

阎琨：《中国留学生在美国状况探析：跨文化适应和挑战》，载《清华大学教育研究》2011年第2期。

阎云翔：《差序格局与中国文化的等级观》，载《社会学研究》2006年第4期。

杨军红：《西方跨文化培训发展脉络研究》，载《前沿》2010年第

16 期。

叶光煌：《中外合作办学的实践与若干问题的思考：以集美大学与美国库克大学合作项目为例》，载《集美大学学报》2005 年第 6 期。

余伟、郑钢：《跨文化心理学中的文化适应研究》，载《心理科学进展》2005 年第 13 卷第 6 期。

郁梅：《结合团队协作的中西文化对比——中外合作办学英语课堂教学模式研究》，载《辽宁工业大学学报》（社会科学版）2008 年第 6 期。

翟学伟：《人情、面子与权力的再生产：情理社会中的社会交换方式》，载《社会学研究》2004 年第 5 期。

张向阳：《中国跨文化交际研究 20 年：回顾与思考》，载《外语与外语教学》2003 年第 2 期。

张小军：《三足鼎立：民族志的田野、理论和方法》，载《民间文化论坛》2007 年第 2 期。

张雪娟：《民族志方法与课程研究》，载《齐齐哈尔大学学报》2011 年第 6 期。

张志成、吕宏明：《双校园中外合作办学跨校院学习的思考》，载《边疆经济与文化》2010 年第 9 期。

郑雪、David Sang：《文化融入与中国留学生的适应》，载《应用心理学》2003 年第 9 期。

朱春艳、高琴：《论民族志方法在科学知识建构中的作用》，载《东北大学学报》（社会科学版）2015 年第 6 期。

庄恩平：《跨文化能力：我国 21 世纪人才必备的能力："2006 跨文化交际国际学术研讨会"综述》，载《外语界》2006 年第 5 期。